U0921670

书楼探踪

江苏卷

韦力 著

華文出版社

目录

徐乾学·传是楼

甲富江南，辑刊《经解》

徐乾学 （1631—1694）

清江苏昆山人，字原一，号健庵。顾炎武之甥。康熙九年（1670）进士，授编修，历官至刑部尚书。与弟徐秉义、徐元文均为贵官。曾总裁《大清一统志》《明史》等书。与高士奇、王鸿绪等互相标榜，编著有《读礼通考》《通志堂经解》《传是楼书目》《憺园集》等。

在清康熙朝前期，江南最大的藏书家很可能就是徐乾学，时人多有这样的表述。《四库全书总目》中《读礼通考》条中称："乾学传是楼藏书甲于当代。"万斯同写过一首《传是楼藏书歌》，该诗中有如下诗句：

若将此楼相絜量，何异八百归西周。

玉峰当代盛人物，君家昆弟真英杰。

论才宇内原无双，积书寰中亦第一。

徐釚也曾说："吾吴藏书之富，数十年来推海虞钱氏、泰兴季氏，近则吾玉峰司寇。海虞自绛云一炬，锦轴牙签，都归劫火；泰兴殁后，编简亦多散亡。惟司寇传是楼所藏，插架盈箱，令观者相顾怡愕，如入群玉之府，为当今第一。"（《南州草堂集》卷二十《菊庄藏书目录自序》）

关于传是楼的规模，汪琬在《传是楼记》中写道："昆山徐健庵先生筑楼于所居之后，凡七楹。间命工斫木为橱，贮书若干万卷……部居类汇，各以其次。素标缃帙，启钥烂然。"这里称传是楼的规模总计有七楹。然而彭士望所撰《传是楼藏书记》则称："楼十楹，跨地亩许，特远人境，无附丽，启后牖，几席与玉峰相接。中置庋阁七十有二，高广径丈有五尺，以藏古今之书，装潢精好，次第胪序。首经史，以宋版者正位南面；次有《明实录》、奏议，多抄本；又次诸子、百家、二氏、方术、稗官、野乘、齐谐，靡不具备。曲折纵横，部勒充四阿，各有标目。"

且不管是七楹还是十楹，都说明传是楼当年规模很大。而彭士望还简述了传是楼藏书的主要特色，这一切都说明，当年的传是楼是何等地受到时人看重。当时的文献大家黄宗羲还特意写了篇《传是楼藏书记》，该记中提到了传是楼何以能有如此之规模："丧乱之后，藏书之家多不能守，异日之尘封未触，数百年之沉于瑶台牛箧者，一时俱出。于是南北大家之藏书尽归先生。先生之门生故吏遍于天下，随其所至，莫不网罗坠简，搜抉缇帙，而先生为之海若。作楼藏之，名曰'传是'。昔人称藏书之盛者，谓与天府相埒，则无以加矣！明室旧书，尽于贼焰。新朝开创，天府之藏未备。朝章典故,制度文为,历代因革,皆于先生乎取之。是先生之藏书,非但藏于家也。”

黄宗羲的这篇《传是楼藏书记》在起头部分说得比较含糊,其实他的所指就是明末清初的战乱,在那个社会巨变期,很多珍本都散失了出来,而徐乾学尽力收购,终于蔚为大观。

那么传是楼藏书的具体来源是哪些呢?从现有的史料来看,传是楼旧藏有不少是来自钱谦益的绛云楼、毛晋的汲古阁以及季振宜等大藏书家的旧藏。陈登原在《古今典籍聚散考》中称:“又,毛晋汲古、钱遵王述古之书,康熙中,半归徐乾学、季沧苇家。徐、季两家之书,后由何义门介绍,归于清宗室怡府之乐善堂。乐善堂人楼几楹,庋藏满溢,四库开馆之日,彼且秘而不献。至端华以狂悖见诛,于是毛、钱、徐、季之珍好,又流落人间。而致堂之子绍和,时官北京,得之颇多,于是传是、述古之旧,又随百宋一廛而趋入于海源阁矣。”陈登原的这段话不但讲到了传是楼藏书的来由,同时也谈到了该楼散书的情况。由此可知,徐乾学去世后,他的藏书归了怡府的乐善堂,而最终又到了杨氏海源阁。

然而,黄宗羲称传是楼的钞本有不少是源自天一阁,黄宗羲在《天一阁藏书记》中称:“天一阁书,范司马所藏也。从嘉靖至今,盖已百五十年矣,司马殁后,封闭甚严。癸丑,余至甬上,范友仲破戒,引余登楼,悉发其藏,余取其流通未广者抄为书目。凡经、史、地志、类书坊间易得者,及时人之集、三式之书,皆不在此例。余之无力,殆与东里少时伯仲,尤冀以暇日握管怀铅,拣卷小书短者抄之。友仲曰诺。荏苒七年,未蹈前言。然余之书目,遂为好事流传。昆山徐健庵使其门生誊写去者,不知凡几。”

当年天一阁不允许外人登楼,黄宗羲经过一番活动,终于进入天一阁内看书。而徐乾学也派人借机来抄书目,对于这件事,全祖望所写《天一阁碑目记》可以为证:“是阁之书,明时无人过而问者,康熙初,黄先生太冲始破例登之,于是昆山徐尚书健庵闻而来钞。”

关于传是楼藏书的来由，王士禛在《分甘余话·四》中有如下描述："钱先生藏书甲江左，绛云楼一炬之后，以所余宋椠本尽付其族孙曾，字遵王。《有学集》中跋述古堂宋版书，即其人也。先生逝后，曾尽鬻之泰兴季氏，于是藏书无复存者。闻今又归昆山徐氏矣。"这段话的叙述，应当是陈登原在《古今典籍聚散考》中叙述之所本，因为王士禛说，当年钱谦益绛云楼的烬余基本归了钱曾，后来钱曾的旧藏又全部卖给了季振宜，而后季振宜的所藏又到了徐乾学的传是楼。而传是楼旧藏中的另一个主要来源，则是山东藏书家李开先（号中麓子），朱彝尊在《静志居诗话》中记载了该事："（中麓）藏书之富甲于齐东。……百余年无恙。近徐尚书原一购得其半。"

这么多著名的收藏，都先后汇集到了传是楼中，难怪该楼被人视为那个时代首屈一指的巨擘。

关于传是楼的旧藏，在徐乾学生前就已有散失，因为他将一些珍善之本贡献给了皇帝。徐乾学在《恭进经籍疏》中写道："谨将家藏善本，有关经诸史者，共十二种，或用缮写，或仍古本装潢成帙，仰呈乙夜之观。臣葵藿微忱毫无补报，藉兹卷册以少赞高深。所有恭进书籍具列于后，……以上共计三十六套一百九十二册。"而其献给皇帝的这些书，基本上都是他所藏的宋元版。

就数量而言，传是楼所藏的宋元版的确是他那个时代的翘楚。《传是楼宋元本书目》中收录了宋版书二百六十部、元版书二百零三部，另外还有抄宋本、抄元本等五六百部。仅凭这个数字，传是楼的所藏就可以傲视群雄。

关于徐乾学为什么给自己的藏书处起了"传是楼"这样一个名称，汪琬在《传是楼记》中有如下形象的记载：

于是先生召诸子登斯楼而诏之曰："吾何以传汝哉？吾徐先世，故以清白起家，吾耳濡目染久矣，盖尝慨夫为人之父祖者，每欲传其土田货财，而子孙未必能世富也；欲传其金玉珍玩、鼎彝尊斝之物，而又未必能世宝也；欲传其园池台榭、舞歌舆马之具，而又未必能世享其娱乐也。吾方以此为鉴。然则吾何以传汝哉？”因指书而欣然曰：“所传惟是矣。”遂名其楼为“传是”，而问记于琬。

看来徐乾学是本着诗书传家的姿态教育后人。而昆山徐家的发达，也的确是靠读书起家。

徐乾学的曾祖父徐应聘是明代万历年间的进士，曾官至太仆寺少卿，到了徐乾学的父亲徐开法时，其家已经衰落了下来。然而徐开法教子有方，他有四个儿子，其中的三位都考中了进士。长子徐乾学是康熙九年（1670）的探花，次子徐秉义为康熙十二年（1673）的探花，三子徐元文为顺治十六年（1659）的状元。兄弟三人均为鼎甲出身，并且同在朝中任职高官，这在古代科举史上是极其少见的情形，故蔡冠洛编著《清代七百名人传》中称：“皆以鼎甲致位通显，时号‘昆山三徐’。”

昆山三徐几乎把持了那个时代的文风，当时的学人都以能够得到徐乾学的赏识为荣，徐慧、冯晓霞所撰《清代著名藏书家徐乾学被告一案钩沉》一文中，讲到这样一个有趣的故事：“据说徐乾学当时深受康熙皇帝宠爱，专以奖拔读书人、发现人才为己邀名。因此常有人投其所好，在他住的绳匠胡同里租房居住，每待五更时，故意大声读书给他听，以至于当时绳匠胡同的房价高出他处几倍。”

为了让徐乾学发现自己，有人竟然刻意将房子租在徐家附近，而后大声读书，以便能够让徐乾学听到，并且这么做的人似乎不在少数，这导致了徐府附近的房租都比别处贵几倍。而徐乾学正是通过这种提拔人才的方式，把当时很多的文人团结在了自己的身边。韩菼在《资政大夫经筵讲官刑部尚书徐公行状》中描绘道：“公故负海内望，而勤于造进，笃于人物，一时庶几之流，奔走辐辏如不及，山林遗逸之老，亦不惜几两，屐远千里乐从公。公迎致馆餐而厚资之，俾至如归，访问故实，商榷僻书，以广见闻。后生之才隽者，延誉荐引无虚日，即片言细行之善，亦叹赏不去口。”

徐乾学正是用这种方式，壮大了自己的幕府。尚小明在《徐乾学幕府研究》一文中专门谈及此事，尚小明对徐幕给出了如下的定义：“清代是中国历史上幕府发展最兴盛的时期，除了在地方衙门特别是府州县衙门，广泛存在着以从事刑名、钱谷为主要职业的幕友外，还有不少学者遨游于廷臣及督抚学政幕下，从事修书、校书等工作，并形成一些重要学人幕府。徐乾学幕府是最早出现的一个。”

尚小明认为徐乾学的学人幕府，乃是清代的第一个，很多文人投入此幕之中。而顾炎武的弟子潘耒也准备投入徐幕中，他的老师顾炎武闻听此事后，特意写信给潘，阻止潘的这种想法：“原一（徐乾学字）……官弥贵，客弥多，便佞者留，刚方者去。今且欲延一二学问之士以盖其群丑。……吾以六十四之舅氏，主于其家，见彼蝇营蚁附之流，骇人耳目，至于征色发声而拒之，乃仅得自完而已。”（《与潘次耕札》）

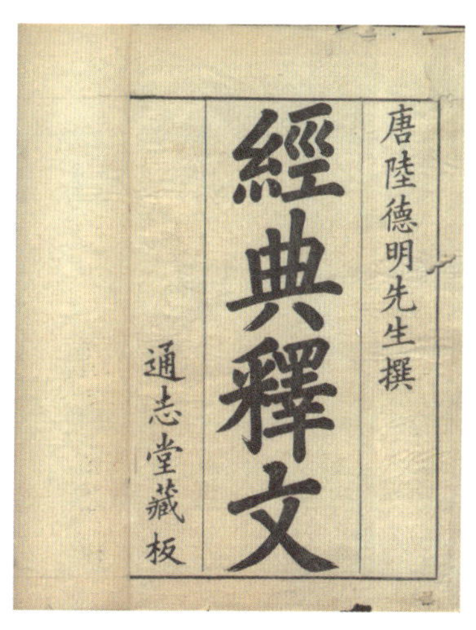
經典釋文
唐陸德明先生撰
通志堂藏板

◎《经典释文》三十卷，清康熙十九年（1680）通志堂刻《通志堂经解》本

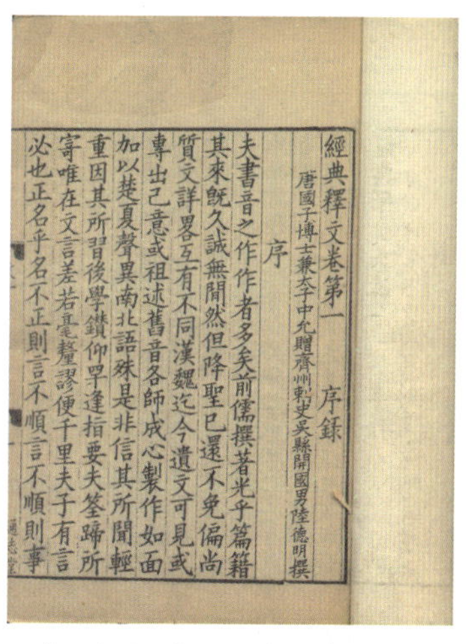
經典釋文卷第一　序錄
唐國子博士兼太子中允贈齊州刺史吳縣開國男陸德明撰
序
夫書音之作作者多矣前儒撰著光乎篇籍其來既久誠無閒然但降聖已還不免偏尚質文詳畧互有不同漢魏迄今遺文可見或專出己意或祖述舊音各師成心製作如面加以楚夏聲異南北語殊是非信其所聞輕重因其所習後學鑽仰罕逢指要夫筌蹄所寄唯在文言差若毫釐謬便千里夫子有言必也正名乎名不正則言不順言不順則事

◎《经典释文》三十卷，清康熙十九（1680）年通志堂刻《通志堂经解》本，卷首

顾炎武的这封信被后世广泛引用，后人多以此来论述顾炎武是何等看不起这位外甥，然而从其他史料来看，实际情况并非如此。顾炎武跟昆山三徐有着密切的关系，昆山三徐的母亲，也即徐开法的妻子，是顾炎武的五妹。可见，顾、徐两家关系很近。当时徐开法家经济上较困难，顾炎武时常拿出钱财帮助徐家，“累数千金”。

康熙七年(1668)，顾炎武被卷入了黄培诗案，黄培原本是锦衣指挥使，他家有位家奴叫姜元衡，此人后来发达了，于是想敲诈旧主黄培。姜向山东督府衙门告发，称黄培曾写过反清的逆诗，为此牵连到很多人。在此前顾炎武得罪了一位名叫谢长吉的山东商人，此人找到了姜元衡，合谋一番后，诬陷顾炎武编过一本名为《忠节录》的书，书内有抗清思想。这两人同时称，黄培跟顾炎武曾经密谋反清。

这真是无妄之灾，因为《忠节录》一书的编者乃是陈济生，跟顾炎武一点关系都没有。但是既然有人告发，官府当然要查办，那时的顾炎武正住在北京，听闻这件事后，特意到济南投案为自己辩白，但还是被关进了牢房。顾炎武的朋友听到此事后，立即赶到北京将此事告诉了徐元文。

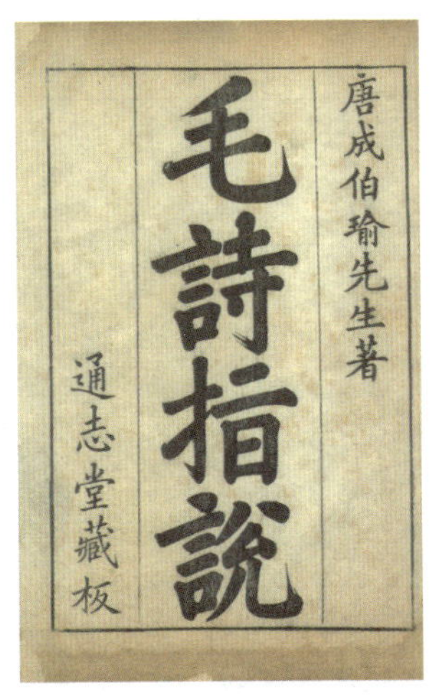
唐成伯瑜先生著
毛詩指說
通志堂藏板

◎《毛诗指说》，清康熙十九年(1680)《通志堂经解》本，书牌

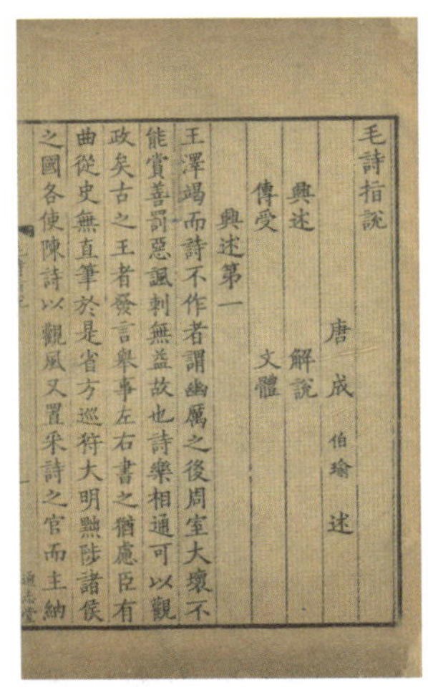
毛詩指說
唐 成 伯瑜 述
興述 解說
傳受 文體
興述第一
王澤竭而詩不作者謂幽厲之後周室大壞不能賞善罰惡諷刺無益故也詩樂相通可以觀政矣古之王者發言舉事左右書之猶慮臣有曲從史無直筆於是省方巡狩大明黜陟諸侯之國各使陳詩以觀風又置采詩之官而主納

◎《毛诗指说》，清康熙十九年(1680)《通志堂经解》本，卷首

在徐元文的帮助下，顾炎武终于获释出狱。而后顾炎武多次来北京，曾经有四次都住在了徐元文和徐乾学家。早在顺治十七年（1660），顾炎武还写过一首名为《答徐甥乾学》的诗：

孤单苦忆难兄弟，薄劣烦呼似舅甥。

今日燕台何邂逅？数年心事一班荆。

顾炎武在诗中把他跟徐乾学之间的关系，以何无忌与刘牢之甥舅关系进行类比。由这个侧面可以看出，顾炎武跟昆山三徐的关系非同一般。这样反过来看顾写给潘耒的那封信，侧重点是称徐乾学幕府中人物鱼龙混杂，而顾看不惯这些趋炎附势的人，所以他劝潘耒不要前去凑热闹。

徐乾学所办幕府并非只是为了拉帮结派，他也干了不少的正事，其中有一件文化事业最受人们称道，那就是他编纂了《通志堂经解》。

《通志堂经解》乃是清初最重要的经学丛编，该书收录了一百四十六种古代经学著作，总计有一千八百六十卷，这在当时是很大的一项文化工程。对于该书的编者，历史上却有着广泛的争论。因为通志堂乃是清初著名文人纳兰成德（纳兰性德，原名成德，因避太子保成讳而改为纳兰性德）的堂号，所以这部书大多被后世认定为纳兰所编，更何况《通志堂经解》里面有许多纳兰所写提要。

然而纳兰成德去世于康熙二十四年（1685），年仅三十一岁，而《通志堂经解》一书从康熙十二年（1673）开始刊刻，当时的成德年仅十九岁。古人曰："皓首穷经。"也就是说，对于经学的研究，要经过许多年的修炼，而年仅十九岁的成德显然难以编出这么一部大书。于是有不少人说《通志堂经解》一书其实是出自徐乾学之手，而徐为了巴结权臣纳兰成德的父亲明珠，才把这部书署上了明珠之子的大名，因为那时的明珠把持着朝政，徐乾学想通过这种方式来巩固自己的地位。

事情是否真的如此呢？至少乾隆皇帝是这么认为的。弘历在乾隆五十年（1785）二月二十九日的上谕中说："夫明珠在康熙年间柄用有年，势焰薰灼，招致一时名流如徐乾学等互相交结，植党营私。是以伊子成德，年未弱冠，即夤缘得取科名，自由关节，乃刊刻《通志堂经解》以见其学问渊博。古称皓首穷经，虽在通儒，非义理精熟、毕生讲贯者，尚不能覃心阐扬，发明先儒之精蕴；而成德以幼年薄植，即能广搜博采，集经学之大成，有是理乎？更可证为徐乾学所裒辑，令成德出名刊刻，俾藉此市名邀誉，为逢迎权要之具耳。”

弘历明确地指出正因为明珠是康熙朝的权臣，所以徐乾学才想去巴结他，而把自己所编《通志堂经解》的主编之名给了明珠之子纳兰成德。弘历认为，《通志堂经解》一书学问渊博，绝非像纳兰这样的年轻人能够编得了的。

皇帝都这么认定了，所以《通志堂经解》一书成了徐乾学巴结权贵的证据。而《续修四库全书总目提要》中也称："性德举壬午乡试，徐乾学为主考，乾学藉以谄附明珠，是书乃乾学所编刊，而让其名于性德者。"纳兰成德是徐乾学的学生，于是他就借这层关系，跟明珠建立了联系。

事情真是如上所言吗？从各种文献来看，问题并不如人们猜测得这么简单，徐乾学在《通志堂经解》卷首写了篇总序，他在总序中首先称："秀水朱竹垞谂余：书策莫繁伙于今日，而古籍渐替，若经解仅有存者，弥当珍惜矣。"看来徐乾学并不掠他人之功，他坦白地说编《经解》一书乃是朱彝尊的提议，而当时徐乾学也觉得从汉代到明末经学变得十分衰微，为此他也收集了不少这方面的著作，听到朱彝尊的建议后，他决定拿出自己的藏书来编一部《经解》。总序中还写道："皇朝弘阐《六经》，表微扶绝，海内喁喁向风，皆有修学好古之思。余雅欲广搜经解，付诸剞劂，以为圣世右文之一助，而志焉未逮。今感竹垞之言，深惧所存十百之一又复沦斁，责在后死，其可他诿？因悉余兄弟家所藏本，覆加校勘，更假秀水曹秋岳、无锡秦对岩、常熟钱遵王、毛斧季、温陵黄俞邰及竹垞家藏旧版书若抄本，厘择是正，总若干种，谋雕版行世。门人纳兰容若尤怂恿是举，捐金倡始，同志群相助成，次第开雕。经始于康熙癸丑，逾二年讫工。藉以表章先哲，嘉惠来学，功在发余，其敢掠美。因叙其缘起，志之首简。”

传是楼藏书量虽然很大，但也会有一些未备之本，于是他就找到了当时的藏书家，比如曹溶、钱曾、毛扆等人。徐乾学从他们那里借到了自己未备的经书，而后编成了《通志堂经解》。而他原本想将这部大书刊刻出来，但是要刻这么一部大书，显然需要一大笔钱。他的弟子纳兰成德很赞同这件事，为此捐出一笔刻书之资。在纳兰的带领下很多人纷纷捐款，经过两年的时间，这部大书终于刊刻完毕。

从这篇总序来看，徐乾学明确地说，《通志堂经解》一书乃是朱彝尊提议，而自己所编者，纳兰成德只是出资人之一。徐乾学完全没有说，该书是成德所编。如果以常理来推，徐乾学为了巴结明珠，将该书的主编之名改为了成德，那他的这篇序言肯定不能这样写，他应当说成德编此书是何等的有价值，而不能仅称成德只是捐了一笔钱。因此王爱亭在其博士论文《昆山徐氏所刻〈通志堂经解〉版本学研究》中称：“依徐氏序中所言，《通志堂经解》的刊刻缘起，是其担心现存宋、元等经解文献继续沦亡，并为响应朝廷稽古右文的号召。徐氏早已怀抱辑刻经解的愿望，又受到朱彝尊进一步的触发，于是付诸行动。从搜罗底本，到校勘，到开雕，审其语意，皆亲自操办，并未让功于他人，且有‘功在发余，其敢掠美’之谦辞。至于成德，除称‘尤怂恿是举，捐金倡始’外，并未提及他于此事的其他贡献。若是为别人编刻的书作序，这样彰显自己而忽略主人，于情于理不符。”

关于徐乾学乃是《通志堂经解》一书的真正编纂人问题，其实相应的史料多有记载。陆陇其在《陆清献公日记》中写道：“廿三，在朱锡鬯所，见通志堂所刻敖继公《仪礼集说》、卫湜《礼记集说》、王次点《周礼订义》、杨复《仪礼图》。又见宋陈均《皇朝编年录要》,系宋板。又见李焘《长编》,系抄本。锡鬯言,通志堂诸书,初刊时皆有跋,刻在成德名下,后因交不终,刊去。然每页版心,通志堂之名犹在。”康熙二十九年(1690)九月二十三号,陆陇其见到了一些通志堂所刻之书,而朱锡鬯则告诉他《通志堂经解》的初刊本后面均有署名纳兰成德的跋语,但因为朝政有变,后来刷印的《通志堂经解》一书,就把纳兰成德的跋语都去掉了,可是版心的通志堂之名却未曾剜掉。

由此可知,《通志堂经解》一书的书版,徐乾学还是给了成德,而后成德以此书版继续刷印。清姚元之在《竹叶亭杂记》中也载有此事:“《通志堂经解》,纳兰成德容若校刊,实则昆山徐健庵家刻本也。高庙有‘成德借名,徐乾学逢迎权贵’之旨。成德为明珠之子。徐以其家所藏经解之书,荟而付梓,镌成德名,携板赠之,《序》中绝不一语及徐氏也。”

既然如此,那么纳兰成德究竟懂不懂经学呢?或者换一种说法:徐乾学是否仅是自己编出了该书,而后署上了纳兰成德之名呢?其实从其他资料来看,情况也不尽然。朱彝尊在《合订大易集义粹言序》中说:“吾友纳兰侍卫容若,以韶年登甲科,未与馆选,有感消息盈亏之千里,读《易》渌水亭中,聚《易》义百家插架,于温陵曾氏《粹言》、隆山陈氏《集传精义》一十八家之说有取焉,合而订之,成八十卷。择焉精,语焉详,庶几哉有大醇而无小疵也乎。刑部尚书昆山徐公嘉其志,许镂板布诸通邑大都,用示学者,乍发雕而容若溘焉逝矣。”

看来在此前,纳兰成德也藏了一大批经学著作,他尤其对《易经》感兴趣,并且也曾根据自己的藏书,编出了八十卷本的易学著作。成德的这个行为被徐乾学闻听后,大为赞赏,并且答应把成德的这部经学著作刻板发行,以便让更多的人知道成德在这方面所做出的成就。可惜的是,徐乾学刚刚开始刊刻这部经学著作,成德就去世了。这段记载足以说明,纳兰成德对经学也有研究,还为此搜集了一批这方面的著作。

如此说来，编纂《通志堂经解》所用的底本中，也有一些成德所藏之本，其中也应当有他的研究成果，所以说把《经解》一书全部视为徐乾学所编，而纳兰成德受益，也不是一个完全的事实，更何况古代出资人来署名也是一种惯例。为此，王爱亭在其论文中称：

又有论者以为，既然《通志堂经解》为纳兰成德捐资刊刻，则成德便应拥有编刻权。此则牵涉到关于著作权的问题。古人编书、刻书甚至写书，确实存在一个署名问题。以清人刻书为例，《常州先哲遗书》题为盛宣怀辑，实为缪荃孙代办；《粤雅堂丛书》题为伍崇曜编，实为谭莹代辑。一般的惯例即是，谁出资则署谁的名。《通志堂经解》的情况，与此相类，又有不同。一则，从《经解》的刊刻过程看，成德并非唯一的出资人，而大端实为徐乾学。二则，成德与徐乾学不存在幕主与门客的雇佣关系，而实际情况是徐氏辑刻了《经解》，出于政治目的，赠予了成德，而署以成德之名。

显然，徐乾学编《经解》而让纳兰成德冠名，确实有其政治目的在，然而未曾想徐乾学却吃了瓜落儿。他在康熙二十九年（1690）休致回籍，先是来到了苏州太湖边纂修《大清一统志》。即便他远离了朝廷，但还是有人想办法攻击他，比如康熙三十三年（1694）八月二十七日的《川陕总督佛伦为报江南总督傅拉塔逝后徐乾学等人情形事奏折》中，佛伦首先向玄烨称："伊徐乾学受国大恩，位极首辅大臣，不图至死酬报，惟以施用奸诈之计，结伙为党，诬杀他人为念。皇上明鉴如日月，宽容如天地，未治重罪，仍宽宥保全，遣之返回。对此理应感激，悛改从前之狼心，安静度日，至死笃念皇父之恩。闻傅拉塔故去，众皆叹惜，唯徐乾学开心，宴饮庆贺，非但有悖于为臣之道，可谓不可留世之大罪人也。奴才有闻，商罪贯盈，天命诛之。"

傅拉塔去世后，徐乾学仍然跟他人出席宴会，佛伦认为这样的人该杀，接着又称："再，以奴才所见所闻，敬陈于皇父。奴才追惜傅拉塔之忠良，念其为皇上效力，闻讣之顷，即遣家人往吊。此前往之人自江南返回后，闻得，傅拉塔谢世不久，昆山县及邻近嘉定县之民举皇上龙亭，置于县衙，不令征收兼征之钱粮，詈骂知县，甚至殴打。知县惧，往报巡抚宋荦。宋荦曰：'总督逝世数日，民即行之如此乎？庶民不能行，必有教唆之人。著通报，惩处之'等语。奴才窃思，此皆徐乾学之意，宋荦虽言之如此，未必行此事。"

这位佛伦把县民的一些行为指认为徐乾学的唆使，而证据只是说自己琢磨可能是这么回事。如此的无中生有，看来文人参与政治，大多结果不好。好在徐乾学刊刻的《通志堂经解》广受后世看重，后来《通志堂经解》的书版归了内府。乾隆五十年（1785），弘历命将此书版进行整修后重新刷印，虽然他对徐乾学个人有所不满，但对于他所编的书却十分首肯，这也可以说明《通志堂经解》一书有着很高的不可替代的学术价值。

也正因为这个原因，虽然《通志堂经解》仅是清代刻本，然而该书的初印本却十分的难得。叶德辉在《书林清话》卷九中说："今通志堂全书初印者，全部绝少。乾嘉间如孙星衍《孙祠书目》、倪模《江上云林阁书目》所载，缺种极多。吾藏初印全本两部，可以睥睨诸君矣。"

而今，《通志堂经解》一书的初印本依然十分罕见，我仅见过两部零种，而全套者从未出现在市场上。因为此书刊刻精美，以至于《天禄琳琅书目续编》中也收录有该书零种，并且被著录为宋刻本。

2007年底，我来到昆山，当地友人沈岗先生及祁学明老师带我来到了昆山中学，祁老师说这里曾是徐乾学的故居所在。展眼望去，如今这里是一片教学楼，已然没有了任何的痕迹。然而关于徐乾学旧居的地址，郑伟章在《文献家通考》中首先称："徐乾学（1631—1694），字原一，号健庵，江苏昆山人，居马鞍山北遂园。"看来遂园方是其所居之所，如此论起来，传是楼也应当在遂园之内，这个猜测可由彭士望的《传是楼藏书记》为证，因为其明确地称该楼“启后牖，几席与玉峰相接。”如此说来，传是楼应该就建在马鞍山脚下的遂园之内。

关于遂园的来由，刘军在《昆山徐氏家族与遂园雅集》一文中有着详细论述：“在马鞍山北麓，有一座非常美丽的园林，最初的名字叫‘附巢山园’。根据史料记载，它最早的主人是顾震寰，字附巢，后被葛芝的祖父所买，改称‘北园’，葛芝在此度过了美好的童年时代。北园后售予李氏，再后来被葛芝的朋友徐开任所购。葛芝这样形容北园之美：‘从园而望，山环抱焉。岩石峻洁，草树幽邃，至是有加。盖昆山之胜，于斯为最已。’后来，徐开任将北园转给侄子徐乾学，徐氏改北园为遂园。遂园有着丰赡的文化历史内涵，是亭林园内值得珍视的文化遗产。”

遂园除了藏书，还有一项重要活动则是徐乾学在此举办了耆年会。当时的盛况，参与者均将其写入了诗中。

徐乾学去世后，到了康熙四十四年(1705)，玄烨南巡，他登临马鞍山，来到了遂园。徐秉义率子侄在园门接驾。玄烨赏赐给徐秉义自己的书法作品以及宫扇，并且详细问到了徐乾学和徐元文墓地情况。可见，玄烨还未曾忘记这两位著名的文臣。当时有很多百姓听说皇帝光临此园，很多人堵在周围看热闹，这场活动让遂园更加名扬天下。

可惜的是到了雍正年间，遂园就荒废了。到了乾隆元年(1736)，遂园这片荒地成了无主的埋葬之地，故而改名为普义园。乾隆年间，沈德潜的朋友游览遂园时，在此处的墙壁上看到了一首诗，此诗是吴江诸生郁扬勋所作《憩徐氏北园池上》：“……溪堂杂菱荇，沙屿散凫鹄。围棋曾几何，已动西州哭。因悲平津邸，世事变凉燠。三咏华屋诗，徘徊倚修竹。”这位朋友将诗作抄录了下来，多年后送给了沈德潜。沈在此诗的小注中感慨道：“司寇公北园，余及见其盛衰，作者此诗应在初零落时，故有世事变凉燠之感，今则废为义冢矣。曲池之平，华屋之倾，古今一辙，可胜慨然。”

◎ 站在了楼前

◎ 遂园指示牌

时至 1983 年，当时的昆山县政府拨款重新将遂园修造了起来，而该园的设计则是出自同济大学园林专家陈从周、吕典雅。而今遂园被包在了亭林园景区之内，2017 年 6 月我再次来到昆山，特意到亭林园内寻找修复起来的遂园。

亭林园位于江苏省昆山市马鞍山东路一号，购票入内穿过中轴线，走到顾炎武纪念馆门前，而后由此右转，沿着山侧的道路，继续向前走，在路边可以看到前往遂园的指示牌。

马鞍山平地耸起，四围都是一望无际的平原，这使得该山显得很是突兀，江南的山果真有灵秀在，而这些灵秀不仅是来自山边的河流及其池塘，更多是因为江南的山令人满眼皆绿。马鞍山的侧旁是满山翠竹，沿着竹旁的小路，一直向西北方向前行，走到山的北侧，首先看到了一堵江南的门墙，门楣上是大大的两个字——“遂园”。

走进大门，里面的视野很是开阔，遂园正中的位置乃是几亩地大小的池塘，道路沿着池塘两侧分别展延。我选择了左侧山脚下的路，此路

◎ 得江山助

◎ 幽兰之境

很窄，右边是水，左侧是竹，这种环境让自己略显焦躁的心态瞬间得以宁静。走到池塘正中的位置，方看清遂园内的主体建筑是在池塘的对岸，但那组建筑看上去有些特别，虽然我知道这些建筑都是重新修复者，但我还是希望在那里能够看到跟徐乾学有关的遗迹。

来到了池塘对岸的古建前面，门楣上却写着“得江山助”，不知道这是不是该楼的名称。楼下坐着一些休闲之人在那里打牌聊天，我举着相机的样子令这些人侧目，故只好躲到远一些的地方再去拍照。沿着古建向上望去，原来上面是一排排戏曲舞台上用的射灯，难怪站在对岸望过来感觉有些异样。沿着侧旁的台阶来到楼的后方，遂园的后墙设计成了碑廊，沿着碑廊一一看过去，未曾发现徐乾学的手笔和诗作。

从碑廊转出，来到了遂园的后门，这里面仍然是环山之路，这一带也修建了一些景观。一一看过去，这些景观均与徐乾学无关，这个结果当然令我有些失落。但转念思之，遂园能够再次修复起来，已然是不错的结果，不应该再有那么多的苛求了。

何焯·赍砚斋

生性耿介，批书名世

何焯（1661—1722）

清江苏长洲人，初字润千，更字屺瞻，晚号茶仙，学者称『义门先生』。康熙间召直南书房，赐进士，官编修。坐事免官。不久，复直武英殿修书。长于校书。居室名赍砚斋，蓄书数万卷，多宋元旧刻，于各本异同皆有记录。有《义门读书记》《义门先生集》等。

以批书为事业者，清代当以何焯为巨擘。梁启超认为，清学的一大功绩就是在校勘方面，他在《中国近三百年学术史》中把清人的校勘法分为了四种，谈及第一种时，梁启超称："校勘之意义及范围有多种，方法当然随之而异。第一种校勘法，是拿两本对照，或根据前人所征引，记其异同，择善而从。因为各书多有俗本传刻，因不注意或妄改的结果发生讹舛，得着宋元刻本或精钞本，或旧本虽不可得见而类书或其他古籍所引有异文，便可两两勘比，是正今谬。这种工作，清初钱遵王（曾）、何义门（焯）等人渐渐做起，元和惠氏父子也很用功。乾嘉以后学者个个都喜欢做。"

梁启超认为，在清初钱曾与何焯是首先使用这种校勘方式的，而后梁启超又举出了以这种校勘方式而形成的著名著作："这种工作的代表书籍，则《义门读书记》……"而该书的作者正是何焯。梁启超举出的清初第一部校勘名著就是何焯的作品，可见何焯在这方面的成就被后人看得何等之重。

对于何焯在批校书方面的成就，后人也都有赞誉，邓之诚在其所撰《清诗纪事初编》中夸赞道："焯校勘之学，实为精绝，非后来对本宣科者所能梦见。"而王曾鲁在《何义门先生事略一得》中则称："尝读《汉书》《三国志》及少陵、义山、长吉、《文选》诸集，得见先生考证与评注。其校勘之精审，评注之详明，去今虽百余年，而豁蒙启智，无异乎耳提面命，嘉惠后学，良非浅鲜。"

在何焯去世不久的乾隆时代，许多学者就已经注意到何焯在校勘学方面的成就跟他的藏书有着密切的关系。全祖望在《翰林院编修赠学士长洲何公墓碑铭》中称："笃志于学，其读书茧丝牛毛，旁推而交通之，必审必核。凡所持论，考之先正，无一语无根据。吴下多书估，公从之访购宋、元旧椠及故家抄本，细雠正之，一卷或积数十过，丹黄稠叠。"

何焯跟很多书商都有密切的交往，他从这些书商手中买到一些宋元珍本，而后一遍遍地批校，他的批语不是乱发议论，而是字字有来历，句句有出处。他喜好批书的个性，沈彤在《翰林院编修赠侍读学士义门何先生行状》（简称《义门何先生行状》）中也有记载：“蓄书数万卷，凡经传、子史、诗文集、杂说、小学，多参稽互论，以得指归。于其真伪是非、密疏隐显、工拙源流，皆各有题识，如别黑白。及刊本之讹缺同异，字体之正俗，亦分辨而补正之。”

何焯对批书之事下了很大工夫，因为他的批本不单数量大，并且很多书的部头也很大。傅增湘在《藏园群书题记》中夸赞道：“义门勘正群书致力甚勤，生平所见不下数十百帙。其巨编流传者如《文苑英华》一千卷，藏沧州刘仲鲁家；《津逮秘书》十六集，藏丰顺丁雨生家；其余若《元丰类稿》、《苏子美集》、《唐人选唐诗》八种、《中州集》，咸移录副本。敝箧所藏则有《史通》、《文心雕龙》、《李翰林别集》、《元氏长庆集》、《温飞卿集》，皆精审可诵。”

何焯为什么对批校古书有着如此浓厚的兴趣呢？这个问题傅增湘也很好奇，他在《题记》中做出了这样的分析：“尝考义门生平踪迹，在乡

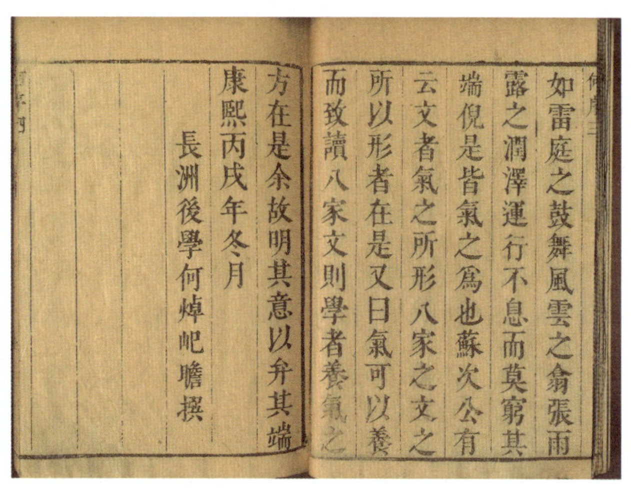

如雷庭之鼓舞風雲之翕張雨露之潤澤運行不息而莫窮其端倪是皆氣之爲也蘇次公有云文者氣之所形八家之文之所以形者在是又曰氣可以養而致讀八家文則學者養氣之方在是余故明其意以弁其端

康熙丙戌年冬月

長洲後學何焯屺瞻撰

◎ 何焯批点《唐宋八大家文钞》一百六十六卷，清康熙四十五年（1706）云林大盛堂刻本，序言

时得交毛斧季，入都后识徐健庵，故得多见古本秘籍。此南宋本《昌谷集》，即从斧季假校者也。迨橐笔王府，供奉内廷，又获窥天禄、石渠之藏，而廉亲王在当时亦号为风雅，多藏善本，因益得穷搜博采，肆力丹铅。”

由这段话可知，傅增湘觉得何焯的批书之好，以及其眼界之高，跟他交往的朋友有着密切关系。他发现何焯跟大藏书家毛晋的儿子毛扆的关系较为密切，由此而让何焯明白了藏书之道。何焯到北京后，又认识了大藏书家徐乾学，他在徐那里又看到了很多难得一见的秘籍。再后来何焯又到内府工作，他在这里看到了皇宫内所藏的珍罕之书，由此而眼界大开，所以无论其藏书还是校书，都能做出超过常人的成就。因此《清史稿》中也特意写出了何焯在校书方面所做出的贡献："何焯，字屺瞻，长洲人。通经史百家之学。藏书数万卷，得宋、元旧椠，必手加雠校，粲然盈帙。学者称义门先生，传录其说为《义门读书记》。"

有意思的是，何焯不是正统的科举出身，因为他不是举人，也就更不可能成为进士，然而他却在康熙皇帝的南书房负责文案，这真可谓"不拘一格用人才"。当然，玄烨不可能直接从民间发现有何焯这样一位认真批书的人，而这位发现者乃是时任直隶巡抚的李光地。对于这件事，《清史稿》有着简略的记载：

康熙四十一年，直隶巡抚李光地以草泽遗才荐，召入南书房。明年，赐举人，试礼部下第，复赐进士，改庶吉士。仍直南书房，授皇八子读，兼武英殿纂修。连丁内外艰。久之，复以光地荐，召授编修。尚书徐乾学、翁叔元争延致焯。寻遘谗，与乾学失欢，而叔元劾汤斌，焯上书请削门下籍，天下快之。圣祖幸热河，或以蜚语上闻，还京即命收系。尽籍其卷册文字，帝亲览之，曰："是固读书种子也！"无失职觖望语，又见其草稿有手简吴县令却金事，益异之。命还所籍书，解官，仍参书局。六十一年，卒，年六十一。帝深悼惜，特赠侍讲学士。赠金，给符传归丧，命有司存恤其孤。

没有任何学历的何焯，被李光地推举到了康熙帝的身边，显然皇帝也觉得他身边负责文案的近臣没有学历似乎说不过去，于是就赏赐了何焯一个举人的身份，因为有了这个身份才能够参加进士考试，可惜的是何焯却没能通过这场考试，玄烨没办法只好接着赐给他个进士的身份。由这些可见，玄烨对何焯的工作是十分的满意。

再后来，玄烨命何焯去做皇八子的老师，正是由于这个安排，使得何焯无意间卷入了皇子争夺皇位的漩涡之中，为此，还得到了许多的骂名，当然这些骂名已然是其身后事，因为他在康熙六十一年（1722）就去世了。但是在其去世之前，他已经受到了很多的攻击，这种攻击不仅仅是出于别人对他的妒忌，还有一个重要的原因是他性格耿直。钱泳《履园丛话》中有一段相关的记载：

汤文正公（斌）莅任江苏，闻吴江令即墨郭公（琇）有墨吏声，公面责之。郭曰："向来上官要钱，卑职无措，只得取之于民。今大人如能一清如水，卑职何敢贪耶！"公曰："姑试汝。"郭回任，呼役汲水洗其堂，由是大改前辙。公喜，特保举卓异。而前任督抚江苏者，余公国柱也，方掌纶扉，征贿巨万，闻之衔恨刺骨。嗾人劾奏，虞山翁铁庵（叔元）司寇，从而和之。赖圣祖皇帝英明，稔知郭无他故，得以保全。时长洲贡生何义门（焯）在京考选，为司寇门生，遂登翁之门，攘骂不已，索还门生帖，否则改称，不认为师，义门由是知名。

汤斌乃是康熙朝著名的清廉大臣，正是因为他的清廉，反遭受到了一些恶人的攻击。何焯听到这件事后气愤不已，他原本拜徐乾学、翁叔元为师，然而两人却赞同弹劾汤斌，这让何焯大为不满，于是就到翁叔元家大骂同时索要自己的门生帖，这番所为让大家都知道了他性格是何等之耿直，但同时也给自己的科考埋下了隐患。全祖望在《长洲何公墓碑铭》中写道："及尚书受要人指，劾睢州汤文正公，满朝愤之，莫敢讼言其罪。独慈溪姜征君西溟移文讥之。而公上书请削门生之籍，天下快焉。

◎ 走进了这个院落

◎ 第二进院落

◎ 第三进院落

然公竟以是潦倒场屋，不得邀一荐。”

何焯的耿直抗言令正直之士听闻后大快人心，然而他的科考之路却由此而断了，难怪他读书如此用功，却始终无法考取功名。他不仅得罪了翁叔元，同时也得罪了徐乾学。沈彤在《义门何先生行状》中写道：“康熙之二十四年，先生年二十三，由崇明县学拔贡国子监。时昆山徐学士乾学、常熟翁祭酒叔元，方收召后进，其所善，科第立致，先生亦游两人门而慎自持，见事不符义，且加讥切。”

那时徐乾学在文坛的地位如日中天，是何等的炙手可热，何义门虽然拜其为师，但当他发现徐的作为令他不满意的时候也并不因师而苟同，为此差点还受到了杀身之祸。全祖望在《长洲何公墓碑铭》中写道：“（何焯）初受知于昆山徐尚书（徐乾学），昆山之门，举世以为青云之藉，所以待公者甚沃，而为忌者所中失欢。戊辰校文之役（康熙二十七年），至讼之于大府，遂有下石欲杀之者。昆山谓：‘何生狂士，不过欲少惩之耳，夫何甚事？’乃得解。”

何焯得罪了徐乾学，事情越闹越大，徐乾学的手下甚至准备杀掉何焯，徐认为这种做法不妥，于是制止了手下的行为。是什么事使得两人之间产生了如此大的仇恨呢？按照《长洲何公墓碑铭》上的说法，是因“戊辰校文之役”。此事的本末，记载于蒋良骥《东华录》卷十五中：“乾学于丁卯（康熙二十六年）乡试，戊辰（康熙二十七年）会试，在外招摇，门生亲戚、有名文士各与关节，务期中式。有苏州府贡生何焯往来乾学门下，深悉其弊，特作会试墨卷序文，寓言讥刺。乾学闻知，即向书铺将序抽毁，嘱托江苏巡抚访拿何焯，至今（康熙二十八年十月）未结。”

当年徐乾学主持科举，很多人私下里疏通关节，希望徐乾学能予以关照，以便考中进士。而何焯是徐乾学的门生，他当然看到了事情背后的丑陋，何焯不敢明说，就把这种弊端写在科考优秀范文集的序言中。这件事被徐乾学听到了，他让印刷该书的书铺把何焯的序言抽毁，同时暗里嘱咐江苏巡抚,找理由捉拿何焯。老师与门生的关系闹到了这个地步,难怪他仕途多蹇。

何焯得到的骂名,除了因为他性格的耿介之外,也因为玄烨对他的欣赏令其平步青云,致使他遭到了许多朝官的妒忌,对于这一点,何焯本人也很清楚,他在《义门先生集》卷四中写道:"又已奉随从避暑之旨,乃多一番舆马之费,同侪者亦多有忌者。"对于这样的妒忌,徐世昌主编的《晚晴簃诗汇》卷五十五中亦称:"国初引儒生佐幕府,不加爵秩,谓之'书房相公'。入关后,如孟忠毅、张忠勤、马忠靖辈,为一时封疆重臣,皆由此出。康熙中,励近公、高江村、王坦斋、查初白、姜西溟、何义门诸公以荐辟直内廷,盖犹存旧制。虽其职在讲求典籍,供奉文字,不必参与政事,而地分清切,易招羡嫉。义门中蜚语,厪乃得白。"

这些妒忌最终给何焯带来了很大的麻烦,沈彤在《义门何先生行状》中写道:"又明年(康熙五十四年)秋,驾在热河,有构飞语以闻者。上还京,先生迎道旁,即命收系,并悉簿录其舍中书,付直南书房学士蒋廷锡等,视有无狂诞语。检五日,无有。间有讥笑士大夫著作,诟近科文者,黏签以进,而书中所厕《辞吴县令馈金札稿》并进焉。上阅毕,怒渐解,且嘉其有守,简数条命内侍诣狱诘责。先生各据实奏辨。反报,仅坐免官,还其书,命仍直武英殿。"

康熙五十四年(1715),玄烨前往避暑山庄,此次没有让何焯随驾,于是有些人觉得机会来了,说出很多诬陷之词,玄烨听闻后很生气。等到皇帝返京时,何焯前往迎驾,而皇帝当即命人将其关进了监狱,同时派人到何焯家中搜查,把何家所有的书和资料全部拉走,又命令蒋廷锡仔细审查,然而蒋查了五天,却没从中查出犯上之语,反而从里边找到了何焯拒绝别人送礼的手札。蒋廷锡将这些证据呈给玄烨,玄烨看后怒气得以消解,但既然查办了何焯,总不能没有任何的惩处,于是就找个理由撤销了何焯的职务,把书还给他,而后让何焯到武英殿去校书。

◎ 斯文仍在

将何焯撤职，皇帝找到的理由是什么呢？蒋良骥的《东华录》中有如下记载："谕刑部：翰林何焯，朕钦赐以举人、进士，伊当终身感激，乃生性不识恩义，将今时文章比之万历末年，将伊女儿与允禩抚养，又为潘耒之子夤缘，罪应正法。姑念其稍能记诵，从宽免死，着将伊官衔并进士、举人革去，在修书处行走。"看来玄烨找到了三个处罚何焯的借口，一是何焯将康熙朝的文章拿来跟万历末年相比，这样的比较当然令玄烨不爽，二是何焯把自己的女儿请皇八子胤禩抚养，三是何焯帮某人的儿子搞运作，皇帝觉得这三条理由足以判何焯死罪，但感觉到他还是位正经的读书人，所以才免其死罪，只是革去官职以及赏赐给他的进士和举人身份，让他去修书处整理资料。

这三条理由怎么读来都有些牵强，但皇帝是金口玉言，他说臣有错，臣怎能争辩？而玄烨却忘记了，正是他派何焯去做胤禩的老师，而何焯与皇八子关系密切也成了他的罪状。好在他去世得早，否则胤禛上台后他必死无疑。邓之诚也是这么认为的："当雍正初，盛戮文士，若陈梦雷尚长流塞外以死，况焯曾值南书房，颇揽权势，又为阿其那心腹，绰号‘袖珍曹操’，天幸早半年卒，不然，决不能保其首领矣。”

胤禛一上台就开始收拾前朝的文士，当然其所收拾之人只是跟自己非一派者。胤禩乃是皇位的主要竞争者，胤禛当然对其恨之入骨，上台后寻机把胤禩称之为“阿其那”，满语中为狗的意思。而那时何焯被视为胤禩的心腹，人称“袖珍曹操”，胤禩的很多计策很可能就是出自何焯，雍正帝登基后当然要收拾他，好在何焯于胤禛登基之前就去世了。但即便如此，他死后的几年仍然受到了指责，王先谦所辑《东华录》于“雍正四年（1726）六月”条写道：“甲子，康亲王崇安暨诸王贝勒贝子公满汉文武大臣等公同议奏阿其那罪状四十款。……（胤禩）平日受制于妻，一日与何焯共谈，任听，伊妻门外大笑，不知省避。又将何焯之幼女私养宅中，以为己女。……既革贝勒之后，暗以银马等物要结汝福等人入党，又密同太监李玉擅革膳房行走之厄，穆克托又与翰林院何焯固结匪党，盗取名誉，潜蓄异心。”

古人云：“伴君如伴虎”，何焯在皇帝身边工作多年，不知经历了多少担惊受怕的事，然而一些八卦史料也会记载他跟皇帝间的文字游戏，昭梿在《啸亭杂录》卷九中记载了这样一个故事：

何义门先生值南书房时，尝夏日裸体坐，仁皇帝骤至，不及避，因匿坑中。久之，不闻玉音，乃作吴语问曰：“老头子去否？”上大怒，欲置之法。先生徐曰：“先天不老之谓老，首出庶物之谓头，父天母地之谓子，非有心诽谤也。”上大悦，乃舍之。

且不管这个故事的真伪，至少说明何焯反应极快，能在瞬间急中生智地给自己解围。从何焯的生平事迹来看，他虽然有着性格上的偏狭，但毕竟是位廉洁之士。王曾鲁在《何义门先生事略一得》中写道：“先生贫士也，每籍其戚蒋子遵之倾助，与蒋书有云：‘愚居此穷约之况，虽云无两，而幸不致失志于人者，实皆足下倾助之赐也’。”可见何焯虽然在朝

◎ 上面的字迹已无法看得清

中任职，生活上却需要依靠亲戚来予以资助，为什么生活过成这样？有可能是他把自己的主要精力都用在了校书上，难怪他在这方面有着如此高的成就。韦胤宗在《何焯与〈通志堂经解〉之关系及清人对何焯评价问题研究》一文中评价道："校勘之学，为清儒所特擅，其得力处真能发蒙振落，其成熟虽在卢文弨、顾广圻等，但其创始，总应推为何焯。"

韦胤宗在这里把何焯视为清代校勘学的创始人，然而这种学问在创始之初并未受到学者的肯定，有人把这种学问贬为"纸尾之学"，如果用当时的话来形容，批校之学有如报纸补白，被人斥之为"报屁股"。但是何义门所开创的批校之学，却对后世乾嘉学派有着启迪之功。汪绍楹在《阮氏重刻宋本十三经注疏考》一文中称："何氏之说，前人讥为纸尾之学，而惠、戴之学，亦何以异于是？惟其取径不同耳。其始皆不过于时文中，用一古义古训，以求警策于主司。继乃以训诂校勘之学曳裾于显贵。"

汪绍楹认为，惠栋、戴震的学问其实也是来源于校勘学，只是具体的手段不同罢了。所以韦胤宗对此给出了如下的结论："欲明经义，必达乎训诂，则一字一句之得失，往往关乎大局，版本目录校勘之学于是乎起。何焯由制义之需，而经义，而校勘，实乃清人学问转变之一典型。”

其实对于何焯的校勘成果，前人也有着不同的看法，比如俞正燮《癸巳存稿》卷十四中就指出了何焯在批校上的误判，然任何学问都是前疏后密，即便何焯是开一代风气之人，以今天的标准来看，他所批校之书仍然有瑕疵在，如果只是揪住他的瑕疵不放，真可谓“一叶障目不见泰山”。因此，韦胤宗在其论文中给出了如下公允的评价：“版本校勘之学，本来后出转精；经术悬于天壤，原许他人之纠正；何焯又为开风气之先者，舛误固不少。若仅以零星小讹即斥义门为无学，是不察也甚矣。观何焯《义门读书记》，梁章钜《三国志旁证》、沈钦韩《后汉书疏证》、王先谦《汉书补注》《后汉书集解》等所引何焯考证、校勘之文，可知何焯学问之精。若梁、沈、王等，于何焯之说亦间有补正，而未有讥诮之语，知学问之难而何焯之精审也。此等曰‘（何焯）于古今人学术不能窥其高远’之人，大致束书不观，皆耳学也。”

从清代中后期开始，名家批校本成了重要的藏书门类，而何焯既然有着清代批校本的创始之功，他的所藏当然广受藏家关注，可惜的是他的批校本极其难得，虽然在市场上时常能够看到署名何焯所批之书，然所见者均为过录本。三十年来，我在市面上从未见到过何焯亲手所批之书。因为何焯乃是清初著名的书法家，再加上他批书十分的经典，故其后世多将他的批本一再过录，以至于很多爱书之人看到何焯批本就首先否定其为真迹。

如傅增湘所言，何焯的批书量很大，那么他所批的这些书都到哪里去了呢？黄丕烈在《张来仪文集一卷》的跋语中给出了这样的线索：“顷书友携故书数种来，中有《张来仪先生文集》，虽残毁已甚，余诧为得未曾有，因出重直购之。至于书之霉烂破损，系经水湿蒸润，故裱托为之，此又何义门归舟落水故事。余所见宋本元旧籍，其藏本往往如是，固不待

© 别有洞天

◎ 在上面找到了何焯的名字

中有义门手校朱文而始信之也。”

看来何焯的这部批校本在某次运书过程中因翻船而落水，不知道这次事故的损失有多大，但至少说明他辛勤所校之书有不少都喂了鱼，真可谓书界的一大损失。想到这一层，他的那些过录本也就变得很有价值：虽然真迹不在，但毕竟他的批校思想却能留传于后世。而我所藏的几部何焯批本，虽然均为过录本，但毕竟跟这位大校勘家有了间接性的关联，总算是差强人意吧。

想想他的一生，既有机遇也有坎坷，也当算是时代的不幸。王曾鲁在《一得》文中对何焯的一生予以了这样的总结：“先生之学，文哲史地，无所不窥，至于今日殆以校书评注之功效为最大，惜其捐馆之后多所散失，不获与世人以全豹相见耳。综其一生，家况清苦，仕途坎坷，幸得其弟煌为学业上之帮助，蒋子道为金钱上之帮助，李文贞为精神上之安慰，勉而有此成绩。吁！亦可悲矣。”

关于何焯藏书楼所处的地点，《吴郡名贤图传赞》中称：“焯为学长于考订，论文与方苞异趣。其所居，在苏州金狮巷，曰赍砚斋，以尝得陶隐居赍砚而命名。多蓄宋、元旧椠,参稽互证,丹黄稠叠,评校之书,名重一时。有《义门读书记》六卷传世。”这段话说得很明确,何焯的故居位于苏州的金狮巷,而今这条古老的小巷依然未曾改名,这给我的寻访带来了便利。在此巷的入口处有着金狮巷的明确标识,标识旁边还有一块介绍牌,这个介绍牌制作得颇为精致,细看上面的文字,果真提到了何焯:

金狮巷:东出人民路,西至金狮桥南堍金狮河沿。巷长 271 米,宽 3 米,唐宋时称“同仁坊”,宋范成大撰《吴郡志》有“同仁坊,金狮巷”之记录,巷以坊名。王謇《宋平江城坊考》卷一云:“《吴郡志》作金狮巷,以从古为是。”民国《吴县志》虽作金狮子巷,但已在注中云:“今俗呼金狮巷。”清《姑苏图》等均标作金狮巷。历史上多位名人曾居于此巷,包括边知白、何焯、石蕴玉、俞樾等,均为经史大家,故巷又俗称“经史(师)巷”。

看来苏州人民没有忘记这位前贤。遗憾的是介绍牌上没有写明何焯故居是今天的哪个门牌号码,好在我从查到的史料上得知,苏州状元石蕴玉的故宅跟何焯故居相邻,而石蕴玉因为是状元,名声远比何焯要大,因此我决定到巷内先寻找石蕴玉故居,而后自然就知道了何焯故居所在。

沿着金狮巷一路向前走,此巷的前半段有一部分已经被改建成了新式楼房,好在大部分依然是老建筑,小巷长约 500 米,我注意着两侧的墙面,希望能够发现相应的文保牌。可惜直到我走到金狮巷的顶头位置,未能看到任何标识,而其顶头之处也在拆迁。我在这一带见人就打听,终于从一位带着红袖标的老太太口中知道:金狮巷顶头的这一片就是石蕴玉的故居,以范围来看,这片故居大约占了六个门牌号码。

有了老太太的确认,何焯故居的寻找就变得迎刃而解。虽然说何焯是位清贫之士,但毕竟他也是康熙朝著名的文臣,所以他的故宅应当也有较大的面积。但究竟是哪些号码我却无法确认,只好在金狮巷内于大概的方位上，一个院落一个院落地探寻，最终从一位中年人口中得到了确切的信息。

走入这个院落，这里的第二进正在进行拆迁改建，我向拆迁之人了解情形，他说自己只是干活的，什么情况也不了解。于是转身向这里的老住户打听，问过几人，没人能够讲出个所以然来。而后我又看了几个院落，所见情形大同小异，均是一片片的破烂之房。面对此况也正是我寻访过程中的纠结之处，站在当地居民的角度，住在这样的院落中当然有着太多的不方便，如果能进行一番整修，安装上一些现代化生活设施，当然是住户的心愿。可是我又希望能够将一些历史名居原汁原味地予以保留，以便让像我这样的佞古之人有抒发心情之处。怎样才能将这两者做出一个完美的结合呢？我当然不知道答案。

璜川吴氏·遂初园

首重经部，四世续藏

璜川吴氏吴铨

清江苏吴县人，祖籍安徽休宁，字容斋。雍正年间官江西吉安知府，寻乞归。归后居渎川，筑遂初园，建藏书楼名『璜川书屋』，藏书甚富，多宋元善本。世称『璜川吴氏』。

《木渎小志》卷一记载："遂初园，在木渎东街，康熙间吉安太守吴铨字容斋所筑。"可见，遂初园乃是吴铨所建，马杰在《清代苏州的徽籍藏书世家》中说："在这些居住于苏州的徽籍藏书家中，影响最大的莫过于历经四代递藏、书香不绝的璜川吴氏。"对于遂初园藏书的递传，马杰在文中又写道："吴铨有子二。长子吴用仪，号拙庵，其与浙江诸名士交往甚厚，流连觞咏，座无俗客。用仪亦嗜典籍，藏书在其父基础上复购数万卷于其中，多宋元善本，是璜川吴氏藏书第二代中的代表人物。此外，次子吴成佐，号懒庵，同样亦有藏书名，其中亦不乏宋元佳椠。成佐藏书处曰'乐意轩'，藏书印有'乐意轩吴氏藏书'等，并有《乐意轩书目》四卷。"

对于璜川吴氏的藏书情况，郑伟章在《文献家通考》中在讲到吴铨时称："归田后于渎川筑遂初园，因怀旧之思，题其藏书处曰'璜川书屋'，架上万卷，皆秘籍也。是时载酒问奇而来者，如惠栋辈，尽吴下知名士，遂以'璜川吴氏'著名于时。沈归愚辈皆有诗文以纪璜川书屋，后为灵岩名迹。"

沈德潜确实写过一篇《遂初园记》，该文中先介绍了此园的来由："容斋吴太守，于木渎镇东，治园一区。园故废地，斶荒秽，拂蒙翳，因其突者垒之，洼者疏之，垒者为丘、为阜、为陂陀，疏者为池，因池之曲折，界以为堤，跨以为桥，楼阁亭榭，台馆轩舫，连缀相望，垣墙缭如，怪石嵚如，古木槎枒，篔筜萧疏，嘉花名卉，四方珍异之产咸萃。园既成，名曰'遂初'，取孙兴公绰赋名以托意云。"而后沈德潜以很长的一个段落介绍遂初园内各种景致，可见该园内所盖亭台楼阁之多，对于园名的来由，沈德潜写道：

夫园名"遂初"，慕兴公作赋之意而名也。然考《晋书》，兴公隐于会稽，放浪山水，作《遂初赋》以致意，后为散骑常侍，上书言事，桓温笑之曰："何不寻君《遂初赋》，知人家国事邪！"是兴公先赋《遂初》，而后历宦途者也。

沈德潜的这篇《遂初园记》并未提及园中的藏书楼，周菊坤所著《木渎》一书中，专有一篇文章介绍遂初园，此文中提到："清末民初，该园日渐荒芜，但从目前尚存的第三进大厅的厅前石阶、厅内花岗石柱基、厅侧砖细贴面山墙、厅北砖雕门楼以及第四进结构仍较为完整的藏书楼，可见昔日遂初园的建筑格局和风貌。"

由这段描写可见，遂初园中的第四进院落就是藏书楼。而该文中又写道："遂初园的结构布局为三路七进一大园。中路建筑主要以会客、喜庆、雅集、演唱、藏书等为主。大门面临东街，枕市河，原有水码头，石砌驳岸齐整宽敞。中路建筑中第三进为大厅，雍乾间名'补闲堂'，归柳氏后易名'尊德堂'。此处为当年主要演唱场所，四周遍悬大型宫灯，《盛世滋生图》中即绘有文人雅士在此观看昆剧《白兔记》中'麻地'一折的场面。第四、五进均为藏书楼，两楼间衔以东、西转楼，构成'回'字四合型双层藏书重楼。第七进为旱船，名'听雨篷'，东首圆洞门上方有吴铨自题'遂园'行楷砖额一方。"

如此说来，第五进院落同样是藏书楼，并且这两座楼呈回形状，如此结构的藏书楼，似乎与南浔嘉业堂有些类似，不知道嘉业堂建造时是否参考了遂初园的制式。除藏书楼外，遂初园内还有其他的书房，《木渎》一书中写道："西路建筑以书房、庭院与主人起居憩息等为主。第三进为双层小书房，第五、六进均为双层大书房，合称'拂尘书屋'。其中第五进房前缀有假山，林荫嘉花相间，下层东首辟有边门，与中路第五进藏书楼相通；第六进下层北首中堂，精镌郑燮题绘丛竹独幅银杏屏门六扇（此屏门已于1960年1月被移至拙政园'拜文揖沈之斋'内）。"

关于璜川吴氏藏书的缘起，吴铨的曾孙吴志忠在其所撰《璜川吴氏经学丛书缘起》中首先说：

璜川者，吾曾祖容斋先生自题其书屋之名也。曾祖于雍正年由部曹守吉安，归田后居渎川遂初园，读书其中。架上万卷，皆秘笈也。所以题书屋曰“璜川”者，以我曾祖生于新安之璜源，随我高祖乡贤公侨居松江之上海，老而自松迁苏，以故里题其读书处，怀旧之思也。是时载酒问奇而来者，如惠松崖征君辈，尽吴下知名士，而我家遂以“璜川吴氏”著矣。

璜川吴氏家族藏书的确始自吴铨，当时家中藏书已逾万卷，并且都是善本秘籍，吴志忠还解释了“璜川”二字乃是曾祖吴铨在新安时出生之地，以此表明不忘家乡。吴铨由上海迁到了苏州的木渎后，在这里与经学大家惠栋等名士有着密切交往，对于吴铨去世后的情况，吴志忠在此文中接着写道：

曾祖殁后，我祖最幼，故无如书籍之散逸。若北宋本《礼记单疏》，今归曲阜孔氏者，其最显者耳。我祖懒庵先生，重自搜罗，书楼三楹，环列四周，有《乐意轩书目》四卷。忠在髫岁，常见我祖于书楼读书，寒暑不辍其诵咏声，希则抽笔著书时也。每脱稿，即命我严君暨诸叔父辈钞录编次刻之。有《懒庵偶存稿》八卷、《读史小论》二卷行于世。岁久版蠹，家君重校付梓，更名《经史论存》。

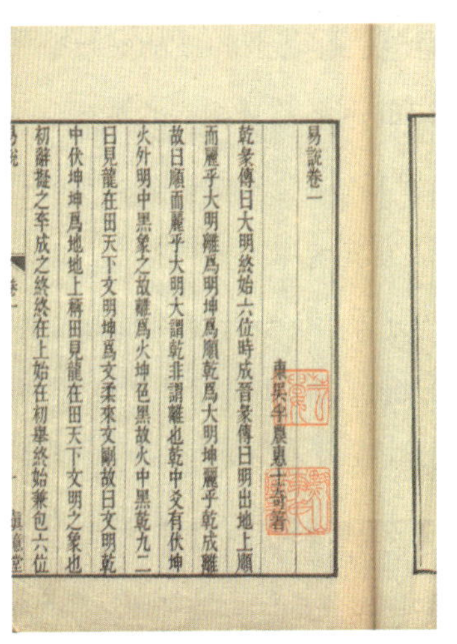
易說卷一
東吳半農惠士奇著
乾彖傳曰大明終始六位時成晉彖傳曰明出地上順
而麗乎大明離爲明坤爲順乾爲大明坤麗乎乾成離
故曰順而麗乎大明大謂乾非謂離也乾中爻有伏坤
火外明中黑象之故離爲火坤色黑故火中黑乾九二
曰見龍在田天下文明坤爲文柔來文剛故曰文明乾
中伏坤坤爲地地上稱田見龍在田天下文明之象也
初辭擬之卒成之終終在上始在初舉終始兼包六位

◎《易说》六卷，清嘉庆十五年（1810）璜川吴氏真意堂刻本，卷首

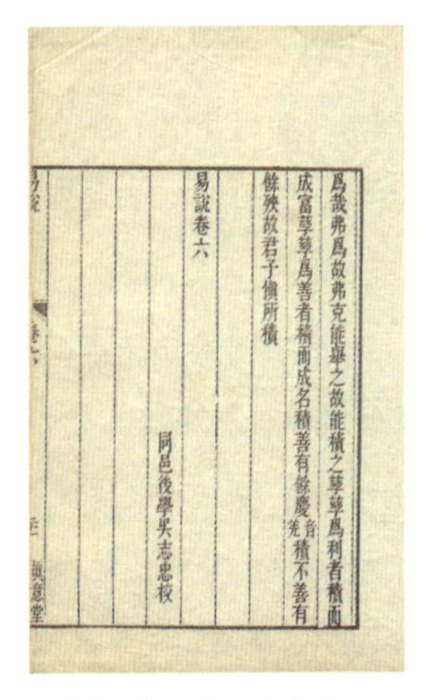
爲哉弗爲故弗克能舉之故能積之孳孳爲利者積而
成富孳孳爲善者積而成名積善有餘慶音羌積不善有
餘殃故君子慎所積
易說卷六
同邑後學吳志忠校

◎《易说》六卷，清嘉庆十五年（1810）璜川吴氏真意堂刻本，刊记

当年的遂初园中藏有北宋单疏本《礼记》，此书极具名气，以此可见，遂初园藏书质量之高。而吴志忠从小就帮助祖父整理书籍编写书目，同时吴家还刊刻书籍，对于刊书的观念，吴志忠在此文中写道："昔人论藏书有二：一则聚书者之藏书，一则读书者之藏书。如我祖非所谓读书者之藏书与？然乐意轩所藏书，至今又分析遗散矣。家君独好甲部书，故中岁弃举业，专事著述。今所刻者有《经句说》二十余卷，其续者正未央也。尝谓忠曰：古书不易觏，我今既不能如先世之富于收藏，即案头所有者，又乌知后来之不更散失哉？予将次第刊行之，以广其传。校雠之役，汝能勉之与？忠谨受命，鸠工集事，数年之间，裒然成帙，排比甲乙，题曰《璜川吴氏经学丛书》，而《经史论存》《经句说》二书附焉。因为叙其缘起如此。道光三年四月初吉，吴县吴志忠。"

吴志忠说他祖父的藏书堂号名叫乐意轩，分家析产之后，乐意轩的藏书也分成了几份，而吴志忠的父亲最喜好经部之书，想来他分家时得此部书最多，于是他就命儿子吴志忠组织人刊刻了《璜川吴氏经学丛书》。对于此丛书的情况，《续修四库全书总目提要》中有著录，而该篇提要乃是出自文献家谢国桢之手，谢国桢称著录的该丛书乃是"清道光庚寅重镌本"，而后介绍了编者吴志忠的生平及其相应的撰述：

吴县人，研治经学，家世藏书。曾祖容斋，生于新安之璜源，随父侨居松江之上海，老而自松迁苏之故里，题其读书处曰"璜川"，以寄怀旧之情也。是时载酒问奇而来者，如惠松崖辈，尽吴下知名之士。璜川吴氏藏书，遂著名于世。中经兵燹，书颇散佚。其祖懒庵重自搜罗，编有《乐意轩书目》四卷，著有《懒庵偶存稿》八卷、《读史小论》六卷行于世。岁久版蠹，重为校刊，更名《经史论存》。其父英中岁弃举子业，专事著述，独好甲部之书，著有《经句说》二十余卷。志忠三世簪缨，秉其遗志，辑其先世所藏惠氏父子所著《春秋说》《诗说》《大学说》，江永《群经补义》等书，题曰《璜川吴氏经学丛书》，志不忘其始也。而以其父英所著《经

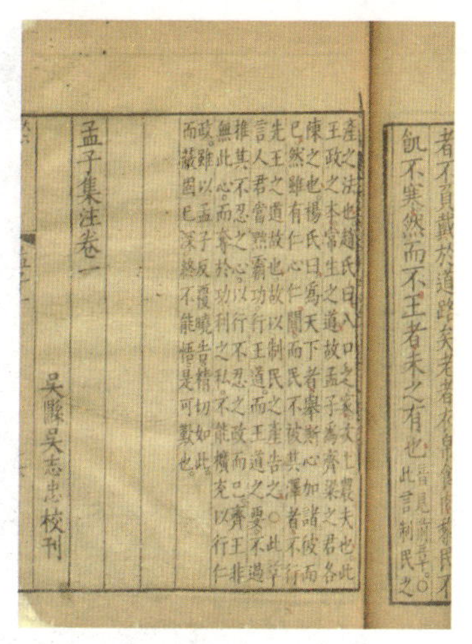

◎《孟子集注》十四卷，清嘉庆吴县吴志忠影宋刻本，刊记

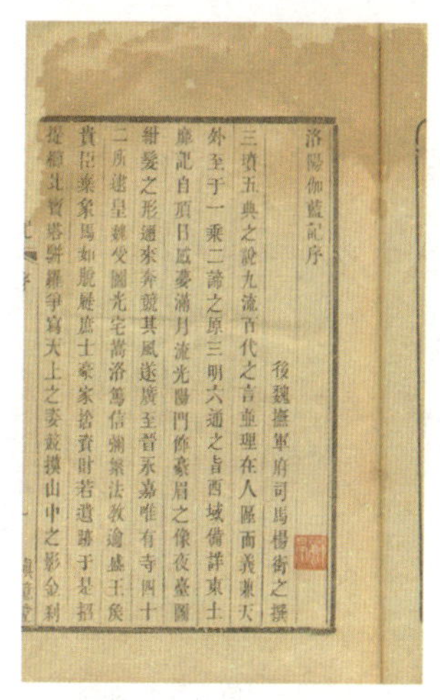

◎《洛阳伽蓝记》五卷，清嘉庆十六年（1811）璜川吴氏活字印真意堂三种本，序言

句说》二十四卷，附之于后。

《璜川吴氏经学丛书》总计收入十三种五十四卷，附一种二十四卷，《提要》中详列出甲、乙、丙三集分别所收之书，从收书的内容看，主要是清代经学家惠士奇、惠周惕、江永等人的著作，同时也收录了宋岳珂所撰《九经三传沿革例》，而附集所收一种书则是吴志忠之父吴英所撰《经句说》二十四卷。可见，璜川吴氏到了第三代、第四代对经学最为关注。

璜川吴氏的藏书在吴铨之后陆续有所增加，比如吴铨之子吴用仪仍然在购买善本，王昶在《蒲褐山房诗话》中说："企晋大父吉安太守铨，归筑遂初园于木渎，云林杳霭，花药参差。其尊人用仪，复购书数万卷于其中，多宋元善本。"

对于璜川吴氏所藏之本，叶瑞宝主编的《苏州藏书史》中有如下简述："故吴氏藏书用印'璜川吴氏收藏图书'等印，皆归用仪藏书。《平津馆鉴藏记》卷一载元版本《群书备数》十二卷，有'璜川吴氏收藏图书'朱文方印。卷三载影写宋本《琴史》六卷，有同上之印，'吴氏珍玩'白

◎ 应该是遂初园花园的一部分

◎ 远远看到一棵松树

方长印。同卷又载《圭塘欸乃集》一卷，有同上之印。《丰顺丁氏持静斋书目》钞本集部载《滏水集》二十卷又《附录》一卷，有‘璜川吴氏收藏’印。又载《花溪集》，有同上印记。元本史部载《史纂通要后集》，宋二卷、金一卷，为‘璜川吴氏’藏。又抄本史载《历代传国世次》，丁氏云：‘璜川吴氏探梅山房抄本。’按：探梅山房不知璜川吴氏谁筑，现暂列于此。”

除此之外，《苏州藏书史》还大量列举了各种书目记载的璜川吴氏旧藏之本，可见吴氏家族旧藏之书被后世藏书家所看重，而我也有幸得到其中几部。

吴铨的孙子吴泰来亦有藏书之好，《木渎小志》卷三载：“吴泰来，字企晋，号竹屿。祖铨，吉安太守，归筑遂初园于木渎。父用仪，购书数万卷藏其中，多宋元善本。”而吴泰来的弟弟吴元润也喜好藏书，《苏州藏书史》中称：“《平津馆鉴藏记》卷三载抄本《续夷坚志》二卷，有‘吴元润印’白文方印、‘谢堂’朱文方印、‘吴氏珍藏图书’朱文长印。卷三又载抄本《唐四杰诗集》四卷，有‘吴元润印’白文方印、‘泽均’朱文方印、‘长洲吴谢堂氏香雨斋珍藏书画印’朱文长方印。卷三又载抄本《陵阳先生诗》四卷，有‘吴元润印’白文方印、‘谢堂’朱文方印、‘吴氏珍藏图书’朱文长印，‘香雨斋吴氏珍藏图书’朱文长印、‘香雨斋’朱文圆印。”

除此之外，黄丕烈也藏有吴元润散出之书，《士礼居藏书题跋记》卷二著录有旧钞本《东国史略》六卷，黄丕烈在该书的跋语中写道：“适吴谢堂氏书散出，余拣其尤者二种，此书即与焉。”谢堂乃吴元润之号，黄丕烈写此跋的时间为嘉庆十八年（1813），可见吴元润的藏书于这一年散出。

吴铨的次子吴成佐也有藏书之好，他的旧藏也曾被黄丕烈买到，而吴成佐之子吴英，也即吴志忠之父，他的藏书情况前面已提及。吴志忠与大藏书家黄丕烈、校勘家顾千里都有密切交往，而著名经学家陈奂乃是吴英的内侄，陈奂在《师友渊源记》中写道：“有堂承庭训，又与同郡黄荛圃、顾涧蘋交游，故长于目录校勘之学。”

因此，陈奂跟吴志忠乃是表兄弟的关系，故陈奂在《璜川吴氏经学丛书序》中介绍说：“有堂表弟，喜刻古人抄本未刻之书，恐其湮没，为之流传，其所刻者大抵经义为多，故总其名曰《经学丛书》，然异于他刻之丛书，见未见书即付梓也。”

吴志忠在版本鉴定方面颇为眼力，陆心源《皕宋楼藏书志》（简称《藏书志》）卷六十七著录的《嵇康集》后有陆氏跋语：“吴君志忠已据钞宋原本校正，今硃笔改者是也。”而陆心源又在《藏书志》中抄录了吴志忠所写跋语：“余向年知王雨楼表兄家藏《嵇中散集》，乃丛书堂校宋抄本，为藏书家所珍秘，从士礼居转归雨楼。今乙未冬，向雨楼索观，并出副录本见示互校，稍有讹脱，悉为更正，硃改原字上者，抄人所误，标于上方者，己意所随正也。还书之日，附志于此。道光十五年十一月初九日，妙道人书。”妙道人正是吴志忠之号，可见，其在校勘典籍方面下了不小的功夫。

对于经学版本的研究，乃是吴志忠最下气力之处，《文禄堂访书记》卷一载有吴志忠为《礼记注疏》所写长跋，其在该跋中首先讲述了《礼记》版本的递传沿革情况：

《十三经正义》南宋以前与经、注别行，所谓单疏本者也。南宋以后始有经、注、音义、正义四合之本，题曰“附释音某经注疏”，惠跋所称“附释音本”也。然合刊实始于是本，其前未之闻附释音，俗呼之曰“十行本”，以自后闽、监、毛刻皆改九行也。惠松崖前辈所校《礼记注疏》《正义》，既用北宋单疏本，而经、注不得校，乃从十行本补缀之，故其跋云：“南宋间亦有参焉。”惟十行实刊于元至正间，忠曾见初印《易经注疏》，卷末有“至正某年”结款，后来印者则脱之已。元有两至正，此为宋理宗同时元世祖年号，则称之曰南宋亦无不可。

接着吴志忠指出惠栋校勘《礼》经时用的正是吴家所藏的北宋单

◎ 地上的历史

◎ 于此找到了旧味

疏本：

松崖所校北宋单疏书，属我家故物，惠称“璜川书屋”，先曾祖藏书之舍也。□读遂初园中，园甚著，沈归愚宗伯辈皆有诗文以纪，今为灵岩名迹。称“拙庵行人”者，忠先伯祖也；称“企晋博士”者，忠之伯父，号竹屿，名泰来，后举乾隆庚辰进士。壬午南巡，召试，授内阁中书，与松崖先生等七人齐名，都中目为“吴中七子”，有《吴中七子诗》合刊行于世。

而后，吴志忠在该跋中又讲到了其家所藏最善之本，以及此本对后世校勘的重要价值：

当时璜川书屋有两书为希世珍，一《礼记》是本，一《前汉书》。《汉书》以后归当路呈进，入《天禄琳琅书目》。《礼记》则归曲阜孔荭谷家，世遂不得复见，赖松崖校笔流传，尚得藉以窥豹，但展转过渡，源一而派已稍判。兹据硕甫所称者二：一则江艮庭从惠过；一则段懋堂从惠过。二君已微有异同，而硕甫又从江铁君过段本者覆校之，未免书经三写，真有帝虎之憾。道光庚子夏，忠承李方伯方赤先生之命，即硕甫笔覆录一本。丹墨之下，觉其稍有遗脱，因取昔年忠家向艮庭过本覆校者，重加参核，补出数百余处。此非硕甫之疏懈也，盖惠氏、江氏祖孙三本皆用汲古毛本，独段氏移用北监本，北监与毛又多不合，有监未误而毛滋误者，硕甫但视其殊处，而未省监、毛之不同耳。忠今凡经之翻审辨，自觉惬心，不知尚有目力未遍？有惠跋曾载入阮氏《十三经校勘记》，则知芸台先生亦仅见校本，而未获亲睹孔氏真本矣。乾隆间，和中堂曾有翻刊宋本，指为“璜川吴氏北宋本依然尾有惠跋”云云，实非其书，乃即附释音十行本，行款、字式与十行本分毫无异，想被书贾欺弄尔。恐传世已久，又致传讹，谨记所闻，敬质诸方赤夫子。道光二十年七月七日，吴县吴志忠识。

遗憾的是，璜川吴氏藏书在吴志忠之后就大多失散了。

2017年6月23日，我来到木渎寻找遂初园，在当地问过多人，均不知有这样一处院落。我在路边看到的木渎镇游览图上，也未曾标示出遂初园的字样。当天一直下着雨,路上行人稀少,问路颇为困难,然我想到旅游景点的工作人员应该知道遂初园所在,于是跨过一道虹桥,来到了周士心美术馆门前。这处仿古建筑门口挂着写有“榜眼府第”的匾额,想来也是一处古宅。门口的售票者告诉我说,木渎旅游景点中没有遂初园。这个结果令我很失望,于是决定在老城区内寻找一番。

我在街上遇到一位老人,他听闻我的问题后,眼睛为之一亮,而后说了一大段当地方言。我虽然听不懂他的话,但知道老人必定了解遂初园的去处,于是拦下一位骑车而过的路人,请他帮我翻译。经过此人的转述,我终于明白遂初园在几十年前全部拆掉了,那里已经盖起了很多新旧房屋,其地点并不在现在的旅游街区内,而在木渎东街的中段,其门牌号大约是 50 多号到 70 多号之间。

能遇到这样的明白人,真令我喜出望外,于是我立即向那个方向走去,好在距离并不远,很快找到了东街所在。从这条街道两侧的建筑格局看,这一带应当是木渎老城区的外围,我沿着东街边走边看门牌号,走到 50 余号时向附近商户打问,但无人知道遂初园。一位骑车的路人主动下车问我要到哪里,当他听闻到“遂初园”三个字时,立即说了句“跟我来”,而后他把我带到 77 号左右,并详细讲解遂初园的变化过程。

我沿着旁边的一条小巷向内走,在里面看到了一个面积很大的停车场,想来这就是当年遂初园的一部分。我沿着旁边的小巷一条一条地向内穿行,几乎每个小巷都是死胡同,但我能够感觉到小巷顶头位置的另一侧就是那个停车场。如此想来,这一带都在遂初园的范围之内。这几条小巷里面都是破旧的房屋,看样子也在等待拆迁之中,还有些房屋是后期的私搭乱建,然我在一个小巷内看到了用砖头封堵起的旧门,想来这应当是遂初园的旧物。

在另一条小巷内,有一片荒芜的花园,凭直觉,这里应当是遂初园花园的一部分,不知为何一直没有被房屋侵占。沿着小巷转到另一侧,这一带盖起了一些楼房，然而在楼宇间有一棵颇为粗壮的青松，我本能地认为这也应当是遂初园旧物。我向旁边院落中的妇女请教，她告诉我说，这棵树移栽于此没有几年，还不如旁边的那几棵树时间长。顺其所指，我望向旁边院落中的几棵树，发现树龄也没有过百年的。

曾经的一座名园，有如落了片白茫茫大地真干净。这让我心中颇有些惆怅，惆怅再夹杂着不时落下的雨水，两者混合在一起，搞得我心情颇为低落。虽然从理性上，我当然明白一切都不能永久，但在寻访历史遗迹的过程中，却始终祈盼着所寻对象依然健在。感情究竟是个什么东西，我未曾认可那些专家们所给出的结论，既然是热血动物，总不能去相信那些冷血分析。而我的寻访常常会遇到了无痕迹的状况，明知如此，还要坚持走下去，这样的变态心理应当如何解读呢？看来我真的病了。

于敏中·耐庵

《四库》首功，《天禄》别成

于敏中（1714—1780）

清江苏金坛人，字叔子，号耐圃。乾隆二年（1737）进士第一，授修撰。累迁户部侍郎兼军机大臣，官至文华殿大学士兼户部尚书。曾任《四库全书》馆正总裁，又充国史馆、《三通》馆总裁。在军机处近二十年。卒谥文襄。编有《临清纪略》等。

于敏中一生的大多数时间都在跟书打交道，杨慧慧在《清代金坛于敏中氏族的文化贡献》一文中，列出了他所参与编纂过的书：

乾隆七年（1742）《钦定临清纪略》，乾隆十二年（1747）《钦定满洲祭神祭天典礼》，乾隆十五年（1750）《钱录》，乾隆二十七年（1762）《钦定皇舆西域图志》，乾隆三十四年（1769）《国朝宫史》，乾隆三十九年（1774）与许宝善等增订康熙时朱彝尊所著《日下旧闻》为《日下旧闻考》，乾隆四十年（1775）《钦定天禄琳琅书目》，乾隆四十一年（1776）《钦定胜朝殉节诸臣录》，乾隆四十二年（1777）《钦定满洲渊流考》，乾隆四十三年（1778）《钦定西清砚谱》等等。当然，敏中最重要的文化贡献，是他大力促成并主持《四库全书》的编纂。

可能也正因如此，李玉安、陈传艺所著《中国藏书家辞典》把于敏中称为“清目录学家、图书馆官员”。

关于于敏中个人藏书的情况，我未查得具体的历史资料，然而在《四库全书》征集书的过程中，于敏中也做出了自己的贡献，郑伟章在《书林丛考》中说：“《总目》著录于敏中家藏本 11 种，280 卷。其中经部 3 种，165 卷；史部 2 种，25 卷；子部 4 种，62 卷；集部 2 种，28 卷；入存目 2 种。所藏医家类书甚精，尤以李时珍《本草纲目》等 3 种为难得。”

郑伟章认为，《四库全书总目》著录的于敏中家所藏 11 种书中，以《本草纲目》等最为难得。除了这部书之外，于敏中贡献的另外两种李时珍著作则是《奇经八脉考》和《濒湖脉学》。余外，于敏中所献之书还有《元朝名臣事略》和《伤寒总病论》附《音训》《修治药法》。既然有这么多的书能够被选中，那么于敏中所献之书应该不止此数，以此来反推，他家应该有着不小的藏书量。

如前所言，于敏中对于书史最大的贡献是在《四库全书》方面，《清史稿・于敏中传》中称：“时下诏征遗书，安徽学政朱筠请开局搜辑《永乐大典》中古书。大学士刘统勋谓非政要，欲寝其议。敏中善筠奏，与

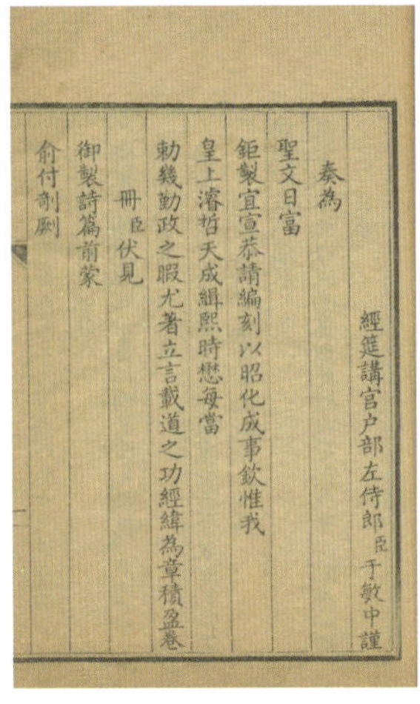

經筵講官户部左侍郎臣于敏中謹
奏為
聖文日富
鉅製宜宣恭請編刻以昭化成事欽惟我
皇上濬哲天成緝熙時懋每當
勅幾勤政之暇尤著立言載道之功經緯為章積盈卷
冊臣伏見
御製詩篇前蒙
俞付剞劂

◎《御制文初集》三十卷，清乾隆二十九年（1764）内府刻本，于敏中等乾隆二十八年（1763）奏章

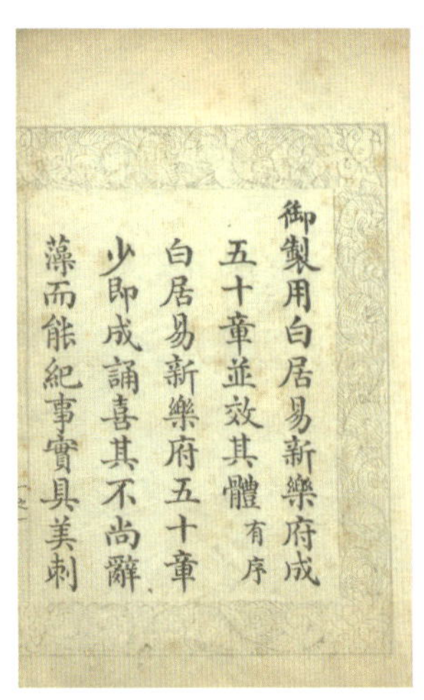

御製用白居易新樂府成
五十章並效其體 有序
白居易新樂府五十章
少即成誦喜其不尚辭
藻而能紀事實具美刺

◎《御制拟白居易新乐府》四卷，清乾隆于敏中写套印进呈巾箱本

统勋力争，于是特开四库全书馆，命敏中为正总裁，主其事。”

这段话十分的重要，故而广泛地被相关学者所引用。在此之前，乾隆皇帝在全国征书，而朱筠则借机提出，可以从《永乐大典》等古书中辑出当时失传的古书，而后编一部真正有价值的大书。然而刘镛之父刘统勋却反对朱筠的这个提议，他认为当务之急应当是处理国家大事，不应当把精力用在编书这等次要的事情上。在此关键时刻，于敏中站了出来，他跟刘统勋据理力争，认为朱筠的建议很好。经过一番辩论，乾隆皇帝接纳了朱筠的提议，正式开办四库全书馆。既然于敏中赞同此事，皇帝就命其为四库全书馆的正总裁，让他来主抓这项伟大的文化工程。

关于这种说法，也可以皇帝的上谕为证，乾隆五十二年（1787）六月十三日，皇帝在批阅《寄谕琅玕等传令陆费墀赔办江浙三阁书籍工价并着盐政织造常川查察》时说：“因思此事发端于于敏中，而承办于陆费墀，虽朕旨有办大事不能无小弊，亦不应为之已甚也。其条款章程俱系伊二人酌定……”

在这里，弘历明确地称《四库全书》这件事就是“发端于于敏中”。由此可证，于敏中对于《四库全书》这部大书得以面世起到了至关重要的作用，并且弘历还说《四库全书》编纂过程中的具体条款和章程也都是由于敏中和陆费墀二人所制定者。

如此说来，于敏中才是《四库全书》的真正促成人。皇帝要搞这么大一项文化工程，那绝不可能仅靠于敏中一人来张罗全局，黄爱平所著《四库全书纂修研究》一书中，详列出了四库全书馆的组织结构，该馆的正总裁就有 16 人之多，这 16 位正总裁的前三位当然是皇子。有意思的是，反对开四库全书馆的刘统勋也被列在了这 16 人之中，并且乾隆朝最有名的贪官和珅也在其中。

正总裁之外，四库馆另有副总裁 10 人、总阅官 15 人、总纂官 3 人等等，合计在一起有 362 人之多，而这其中还有两位兼职者，故黄爱平统计出四库馆实际在职人数是 360 人。当然，这只是列名者，随着事情的推进，还另有 100 多人的名单变化。

于敏中为什么能被选为正总裁呢？这当然跟他在朝中的地位有很大关系。于敏中是乾隆二年（1737）的状元，而后一路升迁做到了户部尚书，张升在《四库全书馆研究》一书中称：“总裁任职的基本条件为：其一，一定的身份。除皇子外，正总裁均为正一品或从一品；副总裁则为正二品。总裁多是清廷各部门的负责人，包括军机大臣、大学士、各部尚书与侍郎，可以起协调各部门的作用。其中正总裁一般是皇子、大学士、各部尚书兼任，副总裁则多为各部侍郎兼任。”看来，能够做到正总裁的，除了皇子之外，大臣的级别必须在从一品之上。

张升说到的第二种能够任正总裁的原因，则是由皇帝的指派。皇帝是根据什么条件来指派大臣为四库馆的正总裁呢？除了其从一品以上的职位外，能够得到皇帝的信任也是个重要条件。《清高宗实录》载有乾隆帝说的如下一句话：“即如于敏中、程景伊、王际华，俱朕所亲信者，伊等亦能谨凛自持，看来汉尚书中，唯嵇璜不免与外吏稍通声气。”皇帝明确点出于敏中是他信任的人，这反过来也可印证，弘历对四库馆的编纂看得十分重要，他特意派自己信任的重臣来主抓此事。

既然如此，那为什么要安排16位正总裁呢？因为四库馆组织的修书人员数量十分庞大，达3800余人，这当然会涉及太多的方方面面，用这么多总裁也是为了分管相应的方方面面，张升在其专著中写道：

总裁人众，亦有较明确的分工：有的管全馆，沟通各方面关系，有的管刻书，有的管后勤。例如，永瑢、舒赫德应是负责总揽全馆的；福隆安则是在乾隆三十八年二月被派往四库馆经理饭食；英廉主要是管后勤，起协调作用；金简主要是办武英殿刊印之事；于敏中是军机大臣，军机处事务繁多，修书也只是兼办。

然而四库馆毕竟是一个编书机构，这些正总裁们是否也参与到了具体的编辑事务之中呢？按照四库馆的设置，正副总裁和总阅官之下则有总纂官3人，其分别是纪昀、陆锡熊、孙士毅。天下人都知道《四库全书》的真正编纂者就是这位纪晓岚，而在他前面排名的几十位，按照今日的理解，应当都是领导挂名，并不做具体的事务。然而从实际的情况来看，也并非完全如此，弘历在乾隆三十九年（1774）二月二十一日下谕旨中说：

皇六子质郡王永瑢、舒赫德、福隆安，虽派充总裁，并不责其翻阅书籍，乃令统理馆上事务者。英廉办理部旗及内务府各衙门，事件较繁，亦难悉心校阅；金简另有专司，此事本非其职。至于敏中，虽系应行阅书之人，但伊在军机处办理军务，兼有内廷笔墨之事，暇时实少，不能复令其分心兼顾。所有皇六子永瑢、舒赫德、于敏中、福隆安、英廉、金简，但着从宽，免其交部。其余总裁，每日到馆，岂可于呈览之书，竟不寓目！

弘历倒也是直白，他先点出的三个名字均为满人，他说这三位虽然被任命为了总裁，但并没有翻阅书籍的具体职责，他们只负责其他的事

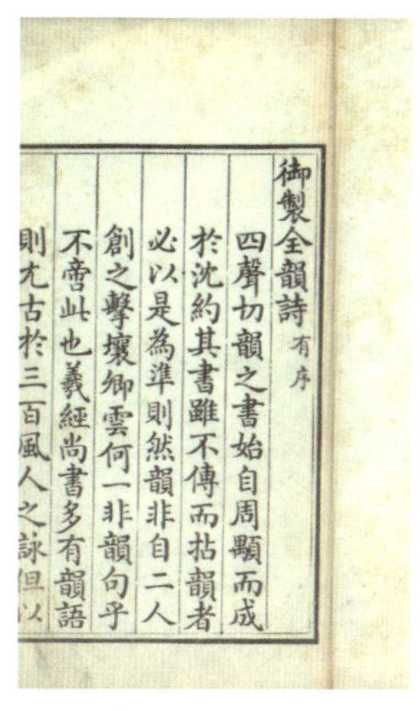

御製全韻詩 有序

四聲切韻之書始自周顒而成
於沈約其書雖不傳而括韻者
必以是為準則然韻非自二人
創之擊壤卿雲何一非韻句乎
不啻此也義經尚書多有韻語
則尤古於三百風人之詠但以

◎《御制全韵诗》五卷，清乾隆于敏中写武英殿刻巾箱本

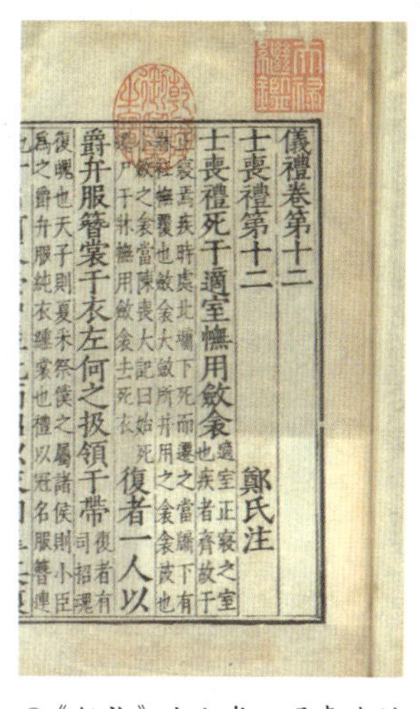

儀禮卷第十二
士喪禮第十二 鄭氏注
士喪禮死于適室幠用斂衾
復者一人以爵弁服簪裳于衣左何之扱領于帶

◎《仪礼》十七卷，明嘉靖刻本，天禄琳琅旧藏

务。看来，还是要用信任的人来管理能干的人。弘历的这句话中却专门点到了于敏中，他说于敏中的本职工作太多，原本让他要仔细地查阅书籍，但他真查不了也没关系，其他的总裁则必须要每日到四库馆去看书。

既然如此，那这些总裁中哪位才是实际工作的负责人呢？有意思的是，四库馆前期的真正负责人竟然就是反对开此馆的刘统勋。不知皇帝这种任命是否是有意地惩罚他，不过四库馆刚开办不久他就去世了，而该馆的实际工作则是由于敏中负责。

在当时，桐城派的实际创始人姚鼐也在四库馆工作，他的职位是“校办各省送到遗书纂修官”。这个职位总计有 6 人，除姚鼐之外，建议编《四库全书》的人——朱筠也任此职，另外翁方纲也为此 6 人之一，可见这个职位的工作也很重要。对于正总裁的变化，姚鼐在《朱竹君先生传》中说：“未几，文正（按：刘统勋，谥文正）卒，文襄总裁馆事。”

前面提及，弘历已经明言于敏中因为工作繁忙，不必每日来查阅编辑之书，然而姚鼐却说，刘统勋去世后，庞大的四库馆真正的主持人其实就是于敏中。而今《于文襄手札》已出版，从这些手札中可以看到，于敏中对《四库全书》的编纂下了很大的气力，他不只是作宏观的指导，而具体到每一部书，他也会提出自己的意见，比如他在信中称：

《宋史新编》体例既乖，即非史法，若删去附传，尚可成书，则抄存亦似无碍。第恐每篇叙事或多驳而未纯，改之不可胜改，又不如存目为妥。至《北盟会编》，历来引用者极多，未便轻改，或将其偏驳处于提要声明，仍行抄录，似亦无妨。但此二书难于遥定，或俟相晤时取一二册面为讲定，何如？

于敏中在审核《宋史新编》这部书时，认为该书所编的《提要》有问题。而对于具体的编纂流程，他也会提出自己的意见：

《鹖冠子》莜塘添出之处甚多，此番可谓尽心。但止寄签出之条，无书可对，难于悬定，因将来单寄回，足下可并前日之单，回原书校勘，酌其去留，无庸再寄此间也。校对遗书夹签，送总裁阅定，即于书内改正，此法甚好。可即回明各位总裁酌定而行，即或将涂乙之本进呈，亦属无碍。惟改写略工，以备呈览。

除此之外，对于入选的书应该归入哪一部，他也有着具体的意见：“酌定《竹谱》改入子部农家，《少仪外传》改入经部小学，以为相合。”而对于《提要》所写的评语是否公允，于敏中同样有着自己看法：

又阅《提要》内《宝真斋法书赞》有“朱子储议一帖”云云数句，与此书无大关系，而储议事尤不必举以为言，因节去另写，将原篇寄还，嗣后遇此等处，宜留意斟酌。又见所叙《金氏文集》《北湖集》两种，誉之过甚。果如所云，即应刊刻，不止抄录而已，及读其诗文，不能悉副所言。且金氏集《忠义堂记》列入扬雄，其是非尤所未能得当。愚见以为《提要》宜加核实，其拟刊刻者则有褒无贬，拟抄者则褒贬互见，存目者有贬无褒，方足以彰直笔而示传信。

由以上这些摘录即可得知，于敏中虽然事务繁忙，但他依然细看每一部书，并且对馆臣们所写《提要》也会提出自己的修改意见。即此可知，他这位总裁绝不是挂名，而是参与到了具体事务之中。

然而前面提到于敏中还有其他的事情要做，他怎么可能全部看完这么庞大的一部书呢？皇帝显然也想到了这一点，他在《谕内阁嗣后四库馆校阅各书着照程景伊所奏章程办理》中说：

前因四库全书馆呈进各书，每多稽缓，经总裁等议设总校六员，分司校勘，各总裁仍随时抽阅，以专责成。本日召见程景伊，据奏："应进各书，经总校阅看后，如总裁等全为检阅，不特担延时日，且总校等转得有所推诿。若不将如何抽看之处，定有章程，亦非核实之道。请此后总裁等于每十本内抽阅二本，黏贴总裁名签，其未经抽阅者，于书面黏贴总校名衔，如有错误，各无可诿"等语。所奏自属可行，嗣后四库馆校阅各书，即着照此办理。各总裁、总校等务宜悉心校勘，毋致再有舛误。钦此。

原来，皇帝要求每位总裁实行抽查制，每十本书中抽阅两本。为了能够分清责任，皇帝要求总裁在抽阅之书中粘贴上自己的名字。看来，皇帝是担心总裁实行抽阅制后，他们不认真看书而只是应付差事。

既然不用每书必阅，那为什么于敏中还会这样尽心尽力呢？这件事应该跟他的特殊境遇有一定的关系，王锺翰点校的《清史列传》在"于敏中"一条内有如下的记载：

三十九年七月，内监高云从漏泄硃批记载，事觉，词连敏中曾向讯观亮记载及伊买地受骗具控曾恳敏中转托蒋赐棨办理等事。上亲诘敏中，敏中奏高云从面求转托，实无允从，并以未能据实劾奏引罪。

看来，四库馆刚开办一年多，于敏中就受到了他人的牵连。为这件事，弘历很生气：

于敏中以大学士在军机处行走，日蒙召对，朕何所不言，何至转向内监探问消息耶？自川省用兵以来，于敏中书旨查办，终始是其经手。大功告竣在即，朕正欲加恩优叙，如大学士张廷玉之例，给以世职；乃事属垂成，而于敏中适有此事，实伊福泽有限，不能受朕深恩。于敏中宁不知痛自愧悔耶？因有此事相抵，于敏中着从宽免其治罪，仍交部严加议处。

弘历说自己对于敏中特别的信任，每日里都会跟他探讨军机大事，本想按照康熙朝大学士张廷玉的事例来给于敏中封世袭之职，然正在这关键时刻，于敏中却犯了这种错误。按照弘历的看法，这是因为于敏中的福分太浅，他承受不起皇帝对他的深恩，所以弘历把他交给了有关部门严加审理。

皇帝的态度当然会左右审讯的结果，这些部门决定撤销于敏中一切职务，可能皇帝也觉得这样的处分太严重了，于是就未免其职。也许是这个原因，使得于敏中在编书的过程中变得十分地卖力气，他在百忙的工作中抽出时间努力地审核四库提要稿，并且做出了许多具体的调整，可见《四库全书》之成跟于敏中的主抓有很大的关系。

但即便如此，他也不能超过皇帝的功劳，故而张升在《四库全书馆研究》一书中做出了这样的小结："四库馆真正的最高总裁应是乾隆皇帝，因为：首先，总裁的任命是由乾隆决定的。其次，四库馆诸大事的最终裁定权是在乾隆之手。再次，总裁人员众多，政出多门，权不专一，相互制约。最后，总裁很多，却没有真正意义上的最高总裁：永瑢等虽统领全局，但不负责阅书（这是修书最核心的工作），而于敏中等负责阅书，但又不统领全局。"

于敏中在书史上的另一大贡献则是编纂了《天禄琳琅书目》，对于该《书目》的编纂过程，相应的史料记载远不如《四库全书》编纂档案留存丰富。而刘蔷老师通过爬梳整理，写出了一部重要的专著——《天禄琳琅研究》，而关于该《书目》的编纂，刘蔷在其专著中称："乾隆四十年（1775），大学士于敏中等人奉敕将贮于昭仁殿之天禄琳琅藏书重加鉴定，编成《天禄琳琅书目》十卷，著录图书429部。视书籍为文物，仿书画鉴赏之体例，是《天禄琳琅书目》著录之最大特点。"可见，《天禄琳琅书目》的编纂工作也是由于敏中所主抓者。

然而该《书目》的编纂体例却很特别，按照业界的看法，这部《书目》乃是典藏书目，于敏中等能够把宫中各殿所藏之本编辑在一起，而后编出这样一部公藏书目，可见，他个人的藏书观念在编书的过程中也起到了重要的作用。

于敏中所率领的编纂官们是如何编纂这部特殊书目的呢？刘蔷在其专著中列出了三条，其第一条为："一是对昭仁殿所藏书籍进行鉴选。凡伪充宋、元椠印者，俱详加别择改正；有确系旧刻，而时代未详者，并为核正归入。鉴定后，宋版及影宋抄全部收入，元、明版则各举其尤佳者，特别是明版，'内府所藏明版指不胜屈，今取其最精者，尚得二百五十余部'。"看来，编纂书目的第一项工程就是将书籍收集在一起进行必要的断代，而后决定哪些入选。而接下来的工作则是："二为每一书撰写一篇提要。解题内容有一定体例，书名悉依原书首行及版心标目，不作删改；详记此本锓梓年月及收藏家题识印记，且一一考证其时代爵里、授受源流"。这个工作也应当是于敏中所安排者，他派手下人给每种入选之书写一篇题记，其难得之处则是把每书的刊刻年代也就是牌记，以及收藏家的钤章，都要考证出来附入书中。之后第三个步骤则是制作出该书的誊清稿本。为了能够各负其责，这部《书目》效仿《四库全书》，把每位抄写者和校对者的姓名都用粘条附在书内。

但即便如此，这个《书目》还是有些重要问题，其严重之处乃是把一些入选之书的断代搞错了。天禄琳琅所藏之书大多留存至今，其中有一部清康熙年间通志堂所刻之书，竟然被该书的编纂者认为是宋版书。而更为奇特的是，乾隆皇帝还在这部书上写了篇御题，如果弘历后来发现大臣们跟他开了这么大一个玩笑，不知他会怎样来处罚主纂人于敏中。因为皇帝对这部《书目》看得很重，该《书目》编成之后，皇帝还特意组织大臣举行了庆祝活动，刘蔷在其专著中说："当《天禄琳琅书目》初稿告成之际，正逢每岁新正例行的重华宫赐茶宴，上一年以'四库全书'联句，这一年乾隆帝与内廷大学士、翰林等人则以‘天禄琳琅’联句，七言排律，观书志成。参加君臣唱和的有福康安、纪昀、于敏中、彭元瑞、官保、陆锡熊、舒赫德、李侍尧、王际华、嵇璜、蔡新、阿思哈、英廉、曹文埴、梁国治、陆费墀、阿肃、董诰、沈初等，共28位大臣。”

那么，这部重要的《天禄琳琅书目》是否确实出自于敏中之手呢？相应资料未见详载，然而他在宫廷编书史上确实做出了很大贡献，对于《四库全书》的编纂，刘蔷在其专著中对于敏中有着如下公允的评价：“于氏身居高位，又兼内廷笔墨之事，暇时甚少，但从存世致陆锡熊手札可以看出，他对全书‘体例之订定，部居之分别，去取之标准，立言之法则’，‘均能发纵指示’，绝非徒拥虚名。他在乾隆一朝隆显多年，以状元身份而升任首辅，‘以文翰受高宗知’，兼‘敏捷过人，承旨得上意’，对当时文化政策的风向和执行是有一定影响的。”

于敏中故居位于江苏金坛市金城镇相府弄33号。这是我从网上搜到的信息，而该信息中还有对于敏中故居的具体描写：“故居坐北朝南，东西纵列。东五进为正屋，最后一进系楼房，十檩三间，西七进，最后一进为读书楼，十檩三间。为县级文物保护单位。”可是，当我来到金坛时，却完全看不到这样一处古建筑。

在金坛市内我打听不到相府弄，问过多位知情人，得知这里有相府前街，有人告诉我说这相府前街就是当年的相府弄。来到此街时，眼前所见是一条十分繁华的商业街道，这条路弯弯曲曲，却在其中的一段摆放着长长一排售货亭，这使得不宽的道路变得更加难以行走。

沿着此街一路探看，左右两侧完全看不到老房子，而前方左手的一大片已经被围挡包了起来，围挡的外墙上全部是商业广告，以此描绘着建成之后的壮观。我看到上面的图案感觉像一个巨大的商场（Shopping Mall）。这些围挡包裹得很严，我无法看到里面的情形，于是沿着围挡的外沿一路走，前去寻找入口。

◎ 相府前路的标牌

◎ 工地内景

在一处交叉口有两座居民楼，站在楼下拍照时遇到了一位老人，我向他请教：已经拆掉的这片建筑是否就是当年于敏中的故居？老人疑惑地看了我一眼，问我为什么要问这样的问题。为了打消他的警惕，我拿出了自己的行程单，因为上面所列者都是江苏一带要寻访的历史遗迹。

一般而言，我向他人出示此单时大多能起到好的作用，但眼前的这位老人有些不凡，从他的言谈举止看，他可能是一位老干部，其对我的行程单看了一眼后又淡定地还给我，而后说："这不能说明任何问题。"我不清楚他为什么就是不告诉我，想来有他的顾虑在吧。但这个结果让我略感意外，因为我只想了解这里被拆者是否是于敏中故居，并不想搞什么曝光行动，此人的不回答反而印证了我的猜测恐怕是正确的。我决定不耽误时间，跟他说了声"谢谢"，又继续寻找入口。

沿着围挡又转到了另一条街上，这条小街的两侧跟刚才的繁华商业区形成了较大的反差，百步之外就进入了幽静之处。这种感觉真好。眼前所见的这条不宽的马路，其两侧分别有一排高大的杉树，从这些树的粗壮程度看，我觉得应该有百年以上的历史。我不清楚这里是否是当年去于敏中故居所必经之路，但这条路上的大树所显现出的气势，确实有着相府的威严之姿。

终于走到了入口处，站在大门口向内探望，里面已经全部变成了工地，跟历史有关的痕迹一丝都看不到，虽然我有心理准备，但面对此况，多少还是有些不开心。之后我沿着这条街继续向前走，在另一条小岔路上看到了一个公园，更让我高兴的是，我在路边就隐隐地看到公园内的广场中有一尊雕像，本能告诉我，这很可能就是于敏中，于是我快步上前，但还未走到近前，我就看到了雕像上的名字——华罗庚。

华罗庚当然很伟大，但可惜他不是我此程的寻访目标，而我的一根筋却不能兼顾太多的内容，只好由此原路返出。在入口的位置我看到了

◎ 远处的雕像

◎ 原来是华罗庚公园

公园简介，原来这个公园也有历史，它创建于清宣统三年(1911)，原名叫“雅约园”，而后又几经改名，但可惜没有跟于敏中有关的记载。转念细想，建园之初，于敏中早已在天上，他不太可能光顾此处。我在时空上的胡乱牵扯，显然没什么道理，但既然于敏中曾在中国书史上做出过那么大的贡献，难道金坛人不应该给他建个塑像立在某处吗？至少我在那个大工地的示意图上，没有看到于敏中雕像的位置。

潘奕隽·三松堂

贵潘初藏，递延四世

潘奕隽（1740—1830）

清江苏吴县人，字守愚，号榕皋，又号三松居士、水云漫士。乾隆三十四年（1769）进士。官户部主事。善书画，在京师时与戴震、邵晋涵等为友。有《说文蠡笺》《三松堂集》《水云诗》等。

潘姓乃是苏州的望族，朱剑琳、顾霞、朱春阳所点校的《姑苏小志》中有“富潘贵潘”一节，此节的第一段为：“苏城巨姓大族首推潘氏，然有富潘、贵潘，富潘乃苏籍，贵潘则徽籍。城中华厦大半潘氏住宅，如东白塔子巷、混堂巷、丁香巷、南石子街（原巷字）、保吉利桥、刘家浜皆为富潘。如西百花巷、钮家巷，富仁坊、西花桥巷、悬桥巷、大儒巷皆为贵潘。最负盛名者曰潘梅溪，相传其所用婢仆，每至冬日一律狐裘，今戏园中有查潘斗胜，虽云张冠李戴，其富可想而见。”即此可知，潘姓在苏州最具影响力。偌大的苏州城内，凡是像样的建筑，有一半以上都姓潘。

原来潘姓分为两支，一支因为有钱被称为“富潘”，此家的房产占据了很多条街，据说到了冬天，这家的婢女和仆人也一律穿裘皮大衣。而苏州城内的另一支潘姓则是来自徽州，关于此家的情况，《姑苏小志》上又写道：“贵潘自文恭芝轩世恩状元宰相外，若奕隽探花及第、遵祁探花及第、祖荫探花及第，余则进士、翰林指不胜屈。孝廉、贡、廪、优、拔、生员更仆难数，谚有‘三斗六升芝蔴’之说。同治季元为贵潘极盛时代，合肥李少荃鸿章巡抚江南，旌其门曰：‘状元宰辅祖孙父子伯侄兄弟翰林之家’。至今此绿漆金垩之匾额犹悬于西百花巷东头之老宅门前，行人过必仰首观瞻，闲话簪缨冠盖也。”

苏州的徽籍潘姓出了那么多的名人，父子、伯侄、兄弟都能考取翰林，也正因如此，这一支被当地人称为“贵潘”。这个“贵”字当然指的是高贵，而本文所说的潘奕隽，就是“贵潘”中的重要一员。

关于“贵潘”在科考上所取得的巨大成就，柳和城、宋路霞、郑宁合著的《藏书世家》一书给予了这样的总结：“吴县潘氏，又叫大阜潘氏，清初由安徽歙县迁来吴地。从乾隆中至光绪末的120年间，潘氏先后约35人乡试、会试金榜题名，进士9人，其中状元1名，探花2名。朝中为官二品以上的有尚书、侍郎3人，巡抚1人，中下级官员则更多。李鸿章誉潘氏为‘祖孙、父子、叔侄、兄弟翰林之家’，天下无双。”

一门中能够有这么多的人考取功名，并且其中还有一位是状元，两位是探花，这样的成就确实称得上是天下无双，而在贵潘中开此先河者则是潘奕隽，《藏书世家》一书中也称："首开潘家金榜题名纪录的是第29世'奕'字辈中的潘奕隽"，由此可知，潘奕隽是苏州"贵潘"中至关重要的人物。

潘奕隽中进士之后，在朝中做过方略馆总校官，同时还任过《四库全书》分校官，可见他在朝中的主要工作也都是跟文化有关者。他在四十九岁时"引疾归里"，而后居住于苏州四十年。在这么长的时间内，他的大多数精力都用在了赋诗作画以及藏书、收藏古董方面，蒋宝龄在《墨林今话》中称："潘榕皋先生弈［奕］隽，吴县人，乾隆己丑进士，官户部主事。尝典试黔中，家门鼎盛，子侄并掇巍科。而先生性独萧澹，早弃簪绂，高卧垂三十年矣。"

这里称潘奕隽性格淡泊，且与人少有交往，但从其他材料看来，似乎情况也并非如此。比如他常常组织诗会，而更为奇特者，他也跟袁枚一样，有不少的女弟子，华东师范大学丁小明先生对此有相应的研究论文，该论文的题目为《从"文"到"艺文"——榕皋女弟子与清中期江南文化及女性文学的衍变》。丁先生的此文是从苏州潘氏所刻的《佛香酬唱集》来入手，此诗集共分三集，潘奕隽在初集的小序中称："道光甲申四月五日，撷芳亭娑罗花盛开，花出天台山华顶，钱唐王松泉司马文鳌所赠也。招女弟子陈友菊秀生、吴香轮规臣、顾畹芳蕙、陈灵箫筠湘并赏之，诗以纪事。望后三日，属外侄孙女李定之慧生为花写影，定之乃黄荛圃孙妇也。"

这段小序中提到了五位女子，其中四位潘奕隽只称是他的女弟子，他与这四位女弟子赏花作诗，显然玩得很开心，而后他又让自己的外侄孙女李定之绘了一幅小画，而潘在这里又点明，这位李定之就是黄丕烈的孙媳妇。

对于潘奕隽招收女弟子的社会价值，丁小明在其文中予以了这样的总结："考察榕皋女弟子的情况后可知，这一女性文学集群人数与影响不及随园女弟子，但自有其特点。从地缘上来看，与随园女弟子遍布江浙地区的人员构成相比，榕皋女弟子以苏州本地人居多，其中陈秀生与吴规臣是随夫家定居苏州，亦可以苏州人视之。所以，榕皋女弟子与其师潘奕隽的地缘性颇为密切。"

从这个角度视之，即可说明潘奕隽是位开明人士，在那个时代公然招收女弟子，多少也需要些勇气，《墨林今话》中说潘奕隽"性独萧澹"恐怕只是事实的一个侧面，而该文中又称："平生著述甚富，所刊《三松堂集》，久为艺林传诵。书兼行、楷、篆、隶。山水师倪、黄，不苟下笔。惟喜作写意花卉，画兰尤得天趣。近岁闭关养高，罕与世接，藉图史碑刻以自娱。"

蒋宝龄讲到了潘奕隽有很多的著述，同时书法和绘画都很了得。到了晚年，潘奕隽的社会交往渐渐少了起来，他把个人的精力都用在了收集典籍和碑刻方面，看来潘奕隽的收藏也很丰富。

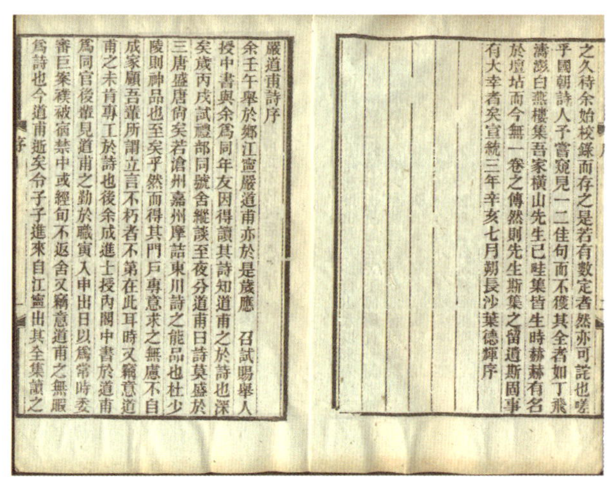
之久待余始校錄而存之是若有數定者然亦可詫也嗟
乎國朝詩人予嘗竊見一二佳句而不獲其全者如丁飛
濤藪白燕樓集吾家橫山先生已畦集皆生時赫赫有名
於壇坫而今無一卷之傳然則先生斯集之留遺斯固事
有大幸者矣宣統三年辛亥七月朔長沙葉德輝序

嚴道甫詩序
余壬午舉於鄉江寗嚴道甫亦於是歲應　召試賜舉人
授中書與余爲同年友因得讀其詩知道甫之於詩也深
矣歲丙戌試禮部同號舍縱談至夜分道甫曰詩莫盛於
三唐盛唐尙矣若滄州嘉州摩詰東川詩之能品也杜少
陵則神品也至矣乎然而得其門戶專意求之無慮不自
成家顧吾輩所謂立言不朽者不第在此耳時又竊意道
甫之未肯專工於詩也後余成進士授內閣中書於道甫
爲同官後輩見道甫之勤於職寅入申出日以爲常時委
審巨案襆被宿禁中或經旬不返舍又竊意道甫之無暇
爲詩也今道甫逝矣令子子進來自江寗出其全集讀之

◎《观古堂汇刻书存二十一种》五十九卷，清光绪二十八年（1902）长沙叶氏刻民国八年重编印本，潘奕隽《严道甫诗序》

如前所言，他的外侄孙女乃是大藏书家黄丕烈的孙媳妇，说明两家也是亲戚关系，而黄丕烈在藏书方面有着巨大的成就，他的这个爱好想来也会让潘奕隽受到影响。从各种记载看，潘奕隽跟黄丕烈的关系处得很好，二人常在一起诗词唱和，而最有名的一件事，乃是苏东坡生日那天两人的唱和。

当年黄丕烈得到了宋版的《和陶诗》，他是从当地藏书家周锡瓒处得到的，其实这部《和陶诗》乃是《施顾注苏诗》中的第四十一、四十二两卷，而曾经有人对该书做了手脚，将书中的卷数改挖为“上卷”和“下卷”，以此将零种充为全书，黄丕烈因为太喜爱此书了，竟然没有细看就买了下来。得到该书后，复翁（黄丕烈的号）特别高兴，想起了当年翁方纲得到《施顾注苏诗》之后，在每年的腊月十九——东坡生日这天搞祭苏活动，黄丕烈也决定延续这个风雅，于是他就前往潘奕隽家，准备跟其商量此事，但正巧潘出门在外，让黄扑空。

这个结果令黄有些失落，于是他就给潘写了四首七言绝句，其中第一首为：

东坡生日是今朝，愧未焚香与奠椒。

却羡苏斋翁学士，年年设宴话通宵。

黄丕烈的这首诗写得很直白，他直言今天就是东坡的生日，可是却没赶得上焚香祭奠，他又说祭奠东坡生日这件事，是从翁方纲那里学来者。而黄的这四首七绝，每首的第一句都是同样的大白话——“东坡生日是今朝”。潘奕隽读到了黄丕烈写的这四首诗后，他看到黄对东坡有着如此的深情，自己也很受感动，于是唱和了四首绝句，其第一首则为：

东坡生日是今朝，蓟北苏斋岁奠椒。

何似宋廛人独坐，相陶一卷咏深宵。

有意思的是，潘奕隽这四首绝句每首的第一句，也完全跟黄丕烈的那句一样。而后他二人的诗流传开来，据说每到东坡生日这天，他们所举行的祭书活动中，所作之诗的第一句都是如此。即此可知，潘、黄之间关系密切，而潘奕隽的藏书之好是不是受到了黄丕烈的影响，虽无明证，但大致也可做此推论。

“贵潘”一支的藏书之好，从潘奕隽开始竟然延续了四五代。郑伟章先生在《稿本〈香雪草堂书目〉、〈西圃藏书目〉的著者及其世系考》一文中谈道：“潘氏成为藏书世家，实际自潘冕的三个儿子开始的，长子潘奕隽，次子潘奕藻，三子潘奕基。自潘奕隽三兄弟始，潘氏门望极盛，至清末止，其家有进士九人，他们是：潘奕隽、潘奕藻、潘世恩、潘世璜、潘曾莹、潘遵祁、潘祖荫、潘祖同、潘尚志。其中潘世恩、潘祖荫二人均官至六部尚书、军机大臣上行走、太子太保，位极尊荣。潘族中有藏书史实可纪者有：潘奕隽、潘世璜、潘遵祁、潘希甫、潘介繁、潘介祉、潘志万、潘祖荫、潘光福、潘季孺、潘承弼、潘承厚等。”

郑先生还在该文中将“贵潘”中有藏书之好的人物列出了一个表格，我将其引用如下：

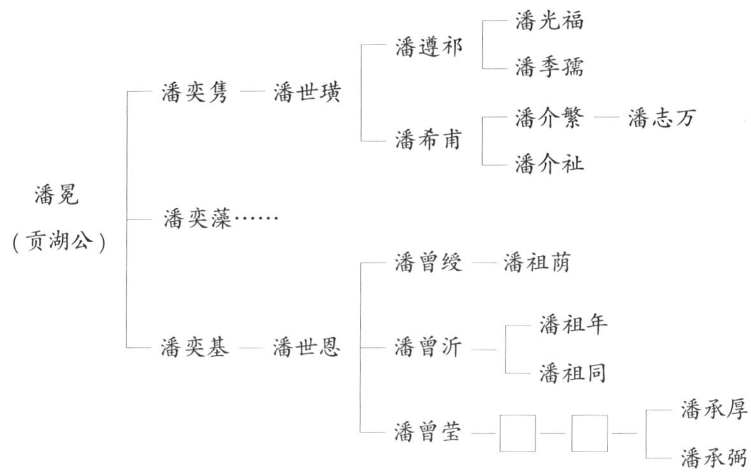

由此表可以看出，潘家出过这么多的藏书名人，此表的末尾列出者

乃是潘承厚和潘承弼兄弟二人，此二人在现代藏书史上也极具名气。然而从这个列表上看，兄弟二人乃是潘奕雋的弟弟——潘奕基之后，并非潘奕雋的直系后人。

然而荣新江、朱玉麟辑注的《仓石武四郎中国留学记》中，对此却有着不同的排列方式。仓石武四郎所撰《述学斋日记》1930 年 1 月 19 日中有："潘曾莹《鹦鹉帘栊词钞》，潘氏书又加一部。"这位潘曾莹正是吴县"贵潘"的后人，为了说明潘曾莹在潘家所处的位置，荣、朱两位先生在该段的校注中写到"其世系在奕雋一门而至今有文集传世者如下"：

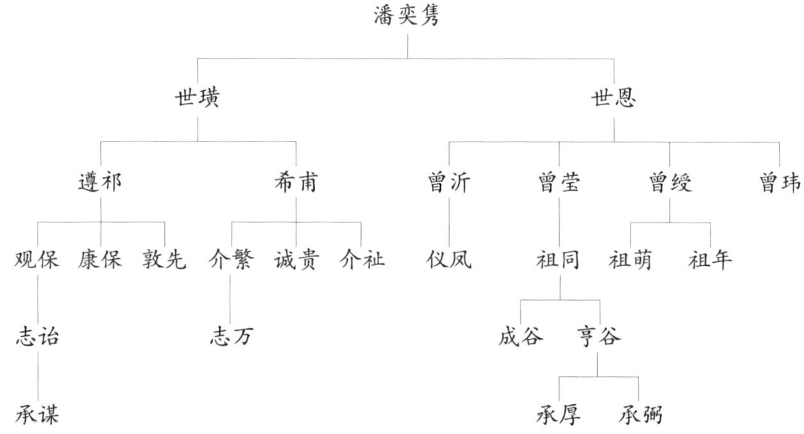

荣、朱所作此图的着眼点，乃是以有文集传世为标准，跟郑伟章以有藏书事迹为标准显然不同，然而在人物关系上，两种说法有着分歧。究竟是世系上的差异还是专从个人成就来列表者，我未能搞清楚，然而从潘承弼即潘景郑所撰的《著砚楼读书记》中来看，他不是潘奕雋的嫡传，潘景郑在《三松堂书目跋》中说："谨案三松堂为五世伯祖榕皋公斋名，公当清乾、嘉之际，优游林泉，藏箧至富。曾与士礼居主人结庐访书，虽无百宋之珍，而精钞名校，所获亦夥，惜是《目》著录不详，未能悉窥精蕴耳。"

潘景郑在这里称，三松堂乃是他"五世伯祖"潘奕雋的斋名。既然说是“伯祖”，那就可明证他并非潘奕雋一支的后人。而潘景郑也在该跋中讲到，潘奕雋藏书十分丰富，并且跟黄丕烈有着共同访书的经历。但潘奕雋的藏书路数显然跟黄丕烈不同，黄最为重视宋刻本，潘的书目中却未见这类书的著录，其关注点乃是重要的稿钞校本。

关于潘奕雋的藏书事迹，他的儿子潘世璜写过一本《须静斋云烟过眼录》，这本书所记的内容基本都是潘世璜陪着父亲访书、搞收藏的经历，该书中多有记载潘奕雋跟黄丕烈的藏书活动：“甲子，正月三十日。黄荛圃出示宋椠本《鉴戒录》，墨林项氏所藏……又见宋椠本《白氏文集》十七卷，绛云楼烬余也。五月八日至荛圃处观蜀石经《毛诗》，元《元统元年题名录》……又观唐人写经残本。”

正月三十这一天，黄丕烈让潘奕雋欣赏自己所藏的宋元刻本以及唐人写经，而这个档次的书潘奕雋却未曾收藏，可惜《须静斋云烟过眼录》中没有记载潘看后对此的评价。

黄丕烈喜欢请人画“得书图”，绘画作品完成之后，黄丕烈会请很多人为此题咏。比如在嘉庆五年（1800），黄家因失火而迁居，而后黄找人

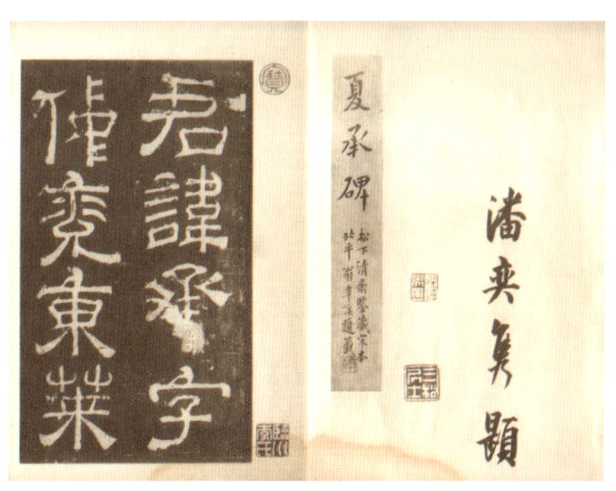

◎《宋拓夏承碑》，民国十七年（1928）上海商务印书馆珂罗版影印本，潘奕雋题款

绘了一幅《移居担书图》，潘奕隽在此图上题诗如下：

炳烛余龄习未除，摩挲老眼注虫鱼。

携筇暇日还乘兴，竹屋来雠善本书。

嘉庆七年（1802），黄丕烈移居到了悬桥巷，他又请人画了一幅《移居藏书图》，而潘奕隽在此图上题了如下诗句：

往年君移居，担书复携子。

今君又移居，弄孙枕文史。

写图更作记，七稔流光驶。

由这些可以说明，潘奕隽跟黄丕烈有着密切的交往。但不知为何，黄的藏书观却未能影响到潘。潘奕隽去世之后，他的藏书传给了孙子潘遵祁和潘希甫，而潘遵祁把自己所得到的那一部分书藏在了邓尉山中的光福镇，他在此处建的藏书楼名为“香雪草堂”，此处的所藏在太平天国战乱中损失巨大，但还是有一些流传了下来。

对于这些藏书的归宿，潘景郑在《三松堂书目跋》中写道：

公遗书，析产后分藏曾伯祖顺之公暨曾叔祖补之公处。补之公遗箧，传至玉荀叔祖，别署桐西书屋，殊多精本，光绪中即散去。顺之公子姓甚繁，太半亦经后人散失，尚余数十箧，存光福之香雪草堂，十年前乃流入吴市。其中虽无宋元之本，而旧刻精钞及明清佳椠，犹不下数百种，余与伯兄竭力收得什之二三，为吾宝山楼中增色不少。岂意战事骤作，山楼一角，殃及池鱼，燬失数十箧。今避兵沪上，行箧零星，已无什一之存，旅绪乡梦，中心惘然。

潘景郑在这里列出了详细的递传，而后称潘奕隽的这些藏书在光绪年间流散了出来，潘景郑跟伯兄在市场上努力地收购“香雪草堂”之旧藏，却只收到了其中的两三成，而他们收得的这些书又在抗战阶段被损毁，仅剩一小部分被潘景郑带到了上海。

三松堂的旧藏，如潘景郑所言，有不少是他跟伯兄共同从市场上抢

救回来者,他所说的“伯兄”应当指的是潘季孺。叶景葵所著《卷盦书跋》中有跋《苏学士文集》一篇:

旧得白华书屋本,有朱笔传录何校,颇有讹字。又有墨笔校语三条,未署名,非何校。戊寅春暮,假得老友潘季孺所藏黄荛夫传录顾千里临何校本,又以宋刊《丽泽集》校诗,因对校一过,概用蓝笔以别于旧有之朱墨笔。凡讹夺处,悉与改正。季孺之曾祖三松先生,与荛夫莫逆,朝夕过从,所藏黄校黄跋善本,不下百余种。百年以来,陆续散失,仅存此本。倭兵入苏州,季孺居室为炸弹所中,是书已沦入瓦砾灰烬之中。季孺避难来沪,凡先世遗留珍物,概未携出。炮火甫定,赖有健仆不避艰危,出入兵间,将烬余运出一箧,均已残破。惟是书首尾完好,俾余有展读之机会,不胜欣幸!

叶景葵买得了一部批校本的《苏学士文集》,而后他找到了好友潘季孺,从季孺那里借到了黄丕烈过录本,以此本来校自己所得之本。此后他又谈到了潘季孺的三世祖——潘奕隽,其称潘奕隽跟黄丕烈的关系是莫逆之交,因此三松堂的旧藏中有上百种黄跋本。这真是个惊人的数字。但这些书在潘家百年的递传中,大多数都散失了,在潘季孺手中仅剩了这么一部黄跋本。

为什么会有这样一个结果呢?因为日本人攻打苏州时,潘季孺家被炮弹炸中,在战乱期间,季孺躲到了上海,因为走得仓促,他什么都没带出来,好在他家有一位忠心的仆人,此人在被炸的房屋中找到了一些残破之书,其中首尾完好者仅剩了这一部《苏学士文集》,这个结果令叶景葵感慨不已。其实,潘家的旧藏也并非全部被炸毁了,近几十年,市面上陆续出现了多部,而我也得到了其中的一鳞半爪,因此写到潘家的故事时,多少有了几分的亲切感。

对于潘奕隽三松堂的寻访,十五六年前,苏州的黄舰兄带我找到了原址,可惜那次的寻访因为大门紧闭,未能一看院中的究竟。此趟前来

◎ 第一进院落

◎ 第二进院落

苏州,本没有计划再访三松堂,而马骥先生抽空带我前去看俞樾故居,参观完春在堂后,无意间又路过潘奕隽故居。到其门而不入,显然不能说服自己,而恰巧这处故居又开着门,于是走进里面一探究竟。

经过历史的变迁,而今的潘奕隽故居看上去像个小门小户,其门牌号为“马医科 38 号”,门楣的右上方挂着故居的介绍牌,上面称潘奕隽“是苏州潘家第一个入仕者”,上面也提到了潘奕隽的藏书楼名为“三松堂”。关于潘奕隽为什么给自己的藏书楼起这样一个堂号,王昶在《三松堂集序》中做了如下解释:“三松堂者,君迁居临顿里,庭有松苍翠可爱,日夕吟啸其下,因以名堂,且以名集,欲自比岁寒也。”

看来,当年这个院落中有着三株苍翠的青松,而潘奕隽常在松树下读书写作,所以才有了这样一个堂号。不知这三株青松今天是否仍然健在,于是我等四人走入院落中,前去寻找这三株著名的树。

穿过一段昏暗的过道,进入了一个很小的院落。我感觉这个院落也就 20 多平方米,在这里没有看到青松,仅看到了当今住户种的几盆不大绿植,而院中还堆放着一些建筑材料,看来这里正处在维修之中。走进正房,果真在里面看到有施工人员,他们正在将这处正房做内部的隔断。

在参观潘奕隽故居之前,我们遇到了某处名人故居施工者的呵斥,鉴于这个经验,在潘奕隽故居中看到施工人员,我等未再吭声,以防再次被轰出去,于是悄悄地继续向后院行去。

再次穿过一个阴暗的长廊,进入了第三进院落,这个院落变得更小,在此遇到了一位老住户,老人颇为和蔼地向我们介绍了这处故居的变化。闻听这些遭遇,让我等唏嘘不已,而后我问老人那三株松树在哪里,他说自己从未看到过松树。看来,那几株松树如同潘奕隽的儿子所写的书名那样,已然成了云烟过眼。但想一想,我比这位老人还略有运气,虽然我没有看到过那三株松树,但我却看到过画作上所描绘的景象。

2013 年秋,我收到了西泠印社拍卖行的图录,无意间在上面看到了

◎ 门楣上刻着“庄敬日强”

一幅杨天璧所绘《三松堂图》，该图上的题记写明此图作于“道光己丑”，此为道光九年（1829）。这幅图我很想买到，可惜到拍卖之时，因为惦记着买书而忘记了此图，而今此图不知到了何人之手。图中的那三株青松倒是粗壮挺拔，如果这幅画是写实作品的话，当年潘奕隽的故居面积应该很大，至少不会是我眼前所见者的模样。

松树是看不到了，眼前所见到的情形还是令人难以惬意。当年“贵潘”在苏州是何等的名声，而今所见者，估计仅是当年故居很小的一个角落，唯一能够看到的当年旧物，乃是入口处门楣上那精美的砖雕。

我们的参观过程还是被施工人员看到了，从他的说话态度来看，应该也属善良一辈，于是我直接跟他讲，这样的装修方式显然对古建筑有所破坏。该施工人员辩称，他们的隔断并没有伤到这处建筑的主体结构。尔后他指着房梁给我看，他说房梁上的原建筑他们并没有动到，而其施工方式只是在此下面隔出几个房间。然而我看到房间的处理手法，却是今日寻常所见的贴瓷砖。此人辩解说贴瓷砖仅是贴在了隔断墙上，并没有直接贴在原墙之上。

这种辩解于今而言也属难得，毕竟他还没有趾高气扬地宣称：老子就这么干了，你怎么着吧?！仅凭这一点，就应当夸赞此人几句，可是要夸他什么呢？在这方面我还真是理壮词穷，只好跟他说：“施工时小心一点儿，尽量少破坏原建筑吧。”

孙星衍·平津馆

独创书目，偏重版本

孙星衍 （1753—1818）

清江苏阳湖人，字渊如，又字季仇。乾隆五十二年（1787）一甲第二名进士，授编修，以骂和珅，不留馆，改刑部主事，官至山东督粮道。少工词章，与同乡洪亮吉、黄仲则等齐名。后深究经史文字音训之学，旁及诸子百家，必通其义。曾辑刊《平津馆丛书》《岱南阁丛书》，另有《尚书今古文注疏》《芳茂山人集》等。

孙星衍是清乾嘉间著名的藏书家，他的才能不仅仅体现在藏书方面，在诗学方面他也很有天赋，受到了袁枚的极力夸赞，而在经学方面，他也有自己的专著。乾隆三十七年(1772)，孙星衍在常州龙城书院学习时，他的老师就是著名的经学家卢文弨。

孙星衍在《孙忠愍侯祠堂藏书记》中谈到过自己的藏书之好，他在此记中说："家大人少孤贫，好聚书。书贾辐凑，易衣物购之，积数柜，旋以饥驱北行。予生四五龄时，既就傅，归窃视柜中书，心好之。年逾志学，从家大人之句曲官舍，因按日读所列学宫《十三经注疏》及诸史。朱墨点勘，凡数过，几废科举之业。"看来孙家的藏书起自于孙星衍之父。

孙星衍在幼年之时就喜欢读家中的藏书，而那大部头的《十三经注疏》以及各种史书，他竟然读了好几遍，几乎因此而荒废了科考的练习。但天才终究会表现出独特的一面，乾隆五十二年(1787)，他以一甲第二名的成绩成了榜眼。巧合的是，他在科考前后所做的事情，竟然都跟书有关。他在《藏书记》中写道：

已而负笈，游学皖江淮海河洛之间，逾二崤而西，著述于关中节署。毕督部藏书甲海内，资给予，使得竟其学。尝应试入都，佣书四库馆，所见书益宏多。又数年，释褐入玉堂，奉敕进西苑校中秘书，并睹翰林院所存《永乐大典》。回翔省闼者九年，所交士大夫皆当代好学名儒。海内奇文秘籍，或钞或购，尽在予处。间览释道两藏，有最先古本，足证儒书及阴阳术数家言，取其不诡于经者，写存书目。

孙星衍一度在毕沅手下做幕僚，毕沅同样是位大藏书家，而他的所藏可以供孙星衍任意浏览。考中进士之后，孙星衍曾在四库馆工作过，之后又在翰林院内读到了著名的《永乐大典》。在京工作的九年期间，他不但练出了眼力，还因为收入的增多，可以开始大量买书。

考中进士之前，孙星衍在南京的瓦官寺曾经仔细将部头巨大的《大藏经》通读了一过，他发现其中的《一切经音义》以及《华严经音义》等书中，多处引用了《苍颉篇》中的内容，为此他特意从这两书中将相关内容辑佚出来，而此时，其年仅二十八岁。看来，他的藏书之好以及校书之好，在年轻时就有了突出的表现。

关于孙星衍的藏书水准，郑伟章在《文献家通考》中以“极精”二字形容，陈宗彝在《廉石居藏书记》序言中说：“先生于所藏宋元椠本及旧钞诸善本，多四库所未得之秘。”其实，《四库全书》当年的编纂重点在于内容而非版本，不知道陈宗彝为何有此之叹。然孙星衍的藏书确实在他的那个时代颇具名气，眭骏先生所著《王芑孙年谱》中，在“嘉庆七年（1802）十月”一条中单列出了王芑孙所写《孙渊如〈万卷归装图〉赞并序》，王在序言中说道：“吾友孙君渊如，观察东鲁，权陈臬事。其归也，行李无加于旧，独聚书益多。好事者为作是图，一时士大夫题咏甚盛。后四年，将复出山，乃以示余于扬州。”

这段序言说孙星衍在山东当官，但他返回家乡时，没有像其他官员那样，一车一车地往家里拉民脂民膏，他的行李中最多之物就是书籍，为此有人给他画了一幅《万卷归装图》，而后许多文人对此图予以题咏。孙星衍返乡四年之后，准备再次出外任职，这时在扬州见到了王芑孙，将这幅图拿给王芑孙看，于是王给他写出了如下赞语：

在官写书，古以为过。我思其人，天下几个。

谢公作郡，昌黎在县。还读我书，官亦可愿。

君继其风，典训是服。以我书归，抵彼留犊。

归拥百城，坐逋万镒。福此苍生，携书再出。

作图纪事，申咏连篇。我为之赞，以谂后贤。

王芑孙夸赞孙星衍坐拥书城。而此图后面的题咏中，还有姚鼐之作：

自兴雕板易钞胥，市册虽多乱鲁鱼。

君自石渠翻《七略》，复依官阁惜三余。

世推列架皆精本，我愿连墙借读书。

政恐衡山承召起，牙签三万又随车。

在这首诗中，姚鼐乃是从目录版本的角度夸赞孙所藏精本之多。

关于孙星衍为何家居四年，根据张绍南在《孙渊如先生年谱》卷下中的说法，原因是奔母亲金夫人之丧。他于嘉庆三年（1798）去官守制，嘉庆八年（1803）五月北上补官，这期间他于嘉庆七年（1802）十月住在扬州曾燠的署斋，而正是这个阶段，他见到了王芑孙，于是他请王写下了《万卷归装图》的序及赞语。

孙星衍的这趟奔丧走得并不顺利，他在《孙忠愍侯祠堂藏书记》中写道：

旋以母忧南旋，仓皇捆载，卷帙狼藉。时值河溢，经南阳湖，遇风沉舟，归至金陵，料简残册，置忠愍侯祠屋中，损书大半。比年负米吴越，贫不自存，犹时时购补数十种书，稍完具如初，或有创获。盖藏书之难，而好书之不能免于厄者尚如是。

母亲的突然去世，令孙星衍猝不及防，他匆忙捆载行李往家乡赶。当时正是雨水充沛的季节，船经过南阳湖时遇上大风，致使翻船，所幸未

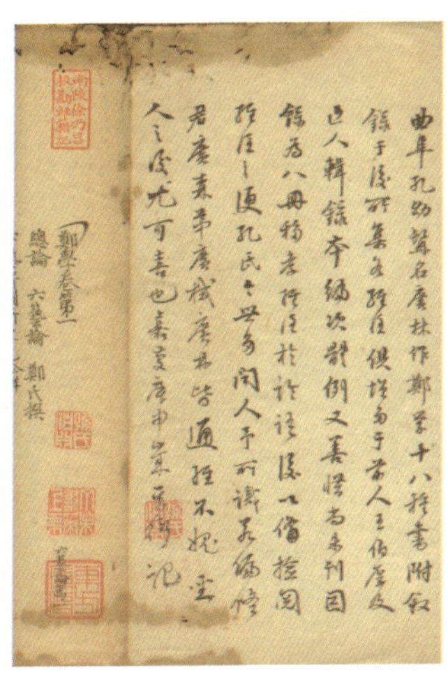

◎《郑学》七十二卷，清孙星衍钞本并批校题记

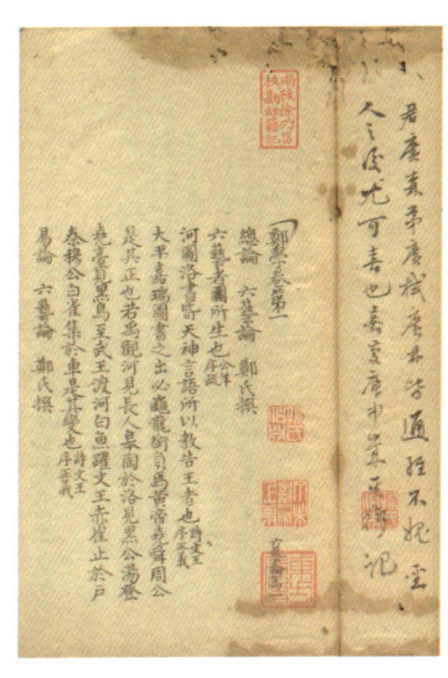

◎《郑学》七十二卷，清孙星衍钞本，卷首

伤及人，他的藏书却受到了很大的损失，等到了南京整理所余之书时，已经损失了大半。孙星衍对这些劫余之书进行了整理，而后将这些书放在孙氏祠堂之内，让宗族内的子弟任意翻阅。为了能够让族内子弟懂得读书之法，他将祠堂内的藏书整理出了一份目录，而该书目的体例打破了那时流行的四部分类法，他将所藏之书分为了十二部。

为什么是这样分类呢？以他自己的说法，“十二”之数乃是“应岁周之数”。对于孙星衍的这种分类方式，后世批评之声多过褒奖之语，比如叶德辉在《洗冤录参考序》中说：“曩时见孙渊如星衍自序祠堂藏书，合医、律为一类，以谓生人、杀人同一关系人命。窃讶其变乱簿录之流别，而官私出入之不分。然孙氏由刑部外擢提刑，终身与刑法相终始，意其持论固有独见，心虽疑之，不敢非难也。”

叶德辉说，他看到孙星衍所编《孙氏祠堂书目》的自序，发现孙将子部医家类和律法类合并在了一起，然而在传统的四部分类法中，后者属于史部。孙星衍将分属两部之书合在了一起，这令叶德辉十分地惊讶。

为什么孙星衍会这么做呢？他在《孙氏祠堂书目序》中其实做过较

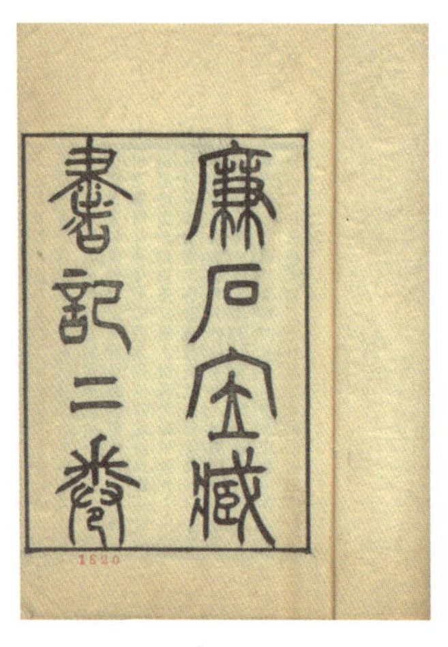

◎ 孙星衍撰《廉石居藏书记二卷》，清道光十六年（1836）刻本，书牌

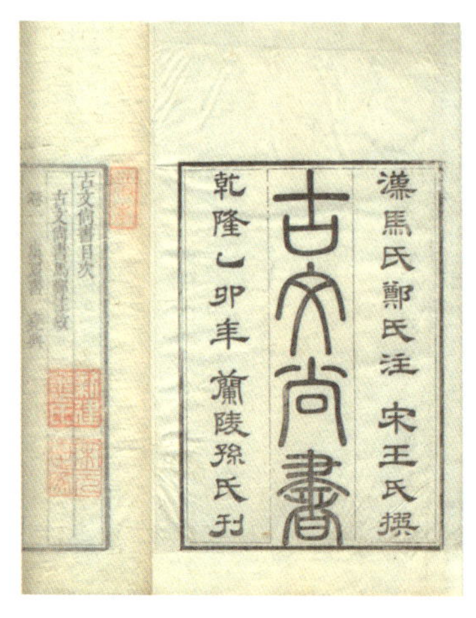

◎ 孙星衍补辑《古文尚书》十卷，清乾隆六十年（1795）孙星衍问字堂刻本，书牌

为详细的解释：

曰医律第六。先以医学，次以律学。医律二学，代有传书，并设博士。生人杀人，所关甚重，经称“十全为上”，“医不三世，不服其药”。史称郭镇、陈宠，世传法律，此学古书，未火于秦。历代流传，尤不可绝。医则祛其后出偏见者，律则今代损益尽善，欲悉源流，兼载古时令甲云。

孙星衍的理解很有意思，他认为医生的天职乃是为了救人，而法律可以杀人，因为都是关于人命，所以将救人和杀人合为一部。

关于孙氏祠堂书目的分类方式，严佐之先生在《近三百年古籍目录举要》一书中，将此两级目录详列了出来，因该目不同于以往所见的四部分类法，故我将其抄录如下：

经学　易、书、诗、礼、乐、春秋、孝经、论语、尔雅、孟子、经义。

小学　字书、音学。

诸子　儒家、道家、法家、名家、墨家、纵横家、杂家、农家、兵家。

天文　天部、算法、五行术数。

地理　总编、分编。

医律　医学、律学。

史学　正史、编年、纪事、杂史、传记、故事、史论、史钞等。

金石

类书　事类、姓类、书目。

词赋　总集、别集、词、诗话、诗文评。

书画

说部

对于这样的分类方式，如前所言，既有赞誉者，也有贬斥者，有意思的是，叶德辉虽然不赞同孙星衍将医、律合为一部，然而他却对这种十二部的分类方式大表赞同，其在《郋园读书志》卷四中说：“自来藏书家目，侈录宋本，次则元刻旧钞，明刻又次之。至于近刻，则屏而不录。此洪北江所谓‘藏书者之藏书’也。阳湖《孙氏祠堂书目》,间注时刻,略而不详。然其目分十二类,通《汉略》《隋志》之郮,变《崇文》《文渊》之例。体近著述,读者不仅以书目重之。”

叶德辉认为,孙星衍的十二部分类法乃是一大发明,因为这种分类方式融入了编目者的思想,故可以将其目之为著述。这样的评语可谓很是高大。

姚名达在《中国目录学史》中,对于孙星衍的这种分类法予以了如下的评价:“溯自北宋李淑另创八分法以来,迄于孙星衍之十二分法,七百六十年间,作者十数人,背‘四部’而骋驰,独适意而草创。其间不乏良法美意,足资启发;所惜诸家著录,聊备检寻,原无深入研究之志,随意分合,未必一一合乎分类之原理。此种不专精、不彻底之学风,百科皆然,非可独责目录学家。”

这段评语有褒有贬,姚名达夸赞孙星衍打破四部分类法的束缚,能够有自己的创见,而这种创见对后世大有启迪。但姚也认为,孙星衍所编该目做得并不仔细,因为他随意排列组合,将非为一类之书合并在一起,姚批评这种做法乃是一种不彻底的学风,而这种风气是社会的普遍现象。

来新夏先生则认为,孙星衍的这十二部分类法,并没有突破四部分类法的总体范畴,其在《古籍整理讲义》中说:“清孙星衍所撰《孙氏祠堂书目》虽去掉四部大类,直接分为十二类,但细究内容也不过为四部的分化而已。清人管世铭曾主张分图书为经、史、子、集、类、选、录、撰八大类,也只是于四部之外另增四类而已,并无新意。”

细看《孙氏祠堂书目》的这十二部分类法,其实孙星衍是将四部分类法中的次一级及次二级等类目提升到了第一级类目。对于孙的这种大胆分类方式,郑鹤声在《中国史部目录学》中予以了特别的夸赞:“孙氏之意,全史之要,首推正史、杂史与政书三者而已。故出地理而使独自为类，以金石款识入金石类，谱系、书目入类书类，杂记入小说类。或并或出，区为八类，简而得要，疏而不漏，此其长也。”而严佐之则在《近三百年古籍目录举要》中进一步明确地说：“(《孙氏祠堂书目》)十二部二级分类加小序的体例，明清以来私家藏书目确实还没有哪一家能做到”，所以严佐之认为，这十二部分类法虽然未必全都恰当，但该目“仍不失为明清以来非四部分类法中最有学术价值的私家藏书目录之一”。

但是，孙星衍为什么要做这样的分类呢？焦桂美、沙莎在《孙氏祠堂书目》的《点校说明》中认为，孙星衍如此分类，乃是“本着实用的原则”。为什么这样说呢？《点校说明》作了如下的分析：“这样的分类体系既基本符合孙星衍的藏书实际，又为教课宗族子弟提供了一个循序渐进的阅读顺序，同时也更能体现出孙星衍作为一个目录学家的革新意识。”

焦桂美、沙莎在《点校说明》中，不但分析了这十二类分法的基本想法，同时也解读了医、律合在一起的问题：“虽然有人也曾责难孙氏医律合一不够恰当，笔者认为，孙星衍对此可能有他自己的考虑。可能的原因有二：其一是为达到‘分部十二，以应岁周之数’的目的，以适应按日程教课宗族子弟的需要；其二可能是因为他所收藏的医书只有六十六种，律书只有十五种，如单列门类，与其他各类相比，不免有失重之感。”

对于这种认识，沈乃文先生在《清代书目题跋选叙——〈海王村古籍书目题跋丛刊〉前言》中也称：“《孙氏祠堂书目》收书二千一百余种，为教导族内子弟读书，编历代书籍之精要者为内编四卷，编其余为外编三卷。当代对是目评价颇高，认为它所分的十二大类，敢于突破《钦定四库全书》的四部分类体系。但是就星衍来说，或许只是考虑子弟学习的便利，将传统学问按十二个月分排而已。”

其实，《孙氏祠堂书目》虽然在目录学上有着如此的名气，然其所著录之本，主要是当时的通行之书，并没多高的版本价值。相比较而言，孙星衍所撰《平津馆鉴藏记书籍》(又名《平津馆鉴藏书记》)则是著录他自藏善本之书,这个书目乃是解题式的著录,其以版本作为分类方式,比如该书卷一列在最前面的一栏是"宋版"。对于该书目的特点,我引用其书目所著录的第三部书《附释音礼记注疏》六十三卷为例:

题"国子祭酒上护军曲阜县开国子臣孔颖达等撰,国子博士兼太子中允赠齐州刺史吴县开国男臣陆德明释文"。前有《礼记正义序》,不题姓名。孔颖达序系后人钞补。黑口版。每页廿行,行十七字,小字行廿三字。有明正德、嘉靖时暨不注年代补刻页。此本与故相国和珅翻刻宋本行款相同,惟彼本孔颖达序后有"建安刘叔刚宅锓梓"木长印。此本原序已缺,无从考证。收藏有"孙潜之印"白文方印。

孙星衍的著录方式,首先是抄录卷首的题款,而后提到该书的序言以及序言的署名,如果所得之本有补抄之页,则其将补抄部分也予以标明;关于版本的著录,其在文中讲到了此书的特征,比如有黑口,以及每页的行数,同时他又将该善本与当时的翻刻、通行之本进行了比较。有意思的是,他在文中提到和珅翻刻有该书,且行款与宋本相同,然而他却将和珅称为"故相国"。显然,这篇跋语是写于和珅自杀之后。

按理来说,和珅的倒台乃是嘉庆皇帝之意,在这树倒猢狲散之时,孙星衍仍称其为"故相国",可见其性格也有着特立独行的一面。然而,和珅所翻刻的该书,恰好寒斋也藏有一部。翻看和珅的影宋刻本,再来读孙星衍的这篇书跋,果真有着别样的情趣在。

孙星衍的这部善本书目专门有"影写本"一类,这也是他在目录学史上所做出的贡献,因为除此之外,未见他目会将"影写本"单独作为一类。翻看这部书目,其所列出的影写本数量众多,看来这也是其藏书特点之一,例如他所藏的《太平御览》一千卷,孙星衍在跋语中说道:

题"翰林学士承旨正奉大夫守工部尚书知制诰上柱国陇西县开国伯食邑七百户赐紫金鱼袋臣李昉等奉敕纂"。前有图书纲目一卷,目录十卷，总目二页，庆元五年蒲叔献序，李廷允跋。此书世无善本，吴门周明经锡瓒藏有明文渊阁残宋本三百六十卷，黄孝廉丕烈藏有明季旧钞本阙一百十五卷，孙茂才衡亦藏有不全影宋本。余属何上舍元锡合钞成书，尚共阙六十五卷，以明刊本钞补。虽视黄正色本较为完善，然讹舛处终不免，余尝欲醵金梓之而未能也。

由这段话，我怀疑孙星衍所说的"影写本"恐怕跟当今版本界所关注的"影钞本"不完全是一回事。《太平御览》的钞本今日能够得见者，主要是明代的蓝格钞，然这种抄写方式并不精湛，与后世所夸赞的毛钞完全不在一个档次。细品孙星衍在跋语中说的这段话，可以看出他的所言应该也是明代的蓝格钞。虽然如此，但至少说明孙星衍能够在目录学史上打破常规。

从收藏角度着眼，以此来编写目录，这也正是他不同于常人之处，故而严佐之在其专著中夸赞该目说："《平津馆鉴藏书记》是清代第一部具有真正、完整意义的私家善本藏书解题目录。在它之前，虽有《读书敏求记》《拜经楼藏书题跋记》等，但都是'无目录之名'的'准目录'。《四库未收书提要》又不是阮元私藏目录。《平津馆鉴藏书记》的解题，充分吸收以往读书题跋记、书目著录和《四库全书总目提要》的撰作形式和内容，形成以著录和考订版本为主，兼及内容提要的解题特点。"

仅从以上叙述即可得知，孙星衍对中国目录版本学有着何等重要的贡献，然而他的藏书却未能得到好的结果。孙星衍二十四岁时，其妻王采薇因病去世，孙星衍与妻子感情甚笃，发誓不再娶，然而因为没有子嗣，故其祖母执意为其续弦，而此时的孙星衍已经不再年轻。嘉庆二十三年（1818）他去世时，长子孙竹庲年仅七岁，幼子不能守，他的藏书很快就开始散失。到了咸丰十年（1860），因为太平军之乱，孙星衍的旧藏就彻底流散了出来。

徐康的《前尘梦影录》中记载了孙星衍身后之事：

◎ 来到了正门前

◎ 踏过这片污水不容易

◎ 窄长的院落

◎ 正门内侧

◎ 一眼就看到了文保牌

庚申四月吴城陷后，越二年，余至虎丘，寓于普济善堂侧屋。偶至山寺，见一室乱书堆积，搜之颇有善本。余择取二十余本，内有最惬心者如《范文正事迹》，只二十余叶，字悉吴兴体，末有孙渊翁题跋，黄荛翁三跋。……寺中仅余一僧，目不识丁。余以贱价购之，颠沛流离中乐境也。书之首叶皆有印记，知为一榭园中所度。今则池馆楼台，鞠为茂草，非佛家所云坏劫欤？

这个结果真让人为之喟叹。其所藏之本，如今我也有幸得到数种，每翻看其旧藏，脑海中瞬间浮现出孙星衍爱书如命的形象。

五年前，我曾到常州寻找过孙星衍故居，那次的运气不佳，我在其故居一带转了一大圈也没能找到，成了心中一大遗憾。因为他在目录版本学上的重要地位，故今日再次来常州时，仍将孙星衍故居的寻访设为了重要目标。也许是冥冥中感动了上帝，我打出租车前来此地时，下车的瞬间，一眼就看到了墙上嵌着的文保牌，这让疲惫不堪的我为之一振。沿着侧墙边的胡同一直向内走，在胡同的中段碰到了一位年轻人，我问他这处旧居如何进入，他称自己也不清楚，因为他从未见这个正门打开过。说话间，他把我带到了这处旧居的门口。

可能是昨日下了雨，这处旧居精美的大门前有着一摊厚厚的水，这摊水十分的浑浊，上面还飘浮着一些污物，从水的颜色看，像是厨房排污。我估量了一下水的深度，应该没过了脚面，无奈只好四处寻找砖头，而后在水里一块一块地垫过去。垫到最前方时，距离大门口还有两米的距离，走到这种地步，已无法回头，我一咬牙，终于跨了过去。我为自己腿脚的敏捷，小小得意了一下。但是，站到了门口却给拍照带来了麻烦，毕竟这样贴得太近了，我站在那里转身都困难，唯一的愿望就是这两扇门能够打开。我用力地敲击，可是里面完全没有回声，看来那位小伙子说得不错，可是旧居明明是从里面上的锁，说明里面一定有人。

正在左右为难时，那个小伙子又带来了一位中年人，此人一脸的怒容，问我为什么要在这里拍照，我说自己只是想进祠堂。他问我为什么要拍这里的污水，我则告诉他只是为了表现自己的艰难困苦。我渐渐明白了此人发怒的缘由，看来他以为我是要曝光这里的环境脏乱差，而他正是在旁边开饭店者，不用说，这些污水是从他的饭店里排出来的。

面对此况，我当然要识时务，绝不会指责正是因为他排放的这些污水，使得我费这么大力气才站到了门前。于是我转移话题，向此人询问，

◎ 正式的文保牌在这里

◎ 看到了孙星衍介绍板

这里遍地的污水，那祠堂里面的人是如何踏着污水打开大门呢？此人渐渐明白了我的目的，于是跟我讲，这不是真正的入口，要想进入这处旧居，必须围着外墙转到另一侧。

我谢过此人，可是怎么踏过这片污水又成了问题，因为我是用最后一块砖头作为支点跳到了旧居的门口，现在反着往回跳是否能一脚踏准第一块砖，我没那么大把握。显然，我的窘境让这两人也看在眼里，年轻人竟然笑了起来，中年人瞪了他一眼，小伙子于是从另一侧找来了几块砖头，站在原地把砖头抛入水中，完全不顾溅起的污水弄了我一身。尽管如此，我毕竟脱离了这污水包围之地。谢过两人，转到了旧居的另一侧，果真在这里看到了入口。

在入口处，我看到了一字排开有七块铭牌，佛教协会、道教协会、伊斯兰协会、天主教会、基督教全部汇在了一起，这真是一种大和谐。当年的藏书之处今天竟然有如此多的功用，不知道孙星衍会不会为此而骄傲，而其门口处的门牌号则为“双桂坊 59 号”。

从外观看,这里显然是个偏门,轻轻一推,门就开了,里面未看到阻拦者,于是小心地走入院内。大门的左手是收发室,里面亮着灯,却未看到管理人员,我觉得这是个机会,于是迅速走进院内,在这里拍照一番。

从院落的布局看,这里仅余了一排正房,建造手段却完全是复古式,可见当年的维修者也颇为尊重历史。院落顶头的位置正是那个将我陷入窘境的大门,当然这里是内侧,我走到门口细看,果真在里面上着锁,看来那个大门口虽然摆放着文保牌,但仅起到装饰作用,并没有行人在那出入。大门的另一侧堆放着一些石块,从颜色看,这些石块有着不短的年份,可惜不是太湖石,不能断定它们是否是当年旧居内的原物。

不知什么原因,院落正房的正门却敞开着,我向内探望,看到墙上挂着孙星衍的介绍展板,这让我有了冲动,于是蹑手蹑脚地踏入房内。从室内的陈设来看,这应当是间会议室,而墙上的展板则从孙慎行讲起,直到后面的孙星衍。展板上把孙星衍称为"藏书家",虽然他的名字前还有

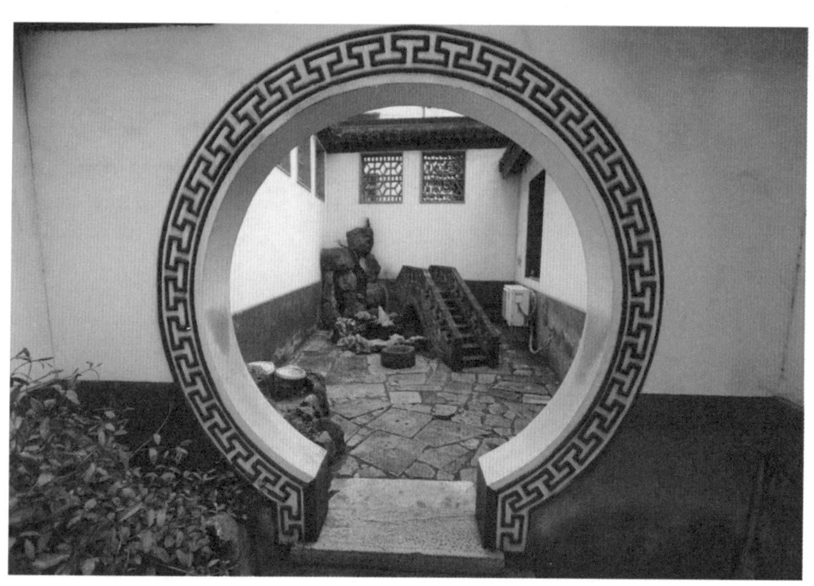

◎ 这一侧还有迷你景观

其他的头衔，但最让我受用的还是“藏书家”这个词。

穿过这间会议室，后面是一个小园，虽然面积很小，但也布置得别有情致。这个小园分为两侧，一侧圆形入口内摆放着迷你型的景观，看来是想做出一种小桥流水人家的雅境。小桥旁还有一个古井，我走到井前探看，这倒是一个实用的物体，看来这是此处旧居中当年的使用之物，只是无法确认孙星衍是否从这里汲过水，但转念细想，他已经成了榜眼，这些事情应当有人替他操劳。

然而他的藏书我在这里却不可能看得到，哪怕是一件复制品或者一本假书，也没有摆放。想到这一层，真应当将自己所藏孙星衍的旧物复制几部，摆到这里来，可是，谁会接受这样的赠物呢？虽然门口有那么多的招牌，却唯独未见跟藏书相关者。看来，藏书之事仍然没有达到社会普遍接受的程度。

石韫玉·独学庐

猛烧恨书，手批窃尽

石韫玉（1756—1837）

清江苏吴县人，字执如，号琢堂，别署独学老人，黄丕烈表兄。乾隆五十五年（1790）状元，授修撰，官至山东按察使、布政使，藏书处曰独学庐，有《凌波阁藏书目录》。

中国古代的藏书家中，以状元身份荣膺此名者甚少，石韫玉为其中的一位。他当年参加科考也并不容易，仅乡试就参加了七回，到乾隆四十四年（1779）才考中举人，而后又多次进京考进士，直到乾隆五十五年（1790）才考中。

虽然是状元，但他的考试成绩并非是第一名，眭骏在《石韫玉年谱》中说："是年，为高宗八旬恩科会试，榜发，中第十四名。主考为内阁大学士王杰、吏部侍郎朱珪、内阁学士邹奕孝；同考官为翰林院编修甘立猷。殿试，读卷官初拟第四，高宗亲拔擢为第一，授翰林院修撰。"

这里的"是年"指的是乾隆五十五年（1790），这一年石韫玉三十五岁，乾隆皇帝为了庆祝八十大寿，特意加开恩科。石韫玉的会试成绩是第十四名，到了殿试，王杰等几位主考人员把他提到了第四名，乾隆皇帝翻看试卷之后，又将其定为了第一名。对于这件事，其墓志铭中也有载："庚戌，成进士。殿试，进呈第二甲一名，纯皇帝特拔置第一甲一名，授翰林院修撰。"

取得这样的好成绩，石韫玉当然十分地兴奋，因为在京任职，不久就把家人也接到了北京。当时石韫玉居住在宣武门东，他将这所住房进行了整治，在这里也建起了自己的藏书处，而此处就是他的独学庐。石韫玉在《独学庐并序》中自称："余年三十五，以进士及第，供奉翰林，卜居京师宣武门东，颜其所居之室曰独学庐。"

再后来，石韫玉到各地去任职，从工作业绩而言，颇有成绩，然而和官场上的大多数人一样，仕途起起落落，还一度受到弹劾遭革职，幸而后来又被赏为翰林院编修。可能是这种起伏影响了心态，他在嘉庆十二年（1807）就辞职返乡了。邵忠、李瑾所编《吴中名贤传赞》中记载："嘉庆十二年（1807）引疾归。居家，主紫阳书院二十年，文风丕振，育弟子众多。辛巳（1821）聘修《苏州府志》，援古迄今，义例赅备；图表志传，有条不紊，辑成一百六十卷。与乾隆《苏州府志》并称善志。"

石韫玉返回家乡后，主持苏州紫阳书院二十年，为此大大提升了苏州一带的文风，培养出了众多的弟子，他还主修了《苏州府志》，此《志》水平很高，被后世目之为“善志”。

石韫玉在北京期间买了大量的藏书，但他离京前往四川任职期间，并没有带着家属一同去。而正是这个阶段，他的书大部分被一位名叫吴寿的仆人偷出去卖掉了，此事记载于石韫玉自撰的《凌波阁藏书目录序》中：“及出守蜀中，时方兵戈载道，孑身独往，家人留止都门，乃有奴子吴寿者，略识字，辄窃予架上书鬻诸琉璃厂书肆。书贾遇余点勘之书，则倍其值以收之。于是余所读旧书略尽。余生平惟此一事所为叹息痛恨者也。”

这位叫吴寿的仆人也能认些字，他趁着主人不在，就偷偷地把独学庐的藏书拿出来，而后卖给琉璃厂的书商。书商们得知这些书均是出自石韫玉家，于是他们就指点吴寿，让他专偷有石韫玉批校之书，凡是有其批者，书商的收购价都会加倍，故而吴寿把石韫玉所批之书基本偷光了。

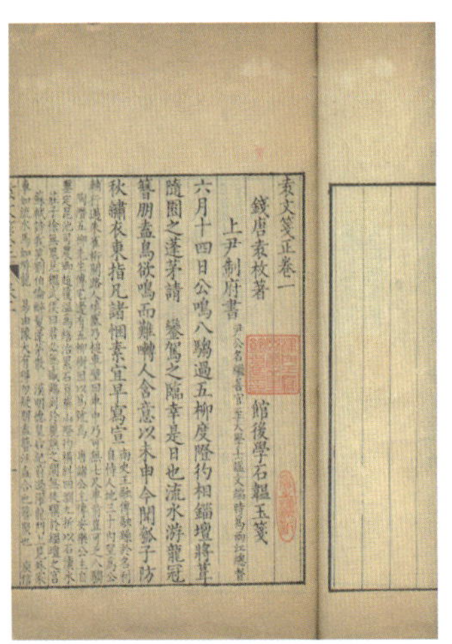
◎ 石韫玉笺《袁文笺正》十六卷附传一卷，清嘉庆十七年（1812）序刻本，卷首

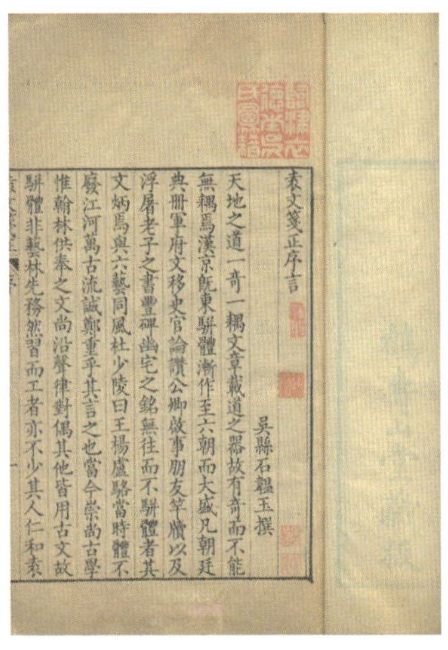
◎ 石韫玉笺《袁文笺正》十六卷附传一卷，清嘉庆十七年（1812）序刻本，石韫玉序言

等石韫玉发觉之后，大为痛恨，因为所批之书都是自己爱读的，而恰恰这一类的书都被偷走了。

对于这件事，刘声木在《苌楚斋续笔》卷七中也有记载："吴县石琢堂方伯韫玉，其平日评点之书多半散出，恒于琉璃厂书肆中遇之。初不以为意"。看来当年刘声木在琉璃厂见到了不少石韫玉的批本，他刚开始也很疑惑：为什么琉璃厂会有这么多石韫玉所批之书？直到后来他读到了石韫玉本人在《凌波阁藏书目录序》中所说的这段话，才得以解惑。读到刘声木的记录时，我长叹余生也晚，自己在琉璃厂也混了有三十年的时间，石韫玉的批本却一部也没见到，这对我而言，真是个大遗憾。

石韫玉为什么会有藏书之好呢？当然自身的原因是主导，比如他在《古香林丛书十种》中的自序中说："余生平无他嗜好，惟喜于故纸堆中觅生活。"

由此可知，他的爱书有很大成分是性格所致。然而，石韫玉对书的了解，却跟黄丕烈有着很大的关系，因为石韫玉是黄丕烈的表哥。

黄丕烈是清代第一大藏书家，而他竟然是石韫玉的表弟，这样的机会，他人难有。小时候的石韫玉因为家庭困难，所以常在黄丕烈的父亲家中看书，对于这件事，石韫玉将其详细地写入了《凌波阁藏书目录序》中：

余家本寒微，先世藏书甚少。忆十四岁附学于中表黄氏之塾，主人有书二椟。先生方授科举之业，惟经义是训，他书禁勿观。余于常课既毕之后，每窃一灯，私取其书翻阅之，如是者四年，椟中书读之殆遍。既于甲午岁赴省试，在金陵市中购得《史记》一部，归而读之，大喜，每夕拥衾侧卧，燃一灯于几，丹黄在手，乐而忘疲，往往达旦，阅十旬而卒业。其后年渐长，蓄书亦渐多，每得一书，必手加点勘。……尝游州郡幕府，每出门，必携书一箧，刀笔之暇，借以消日，岁终则归而易之。迨进士及第之年，则已读书七千卷矣。……其后稍稍购求，二十年来又得此四万余卷，凡此皆节衣食之费而置之者也。

石韫玉自述家况贫寒，所以祖上没能留下几本书，而他在十四岁时，就到黄氏亲戚家去上私塾，当时黄家有两橱书，石在上课之余，只要有空就读这些书，他用了四年的时间把这两橱书都读完了。由此看来，他能够考取状元，这份功劳应当首先归于黄家，正是因为他读了这两橱书，才打下了扎实的学问功底。

当然，石韫玉能够取得好的考试成绩，也跟他的天性有较大的关系，因为他读完了黄家的藏书之后并不满足，当他前往参加乡试时，在南京买到了一部《史记》，这部书让他读得如痴如醉，而他的批书爱好就是从此书开始的。这部《史记》有可能是石韫玉自藏的第一部书，从此之后他的藏书量渐渐多了起来，而他的批书习惯始终未断。

为了生活，石韫玉一度边出外任职边学习，在工作之余，他每日里以批书来打发时间，等到他考取状元时，已经批读了七千卷书。后来他考取状元，收入也多了起来，于是开始大量地买书，在二十年的时间内，先后买到了四万多卷书。虽然说这个数量并不惊人，但对于有着批书之好的石韫玉来说，这已然是个不小的数目。

嘉庆十二年（1807），石韫玉辞职返回苏州，在苏州又建了一处居所。《吴中名贤传赞》中记载："宅居苏州经史巷（今金狮巷），父购何焯'赉砚斋'以筑。居南水池，曰'柳阴'，池上五古柳，合抱参天，故名'五柳园'。"以此可知，石韫玉是住在了苏州的经史巷，而此巷就是今日所称的"金狮巷"。

既然石韫玉本就是苏州人，他返回苏州为什么不住回旧宅呢？郑伟章在《文献家通考》中，根据石韫玉所撰的《城南老屋记》，做出了如下的总结："其苏州城南经史巷故居，西邻为何焯故宅，子孙不能守，割其半以自广。通籍官京师时，质宅于中表黄丕烈。嘉庆十年黄氏归之而石氏未

◎ 江苏巡抚衙门

能偿其值。嘉庆十七年，乃于所居花间草堂之西、涤山潭之上筑小楼三间为藏书之所，楼东西向，取其朝暮有日色入楼中而无朽蠹之患，仍名独学庐。”

关于这件事，石韫玉在《城南老屋记》中自称：“乾隆庚戌，余以进士通籍，官京师，将移妻子入都。治装无资，不得已，质宅中表黄氏。历十有六年，嘉庆乙丑，余以重庆守入觐，因告归省坟墓，黄氏表弟绍武归余宅，而未能偿其直也。”

原来，石韫玉考中状元之后要带家属进京，因为家里穷，没有那么多的盘缠，故而石韫玉将苏州的住房抵押给了黄家，由此借到了一笔钱。十六年之后，他返回家乡扫墓时，表弟黄丕烈又把这处宅院归还给了石韫玉，并且没有跟其索要所借之钱。石韫玉说这段话时，是嘉庆十年(1805)，直到嘉庆十七年(1812)，他才又住进了这处老宅，并且陆续还清了所借黄家之款：“……乘其隙稍稍修治故宅，且渐偿黄氏之直。复拓旁屋附益之。又五年，岁在壬申，始归孥于先世之旧居。”(《城南老屋记》)

由这些记载可知，石韫玉跟黄丕烈两家的关系颇为密切。而黄丕烈的藏书爱好当然也会影响到石，二人在苏州期间经常一起参加诗社，并且两人多有唱和。比如嘉庆二十二年（1817），黄丕烈得了位曾孙，石韫玉就专门写了首《黄绍武表弟得曾孙诗以贺之》：

忆昨耆英集，惟君最少年。

桐枝方濯濯，瓜瓞又绵绵。

熊梦先征瑞，鸿文卜象贤。

金貂人共祝，衣钵我能传。

誉著黄童后，龄希绛老前。

今朝汤饼会，珥笔颂华筵。

这时候的黄丕烈已经建起了“百宋一廛”，他们还共同组织了“问梅诗社”，此社举办了一百多集，其中的第十一集就是在“百宋一廛”内举办。由此说来，石韫玉肯定翻看过黄丕烈的藏书，“百宋一廛”内那么多的珍本善本，也应当对石韫玉的藏书观有所影响。

◎ 当年的大门

那么石韫玉所藏之书的质量如何呢？可惜他的书目没有流传下来，今日难知其详。黄丕烈曾到石韫玉家去看凌波阁藏书，此事可由石韫玉所作的一首诗——《是日复翁登予家凌波阁和前诗见赠迭韵答之》为证：

曹仓陈井井，边笥愧便便。

筮《易》占簪盍，吟《诗》庆襻联。

观书如扫叶，拈韵快传笺。

脱略忘宾主，逍遥乐岁年。

双清欣得侣，《九辨》又成篇。

垂钓东篱会，风流企晋贤。

道光三年（1823）九月九日重阳节这一天，石韫玉招黄丕烈等人举办第九集“问梅诗社”，雅集完毕后，石韫玉请黄丕烈来家中看书，而后石写出了这首诗。从诗的内容看，二人聊得很快乐，但石却没有提到黄怎么评价自己的藏书质量。我猜测，以黄丕烈那么高的眼光来看，他不太能看得上表哥的藏书，所以过了三个月，他才邀请石韫玉去看自己的藏本，可惜不知石看完后有着怎样的心态。

石韫玉的藏书目录虽然没有流传下来，但他的藏书数量及分类方法却能从他所写的《凌波阁藏书目录序》中得以读到：

乃于所居花间草堂之西，涤山潭之上，筑小楼三间，以为藏书之所。楼向东背西，取其朝暮有日色入楼中，无朽蠹之患。书凡分十类，曰经，曰史，曰子，曰专集，曰总集，曰丛书，曰类书，曰地志，曰词曲小说，曰释道二藏，贮为二十厨，排为六行，两两相对，标其类于厨之阑，索其书，检之即是，而法书名画、金石文字，亦附于其中。……

石韫玉在苏州所筑藏书楼有三间藏书室，而他将自己的书分为了十个门类，除了经、史、子、集之外，他把丛书、类书、戏曲、小说以及佛经、道藏等单独分了出来，他的总藏书量为二十橱，并且有着很好的找书方式，可见石韫玉在藏书方面费了不少的心思。

对于书史的贡献，石韫玉除了自藏之外，他也参加一些相关的公益活动。比如嘉庆十四年二月十九日，浙江巡抚阮元邀请一帮朋友到杭州灵隐寺去吃素食，而后提议在此寺设立一个藏书之所，这就是著名的“灵隐书藏”。当时石韫玉也在此寺，他对阮元的提议大为赞赏，为此写了三首诗——《观阮芸台中丞灵隐书藏赋此奉简三首》，其第二首为：

开府文章许与燕，清才盛事领时贤。

邺侯插架签三万，崔氏书钞纸八千。

讲艺曾窥石渠秘，谈经尝借竹林禅。

风流再作西湖长，共说当今玉局仙。

由此可知，石韫玉对此事有着特别的赞赏。其实石韫玉不但对书籍十分地珍视，他甚至对带有文字的废纸都特别地尊重。《郑逸梅选集》中有一篇的题目为“石韫玉之贫困生活”，该篇中有如下一个段落：“据父老传述，韫玉为秀才时，极贫困，在吴中设帐授徒，藉束脩以为生。每日昧爽即起，携布囊铁钳各一，于街头巷陌，见有字纸遗散于地者，必检取之，虽堕溷沾泥，亦一一入于囊，归而漂以清水，晒日中，待干，而焚诸玄妙观之太阳宫，三十年如一日，人嗤之为迂夫子，韫玉行之自若也。”

石韫玉早年家中十分困难，他靠做“家教”来赚一些钱，虽然生活困苦，但他却有一个特殊的癖好，那就是每天必抽出时间背上布袋，拿着个铁夹子，游走于苏州的大街小巷，只要看见带字的废纸就会捡拾起来，无论这张纸如何的脏污，他也会放入布袋之中。等回家之后，他把这些纸洗干净，再予以晾晒，晒干之后，他再拿着这些纸到玄妙观内的太阳宫去烧掉。他的这个举措竟然连做了三十年，很多人嘲笑他的这种行为，而石韫玉不为所动，即此可知，他对书籍有着怎样的崇敬之情。

但人都会有另一面，而石韫玉的这个反差，至少让我觉得多少有些瞠目结舌。王利器所编《元明清三代禁毁小说戏曲史料》第三编中有如下一个段落：

◎ 出门厅外，仅余一座大殿

◎ 这里建成了陈列馆

石琢堂殿撰，为诸生时，（凡是大发的人，必有阴德。）以扶翼名教为己任，（绝大学识，绝大抱负。）家置一纸库，名曰孽海。（挽却多少狂澜。）凡见淫词艳曲，（是孽海中恶浪。）坏人心术，（是孽海中毒蛇。）及一切得罪名教之书，（是孽海中黑雾阴风愁云苦雨。）悉纳其中烧之，（恶浪立平，毒蛇立去，黑雾阴风立散，愁云苦雨立除。）不徒惜字而已也。（能除千古文字之厄，便是千古惜字之人。）一日，阅《四朝闻见录》，（是一部混帐书。）内有劾朱文正公一疏，（蚍蜉撼山，不知死活。）痛诋文公逆母欺君，窃权树党，（何异仰面唾天。）并及闺阃中秽事，（此人应堕拔舌地狱。）有小人所断不为，（此书不知如何荒唐。）竟敢形诸奏牍，（肆无忌惮，一至于此。）以污蔑一代之正人。（天地为之震怒，雷霆为之奋击，鬼神为之勃然变色。）且编书者，亦逆知后人之必不信也，伪撰文公谢罪一表，并载入之以实其过。（此人应入阿鼻地狱，永无轮回。）阅竟不胜发指，拍案大呼，（满腔热血。）思欲尽购此书，以付诸火，（非此劫火，那得煎枯孽海。）而苦无资，（奈何。）夫人出奁中金钏助之，（贤哉此妇，达哉此妇，仁哉此妇，勇哉此妇。）遂遍搜坊肆，得三百四十余部，悉焚于孽海中。（人生一大快事。）是年中式，（就报应你。）庚戌成进士，胪唱第一。（公于己酉领乡荐，次年联捷。）

这段话中的括号部分乃是文中的夹批。仔细读来，石韫玉竟然还有烧书之举。前面提到石韫玉藏有二十橱的书，此段话又说石韫玉的藏书库中，还专门设有“孽海”，石韫玉只要得到淫词艳曲以及坏人心术的书，就会将它们投入“孽海”中烧掉，这个行为跟他的“敬惜字纸”好像形成了极大的反差。

更为奇怪的是，某天他读到了一部名为《四朝闻见录》的书，该书中有弹劾朱熹的内容，石韫玉读到后大为愤怒，不能容忍有人诋毁大儒朱子，于是他就想将这部书全部买下，可惜那时家中没有这么多钱，于是他的夫人主动拿出自己的金首饰卖钱后交给石，而后石跑遍了当地的书店，总计买到三百四十多部《四朝闻见录》，把这些书全部予以焚毁，而正是这一年他考中了状元。这篇文章的言外之意乃是说，石韫玉能够考中状元，正是因为他的焚书之举。

烧书与焚化字纸，这两个举措反差太大，我很怀疑这些说法的真实性，可惜王利器所收集的这部史料未曾注明这段话的原始出处。这段记载我又在小横香室主人所撰《清朝野史大观》中读到过，该书的卷十有一篇题目为《石殿撰能辟邪说扶名教》，其全文如下：

吴门石琢堂殿撰韫玉，以文章伏一世，其律身清谨，实不愧道学中人。未达时，见淫词小说一切得罪名教之书，辄拉杂摧烧之。家置一纸库，名曰“孽海”，收毁几万卷。一日，阅《四朝闻见录》，中有劾朱文公疏，诬诋极丑秽，忽拍案大怒，亟取妇饰质钱，遍搜东南坊肆，得三百四十余部，尽付诸一炬，可谓严于卫道矣。

然小横香室主人依然没有注明出处，后来我又偶然在叶德辉所撰《郎园读书志》中看到了这种说法的原始出处。《郎园读书志》的第十四卷著录有石韫玉《独学庐初稿》，叶德辉在此引用了法式善在《槐厅载笔》卷十四中的一段说法：

石韫玉，字执如，负文章盛名，而实道学中人也。尝谓：“我辈不能扶翼名教，而凡遇得罪名教之书，须拉杂摧烧之”。家置一字库，名曰“孽海”，盖投诸浊流，勿使扬其波也。一日，阅《四朝闻见录》，中有劾朱文公一疏，荒诞不经，逆母欺君，窃权树党，并及闺阁中秽事，有小人所不为者，乃敢形诸奏牍，诬蔑正人君子，且载入文公谢罪一表，以实其过。拍案大怒，急谋诸妇，脱臂上金跳脱，质钱五十千，遍搜坊肆，得三百四十余部，卒烧之。是年以南闱发解。庚戌，应礼部试，为胪传第一人。

看来这就是石韫玉烧书的原始出处。而后钱泳所撰《履园丛话·科第》中也予以了记载。但叶德辉对这两处记载均表示怀疑：

余谓此等义行，其心可嘉，而其识则甚陋。当宋宁宗庆元党禁时，文

◎ 当年的水潭

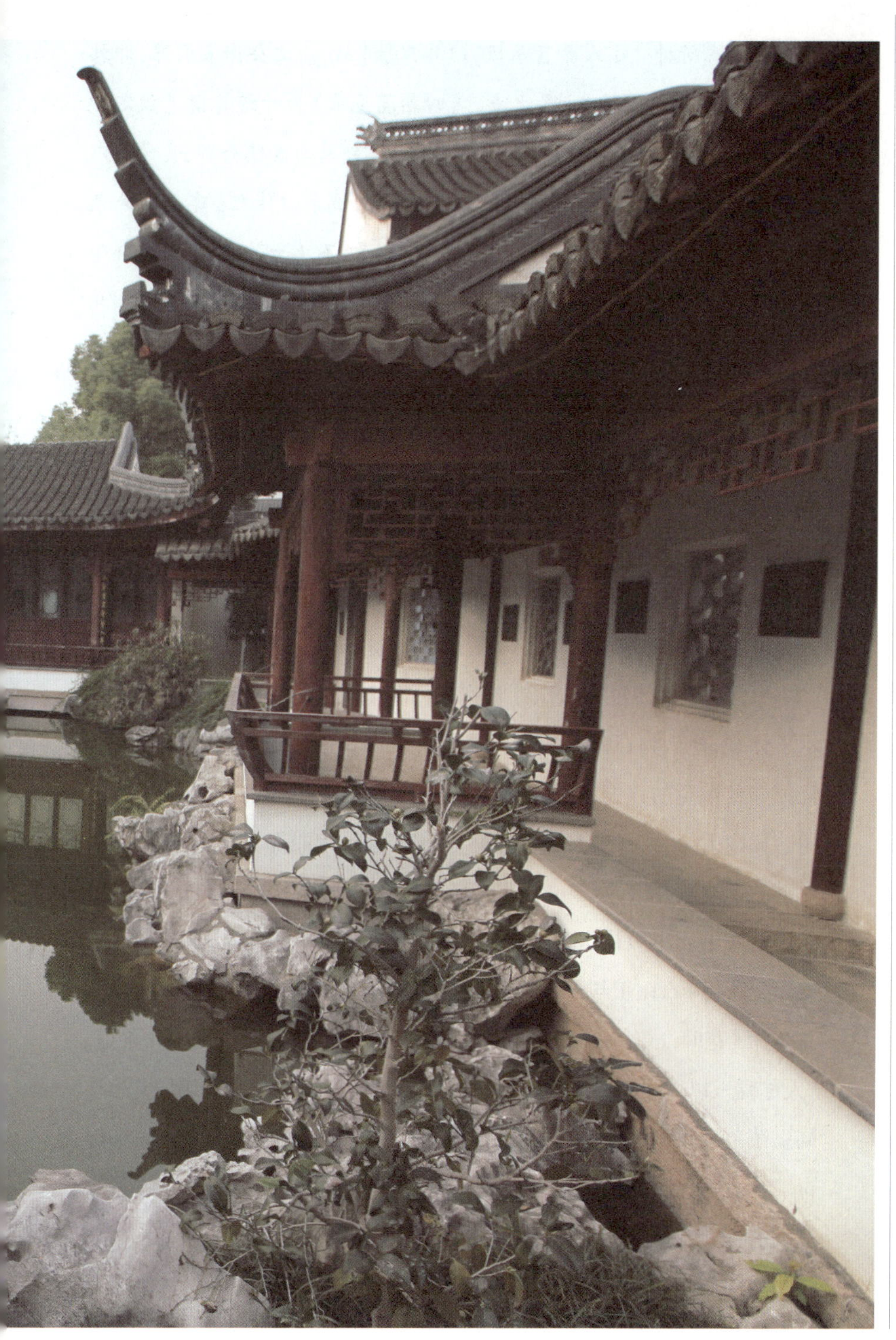

公为韩侂胄所排。小人希旨承风,肆其鬼域[蜮]。文公谢表引罪,即韩文公“天王明圣,臣罪当诛”之意。《四朝闻见录》为叶绍翁撰,《钦定四库全书总目》子部小说类著录。《提要》云:“绍翁与真德秀游,其学一以朱子为宗。南渡以后,野史足补史传之阙者,惟李心传之《建炎以来朝野杂记》号为精核,次则绍翁是书。”书中所录,不止一疏,正以一时群小淆乱是非,详载其文,以待后世公论。书中固无一语诋及攻朱子者。此三百四十余部,横被祖龙之灾。当时此书,止鲍廷博《知不足斋丛书》刻之,何遽得此数百部,毋亦言之过甚,流传不实欤?

叶德辉说石韫玉的举措可谓精神可嘉,但这种行为不值得鼓励,因为这么做的见识太低了,更何况《四朝闻见录》是一部有价值的书,《四库全书总目提要》都对该书予以了较高的评价,而该书内所记载的对朱熹贬斥之文,只是一个历史事件的真实记录,是非曲直自有世人来评说,怎么可以将该书搜集到一起,然后一把火烧掉呢?!

更何况石韫玉能否一次性收到三百四十多部该书,叶德辉也对此表示了怀疑,他认为石韫玉不可能收集到如此多的该书,当然也就不可能烧掉如此数量的该书,更何况《元明清三代禁毁小说戏曲史料》中所引用的那段话,其称石韫玉的“孽海”将很多淫词艳曲都予以烧毁,可是从后世的记载来看,石韫玉也并非完全反对戏曲小说。

上海书店出版社印行的《古旧书讯》1988 年第 2 期上,刊载有江澄波先生所撰《石韫玉与〈花间九奏〉》一文,讲到了石韫玉写过九种短剧,总名为《花间九奏》。对于石韫玉的这个作品,江澄波在该文中评价道:“人称韫玉以一卫道之士而撰写戏剧,实属少有。但在建国初期,吴江县同里镇范瑞轩藏书散出时,曾经发现过石韫玉亲笔评注过的汲古阁刊传奇二十六种,部分还有题跋。”看来,人都有两面性,石韫玉不但收藏戏曲类的书,同时他还有这方面的创作。

如前所言,石韫玉在北京的藏书虽然损失了,但他在苏州又建起了一个藏书处，并且其在藏书数量上也有着较大的发展，而其藏书楼所在之处就是金狮巷。

此程的苏州之行得到了卜若愚先生的大力帮助。这一天的寻访是以农村包围城市的方式，乘车前去探访苏州郊县的几个点，而后返回市内。按照原本的计划，今日所访者是郊县的四处地点，但因为开车的朋友叶剑青先生对道路十分熟悉，再加上他车技高超，所以在返回城区时，时间仅仅是下午 3 点，卜兄建议我趁热打铁，在市区内多访两个地点。

于是，我拿出行程单请几人看看哪个地点更为顺路。同来的张琦女史看后称，可以去江苏巡抚衙门旧址一带找石韫玉的故居，因为这个旧址而今被苏州卫生职业技术学院占用，而她的同学就在该学院内任职。半年前我来苏州时，马骥曾带我来此参观巡抚衙门遗址，但被那里的保安坚决地赶了出去，而今再次前往此地，我多少有点儿心有余悸，于是跟张琦说，能够走进那里恐怕并不容易。显然，张琦比我有耐性，她立即打电话给其朋友，而后放下电话说："搞定了。" 看来真是熟人好办事。

再次来到这所学校门口时，张琦的那位朋友已经在此等候。经过张琦的介绍，得知原来这位是聂老师。聂老师看上去不足三十岁，但说话颇为沉稳，他带着我等进入校园，得以让我认认真真地把巡抚衙门所余部分拍照完毕。

其实拍照这一带的原本目的不是为了石韫玉，因为这个巡抚衙门原本是建造在魏了翁祠堂的旧址之上，而魏了翁也是我的寻访计划之一。关于石韫玉的遗迹，前面提到的金狮巷，而今已拆得没有了痕迹，但按照石韫玉本人在《城南老屋记》中的所言，他所建起的三间小楼乃是处在"涤山潭" 上，虽然他的藏书小楼如今已被拆掉，但我觉得这个水潭应该还存在，于是向聂老师请教，学院内是否有一个水潭？聂老师说确实有，而后把我等带到了此处。

水潭处在校园的左侧，而今这里修成了一个半合围状的仿古庭院，

◎ 地面的石条应为当年的旧物

◎ 小亭内有一口古井

庭院的正中就是一潭碧水,我围着这个水潭仔细寻找着跟石韫玉有关的痕迹。沿墙的一面建成了碑廊,在碑廊之内刊列出多位名人,有张伯行、汤斌等,然而没有看到石韫玉,这不免让我有些失望,于是我向聂老师请教,校园内是否还有古物在?他想了一下,又带我等向校园深处走去。

在校园右侧的广场侧旁,建起了一个悠闲小亭,小亭侧旁的地上堆放着一些石条,一眼望去,确实是古物,然而这些古物却无法证明跟石韫玉之间的关系。走近小亭细看,亭的正中竟然是一口古井,叶剑青突然说:"这里还有古砖。"众人看过去,原来小亭基座的四围分别镶嵌着带款的古砖。细看上面的字迹,均为明嘉靖年间所制,这个年代远远早于石韫玉所生活的时代。

但卜若愚所说的一句话,多少让我失望的心情有所释然:石韫玉既然爱好藏书,那他很可能也爱好古物。这些古砖虽然制作于明代,但也并不能说明这些古砖跟他没有一丝的关系。想一想,卜兄说得也有道理,既然金狮巷已经没有了痕迹,但石韫玉曾经在这里生活了很长一段时间,所以这里的遗留,多少都与他有关联。这么想一想,找不到石韫玉故居的遗憾也得以大大地释然。

补记:

此次寻访一年多之后,再次来到苏州,经过一番了解,金狮巷只拆除了西侧路口的一片老房屋,而其东侧,也就是与人民路交叉口的位置,仍然处在原址上,虽然这一带已经改造成了新式的宿舍楼,但基本格局尚未改变。而苏州卫校就处在金狮巷的南侧,如此说来,卫校中的一部分,显然就是处在石韫玉的故居之内。我在金狮巷内探访一番,问及多位当地的老住户,均难以说清楚哪一片才是石韫玉的故居,唯有路边的标牌上注明着状元石韫玉曾经住在这一路段。

黄丕烈·百宋一廛

多少藏书家俱在，姓名不逐暮云空

黄丕烈（1763—1825）

清江苏吴县人，字绍武，号荛圃，又号复翁。乾隆五十三年（1788）举人，官主事。喜藏书，尤嗜宋本，自称『佞宋主人』。尝构专室，藏所得宋本，名之为『百宋一廛』。精校勘之学，所刊《士礼居丛书》，为学者所重。有《百宋一廛赋注》《荛圃藏书题识》等。

以名气论，黄丕烈应该是中国古今藏书家中名气最响的一位，凡是爱好古籍收藏者，都会言必称黄丕烈，我当然也对这位大藏书家很是崇拜。然而早前对他的生平，大多是从历史文献上偶然读到的一鳞半爪，直到某天在琉璃厂逛书店，我买到了一本姚伯岳先生所著的《黄丕烈评传》，通读该书后才对黄丕烈的生平事迹有了整体性的了解。

姚伯岳所著《黄丕烈评传》，乃是匡亚明主编的《中国思想家评传丛书》中的一种，这套《丛书》在社会上影响颇大，我到各家书店都能看到整架的该书。为了寻找古人的传记资料，我每到书店都会浏览一下这个专架，可惜的是这套《丛书》所收人物虽然古今皆备，却一直没有看到跟藏书史有关的传记，所以当我看到姚伯岳的大著后，那种兴奋可想而知。

听业界朋友谈起，姚伯岳先生就职于北大图书馆善本特藏部，某天我到北大办事时，就有了一见作者的欲望。想起南京大学徐雁教授曾在文中提到姚伯岳是他的学长，于是立即去电徐雁，向他要得了姚伯岳的电话，而后在北大图书馆内见到了《黄丕烈评传》一书的作者。

那次的聊天颇为愉快，我从姚老师身上体会到了学者的认真与谦逊，他说自己写《黄丕烈评传》费了很大的心血，因为用功过度，书稿完成时竟然为此大病一场。看来，任何成就的取得都非一日之功。而姚老师还说，他通过写《黄丕烈评传》，而将传主的生平做了整体梳理，这更让他觉得，黄丕烈在目录版本学所做的贡献，没有受到世人的普遍公认。

拜读《黄丕烈评传》以及与姚老师谈话，都使得我对大藏书家黄丕烈有了全新的认识。后来我特意跑到苏州去寻找黄丕烈旧居，而那时黄丕烈的藏书楼被苏州市丝绸厂所占用，因为各种原因，该厂禁止外人进内参观，而我的藏书楼寻访之旅，黄丕烈的故居当然是这个寻访中的重中之重，不入内一观，终究意难平。

后来通过江澄波老先生，找到了苏州市文化局的某位领导，通过领导的打招呼，终于得以入院参观黄丕烈的书楼。当江澄波带我入院之时，厂家还特意派了一位工作人员陪同，此人随时提醒我哪里能拍哪里不能拍。虽然有这么多的限制，但能看到黄丕烈的书楼还是让我特别兴奋。

对黄丕烈书楼的第一次寻访，大约是在九十年代末期，此后过了七八年，我再次到苏州寻访藏书楼时，又一次来到了这家丝绸厂家所在地，眼前所见，这里已经变成了建筑工地，我看到几栋楼房矗立在了厂院内，看来黄丕烈旧居就此消失在了这个世界上，这让我瞬间产生了愤怒之情，但我的愤怒无处发泄。正在此时，一辆车蹭到了我的背包，其实并没有伤到什么，但却让我这无处发泄的愤怒找到了出口，于是我冲着司机大声吼叫。可能那人认为自己遇到了疯子，竟然没敢言语，迅速地开行而去。

2013 年末，我在《文津学志》第六辑上读到了姚伯岳所写《黄丕烈生前居所及庐墓家系略考》一文。过了这么多年，姚老师仍然在研究黄丕烈，并且他将研究的视角又深入到了黄丕烈的墓，他的文章当然让我大感兴趣，因为此时我正在进行自己的另一个寻访计划——藏书家墓的寻访，而在其文中又恰好谈到了这点。姚老师说他是从江澄波那里得知的黄丕烈墓遗址，但他本人并未到现场查看过。以我的性格，有些事情不能亲睹则不能过瘾，可是江澄波老先生早已年逾八旬，请他带我登山访古墓显然不太可能，于是在好友马骥先生的安排下，通过几层关系才终于让我站在了黄丕烈墓址之前。

虽然如此，但这也让我更加惋惜黄丕烈故居的荡然无存，尤其第一次寻访时，我受到了一位摄影家的影响，他认为拍古代建筑最好用黑白照片，并且还借给了我一台很专业的手动相机，其实他没有考虑到我的摄影水平之低，这样的专业相机只有高手才能与之相匹配，故而我所拍下的书楼图片基本上不堪入目。但即便难看，因为有这几张照片在，也能时时让我回忆起当年寻访时的具体情形，而故居的荡然无存，也是我每次看到照片时颇为惋惜的地方。如今那处故居究竟被改造成了什么模样呢，这当然是我的牵挂。

对于这处旧居后来的情况，我在姚老师的这篇文章中读到了这样一段话："2012年笔者再次前往，发现其地又改为平江华府酒店会所（标牌为菉葭巷88号），仅东边一排保留了原有的一些格局和建筑风格，但全部翻建重修，辟为酒宴之所。旧地凭吊，令人顿生世道沧桑之感，为之慨叹不已。"

看来这处旧居变成了平江华府酒店的会所。在我的概念中，会所都是"自己人"才能去的地方，因为一般的会所都不对外人开放。然而这家会所属于某个酒店，而酒店毕竟来往都是客，于是我打电话给苏州的朋友，果然了解到这个酒店是对外开放的。听到这个消息，我有些兴奋，我决定再到苏州时，一定要住进这家平江华府——因为它毕竟建在黄丕烈故居之上，我作为一个爱书人，能够住在我所崇拜的藏书家故居之内，所得到的幸福感，如果不是爱书人，绝对体会不到。

这天到达平江华府酒店时，已经是晚上9点多，这么晚的时间显然无法在酒店内参观，我决定次日一早再作细致的探访。办完入住手续，进入房间，房间内的布置弥漫着无形的文人雅气，这种氛围让我对该酒店建造者的怨恨之情有所减轻。

无意间，我看到写字台前摆放着一个尺寸不大的镜框，里面竟然印刷的是黄丕烈注的《百宋一廛赋》，此《赋》极有名气，《赋》的旁边还手绘着二层小楼，这个楼的外形我特别熟悉，因为正是我曾亲眼见到过的黄丕烈藏书楼。看来这家酒店并没有忘记这块土地曾经的主人，能在酒店内看到郑重的藏书楼介绍，这对我而言，称得上是"得未曾有"，更为难得者，写字台上还摆放着一个笔记本，笔记本的名称就叫"黄丕烈藏书楼"。

我立即翻看这个笔记本，看到最末页印着出品方乃是"中锐平江华府"，制作者则是"苏派书房"。我在走入此酒店的大门时，就在其右手边看到了苏派书房的招牌，看来这个笔记本是由那里所制作的，而该笔记

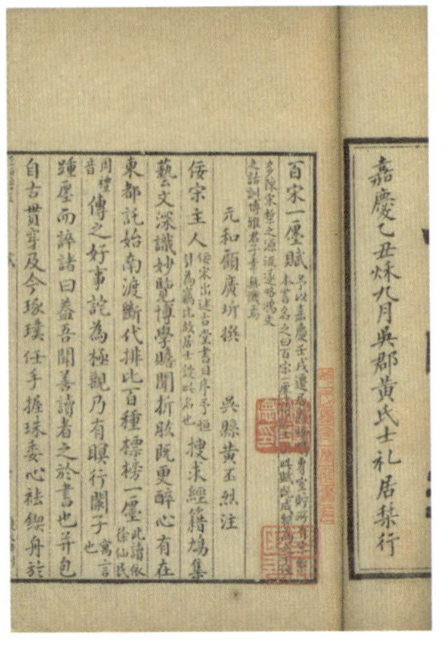
嘉慶乙丑秋九月吳郡黃氏士禮居梓行

百宋一廛賦

元和顧廣圻撰

吳縣黃丕烈注

佞宋主人 搜求經籍爰集

藝文深識妙鑒博學聰聞析肢既更醉心有在

東都託始南渡斷代排比百種標榜一廛

傳之好事說為極覩乃有瞑行闊子

踵廛而辞詰曰蓋吾聞善讀者之於書也并包

自古貫穿及今琢璞任手握珠委心袪鍥舟於

◎《百宋一廛赋》一卷，清嘉庆十年（1805）黄氏士礼居刻本，卷首

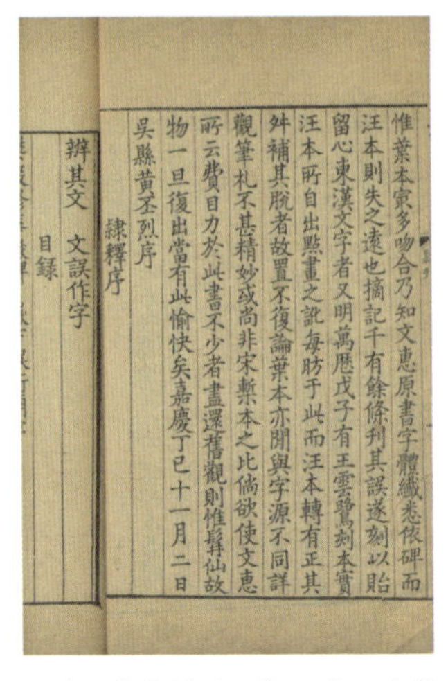
惟葉本實多吻合乃知文惠原書字體纖悉依碑而

汪本則失之遠也摘記千有餘條刊其誤遂刻以貽

留心東漢文字者又明萬歷戊子有王雲鷺刻本實

汪本所自出點畫之訛每肪于此而汪本轉有正其

舛補其脫者故置不復論葉本亦間與字源不同詳

覈筆札不甚精妙或尚非宋槧本之比倘欲使文惠

所云費目力於此書不少者盡還舊觀則惟髯彝仙故

物一旦復出當有此愉快矣嘉慶丁巳十一月二日

吳縣黃丕烈序

隸釋序

辨其文 文誤作字

目錄

◎《汪本隶释刊误》一卷，清嘉庆十年（1805）黄氏士礼居刻本，黄丕烈所撰序言

本的题字乃是出自王稼句先生。这些年来，我跟王稼句多次见面，却从未听他提起过这家酒店的事情，看来他是有意隐瞒，以便让我有着意外相逢的惊喜。果真如他所愿，自打进入这个房间，触目所见均让我感觉这家酒店不忘前贤，由此让我觉得选择住在这家酒店是个正确的决定。

我在房间内还有着另外的惊喜，因为我无意间看到床头柜上摆放着我所写的《古书之爱》，虽然我在各地书店也常常看到自己所出之书，但在所住酒店房间里却是第一次遇到。准确地说，我的第一感受不是惊喜，因为我一瞬间产生了警惕感，似乎走进了别人设下的一个局——这不太可能是巧合，怎么可能我住的房间内就恰好摆着一本我所写的书？细想刚才在总台办入住手续时，那位工作人员是随机给我找的房间，因此不可能是有人提前订好这间房而后摆放上这本书。

我的这个疑问，到第二天早上遇到打扫房间的工作人员时才得以解惑，这位大姐告诉我，酒店内的每个房间里都摆着这本书，看来昨天晚上我的疑惑纯属自作多情，但随即也有了一种小温暖——《古书之爱》专写古书，而这本书竟然摆在了大藏书家黄丕烈故居的旧址之上。这个结果让我大感与有荣焉，我觉得这本小书无论获得怎样的大奖，都不能比拟将它摆放在黄丕烈的故居之上所给我带来的幸福感。

第二天一早，我迫不及待地去参观黄丕烈故居，此时方得知平江华府酒店所盖起的房间乃是丝绸厂的原用地，属于黄丕烈故居的那一部分，他们完全按照古建的方式做了整体的维修与保护。至此，这几年来我对该酒店的误解，变得彻底烟消云散。

酒店的侧旁有一个长廊，从长廊的月亮门走进，就进入了黄丕烈故居的范围。在一面侧墙上，悬挂着手书体的《百宋一廛赋》。在我拍照期间，见到了该酒店的副总朱雪春先生，在朱先生的介绍下，我得以认识该酒店总经理沈春蕾女史。我向沈总直言自己对黄丕烈的偏爱，沈总也很热情地向我讲解着这里的一切，她说该酒店在建造之初就知道这里是黄丕烈的故居，所以在整体格局设计上，把故居的部分按照原来的式样，在原位之上重新翻盖。

◎ 黄丕烈的藏书楼

◎ 黄丕烈故居由此进入

说话间，沈总把我带到了黄丕烈的藏书楼前，这里已经形成了一个独立的小院，我恍惚还记得十几年前到丝绸厂时看到的情形，隐约地感到这座书楼就是我当年所看到的位置。而今书楼的一楼被布置成了宴会厅的模样，我问沈总这里是否可以就餐，她说当然，于是我立即跟她订下了当晚的这个包房，准备在这里宴请苏州的几位书友，至少我觉得能够在黄丕烈的书楼内吃顿饭，这种感受一定不同寻常。

而后沈总带我来到了二楼，在这里当然看不到黄丕烈所藏之书，因为那些藏本已经分散各地，成为了当今各馆的珍藏之物，凡是带有黄丕烈所题只言片语之书，均已成为了国家一级文物，而我的所藏中，仅有两部带有黄丕烈的跋语。如今站在这书楼之上，我无法确认自己所藏的那两部书原来摆放在这座书楼的哪个位置上，因为这里已经没有了当年的书架，而摆在正中位置者，是红木制作的会议桌。沈总告诉我，此楼的房顶所用主料，依然还是当年书楼的旧料。她的这句话让我对这座翻盖之楼又增加了几分的亲切。

◎ 藏书楼一楼情景

◎ 书楼的二层布置成了会议室的模样

参观完书楼，沈总带着我继续探看酒店所恢复的古建。这一带古建是否也属于黄丕烈故居的范畴之内，我却不好确定。沈总称，黄丕烈故居其实后来卖给了潘家，而潘家把这里改为了义庄。虽然如此，他们还是将整个区域修建了起来。跟着朱总和沈总一路参观，一直走到了这处古建的最后一个院落。沈总说，当年黄丕烈故居的正门应该在这一边，但是他们将这侧大门封闭了起来。闻其所言，我向他们提出了不情之请：希望能够打开此门，让我拍到黄丕烈故居的正门。

朱总说当然没问题，然后他从里面摘下了木门上的巨大横杠，用力将门推开。我走出一看，外面是一条窄窄的小巷，从侧牌上得知，这里就是著名的悬桥巷，而黄丕烈在文中常常提到他在这个小巷出出入入。于是我站在小巷内张望一番，眼前恍惚看到黄丕烈带着人从船上搬下他所买之书，匆匆忙忙地穿过这条小巷，将书搬入我刚刚看到的这个院落。

其实黄丕烈原本并不住在这里，他家远在苏州城南昭明巷，乾隆六十年（1795）六月二十日晚上，黄家意外失火，家中的财物大多被烧毁，然而他所藏之书却未被波及，这个结果堪称奇迹，看来爱书之人果然有神仙护持。但火后的房屋损坏严重，于是就在失火后的第二年，黄家搬到了城西的王洗马巷，黄丕烈在这里建造了个花园，他将此园的名称起为“荛圃”，而“荛圃”也成为了他著名的字号。

当年的苏州城西是著名的富人区。黄丕烈家境不错，虽然因火灾损失了一些钱财，但毕竟家中还有一定的实力，比如他的表哥石韫玉就因为家中缺钱，把房屋抵押给了黄家。但是王洗马巷这一带却没有什么书店，黄丕烈访书就要跑到城东，这让他感到颇为不便，他在《雁门集》跋语中写到：“东城多故家，故家多古书，古书时有散出者，东城之坊间为易收，亦为东城之人所易得，盖搜访便也。”

这种情形让爱书如命的黄丕烈当然不惬意，于是他就在城东选房，而后买下了悬桥巷这处宅院，因为从悬桥巷走到旧书集散地玄妙观一带，不过十分钟的距离。由此可知，黄丕烈搬离富人区，来到了悬桥巷，就是为了访书方便，可见他的爱书到了何种程度。

然而他的痴迷并不能得到当时世人的理解，按照社会的陋俗，藏古书会泄露天机，所以有可能受到天谴，黄丕烈在《茅亭客话》跋中也称："俗人以余好收古书，动以泄天地奇秘为戒。"

群众的呼声也并非空穴来风，因为在嘉庆九年(1804)，黄丕烈的大儿子因病去世，而当年的九月下旬，黄丕烈的哥哥又去世了，为此很多人都劝他不要再收藏古书，但黄不为所动。到了嘉庆十一年(1806)冬，黄丕烈本人也得了重病，有人又说这是他多藏古书的结果。对于这件事，他的好友顾千里在《复翁诗一百卅六韵》中写到：

亲戚相与兴谤讪，谓翁致此别有以。

虚空有物曰造物，其所深忌在书史。

满家每诧希世珍，一一均堪颠踬使。

更苏勿药神助之，此论纷纷罔少止。

◎ 第二进庭院

黄丕烈的难得之处就是不受这些议论的干扰，他并没有停止自己的藏书活动。到了嘉庆十一年（1806）底，他的病自然痊愈了，可见那些流言蜚语并没啥道理。大病初愈后的黄丕烈也很高兴，于是给自己起了个新的别号，叫“复翁”，流传至今的黄跋本，其中不少都有这个落款，由此可知，凡是带有这个落款的，都是他在嘉庆十一年（1806）底之后所收，而在我的藏本中，其中一部就是如此。

黄丕烈在藏书史上的创见之一，就是他所举办的祭书活动。虽然在他之前也有人搞过，比如翁方纲得到了宋刻本的《施顾注苏诗》之后，每年在东坡生日这一天就会搞祭奠活动，祭奠之时也会把这部宋刻本拿出来，但翁方纲祭奠的目的是为了纪念苏东坡，并不是因为书本身。

专为书而进行祭奠者，黄丕烈是第一个。沈士元在《祭书图说》中称：“夫祭之为典，巨且博矣！世传贾岛于岁终举一年所得诗祭之，未闻有祭书者。祭之，自绍甫始。”看来，早在唐代的贾岛曾经有过祭诗之举，但贾岛祭奠的是自己的作品，而黄丕烈举办的祭书活动则不同，他是在每年的除夕邀请一帮朋友，而后拿出自己的一些好书来共同欣赏，同时作诗唱和，这样的风雅而今已成绝响。

沈春蕾在聊天时告诉我，近两年苏州也在举办晒书活动，但我觉得这个活动若放在黄丕烈故居内举行才更有意义，于是我跟沈总提出可否在一个合适的时机，在黄丕烈生日的那一天，在其藏书楼内举办祭书会，以此来接续上黄丕烈所发明的这种风雅？沈总对我的提议大为赞同，她命我去联络相关的朋友，以便恢复这个有意义的活动。

黄丕烈对后世的影响，更多者是他的藏书观念，比如他把宋刻本看得特别重要，他认为：“凡古书，翻刻不如原刻，明刻不如宋刻。”（《齐民要术十卷（校本）》题记）为此，他被人目之为“佞宋”，因为他强调：“可见书以最先者为佳，真确论也。”（《耕学斋诗集十二卷（旧钞本）》跋）

其实这仅是他藏书观的一个方面，他也并不认为所有的宋本都是好书，比如他认为有些明刻本不一定比宋元本差，他在明刻本《栟榈集》跋语中称：“书有不必宋、元旧刻而亦足珍者，此种是也。……向以书必刻本为胜，观此益信，勿谓明刻不足重也。”

对于明刻本，黄丕烈最重明初黑口本以及明铜活字本：“古书自宋元板刻而外，其最可信者，莫如铜板活字，盖所据皆旧本，刻亦在先也。诸书中有会通馆、兰雪堂、锡山安氏等名目，皆活字本也。”（《开元天宝遗事二卷（铜活字本）》跋）

除此之外，他还认为旧钞本最为重要：“大凡书籍，安得尽有宋刻而读之？无宋刻，则旧钞贵矣！旧钞而出自名家所藏，则尤贵矣！”（《李群玉诗集三卷后集五卷（校明钞本）》跋）

黄丕烈有很多的藏书观念都受到了后世的遵奉，而这也正是他在藏书史上有着重要地位的主要原因。他能买到那么多的好书，这跟他家的经济实力当然有很大的关系。然而自从失火之后黄家渐渐地衰落了下来，黄丕烈的藏书也只能靠以书养书的方式，边买边卖，而他的这个举措遭到了后世的诟病。

其实古书本来就是商品，有卖才有买，他的这些行为也没什么可指摘之处，并且黄丕烈本人也从不认为他的买书卖书有什么不好，因为他把这些过程全部写入了书跋之中，他甚至将买卖的价格也一并写入，如果他认为这是不光彩之事，也就不可能这么做。而我们今天读到他所写的书跋，能够清晰地感受到黄丕烈对古书有着怎样强烈的感情。

虽然如此，黄丕烈也有着自己的精明，比如他在宋刻本《历代纪年十卷》的跋文中写道：

初，书友以此书求售，亦知其为宋刻，需值二十金。余曰：“此书诚哉宋刻，且系钱遵王所藏，然残缺污损，究为瑜不掩瑕。以青蚨四金易之，可乎？”书友亦以余言为不谬，遂交易而退。

黄丕烈讨价还价的本领实在令我佩服。对方开价 20 两，他居然能

◎ 打开了正门

还到4两，竟然还能成交，于今而言，这几乎是没可能的事情，在旧书店内能够打七折已经是烧高香的结果了。但也正是如此，才使得黄丕烈得到了更多的古书，而后他通过对古书的研究及收藏，最终成了中国古代首屈一指的大藏书家之一。

但不知为什么，洪亮吉对黄丕烈的评价却不那么高，洪在《北江诗话》一书中把藏书家分为了五等，然后把黄丕烈放在了第四等，而这第四等是：

次则第求精椠，独嗜宋刻，作者之旨意纵未尽窥，而刻书之年月最所深悉，是谓赏鉴家，如吴门之黄主事丕烈、乌镇鲍处士廷博诸人是也。

洪亮吉称，这"第四等"可以称之为赏鉴家，而赏鉴家最爱宋版，但是他们并没有真正对书的内容做深入研究。显然这种说法有贬斥之嫌。洪为什么如此贬抑黄呢，后世有着不同的解读。其实他们两人还是不错的朋友，嘉庆四年（1799）八月，洪亮吉因为批评朝政而被流放伊犁，第二年四月遇赦还家，有一度住在了苏州虎丘附近，黄丕烈还专门去探望他，此后的几年，二人还有着诗词唱和等交往。

既然如此，洪亮吉为什么这样来评价黄丕烈呢？姚伯岳认为，洪亮吉并无贬斥之意，这只是一种说法，其实从历史记录来看，黄丕烈绝不仅仅是书皮子学问，他对很多古籍内容都有着深入的研究，只是他把更多的精力放在了研究书的形式方面，正如王芑孙在《黄荛圃陶陶室记》中所言：

荛圃非惟好之，实能读之，于其板本之后先，篇第之多寡，音训之异同，字画之增损，及其授受源流，翻摹本末，下至行幅之疏密广狭，装缀之精粗敝好，莫不心营目识，条分缕析。

古代流传后世的书籍，各有专家在内容上进行深入探讨与研究，而黄丕烈专在版本方面下工夫，这正是他的独特价值所在，绝不能认为研究版本的人就比研究内容者要低。但洪亮吉的这种五分法对后世影响太大了，以至于后来的学者多对黄丕烈有所批评。

◎ 黄丕烈故居正门

1938年，余嘉锡在给傅增湘《藏园群书题记》一书的序言中，对黄丕烈做了这样的评价：

如黄荛圃者，尤以佞宋沾沾自喜，群推为藏书大家，而其所作题跋，第侈陈所得宋、元本楮墨之精，装潢之美，索价几何，酬值几许，费银几两，钱几缗。言之津津，若有余味，颇类卖绢牙郎。至于此书何为而作，板本之可资考证者安在，文字之可供雠校者谓何，则不能知也。故其所谓《荛圃藏书题识》者，仅可以考百宋一廛散出之书，于学子实无所益。岂惟远逊晁、陈，即持较《通志·艺文略》、《国史经籍志》之杂抄书目者，亦尚不及也。

看来，余嘉锡对黄丕烈的跋语很不以为然，认为黄只是看重宋元本，还喜欢把书价写入跋语之中，这些记载对版本考证有什么价值呢？其实换一个角度来说，黄丕烈的这种所为也正是其价值所在：历史上那么多写书跋的人，而在黄丕烈之前，极少有人会把这些琐事记录在书跋之中，如果不是黄丕烈的这些记载，这么多有关古籍的细节信息将不可能被后世了解到。好在有那么多的黄跋存世，而他所书跋语又如此受到后世的看重，仅凭这个现实，就足以说明，黄丕烈的这些特殊贡献受到了后世的高度肯定。

当天晚上，我在黄丕烈的书楼之内见到了卜若愚、马骥、李军等多位朋友，我们在这里高谈阔论，畅想着书业的美好未来，大家纷纷响应我的提议，那就是一定要在这里举办祭书活动。说到兴奋之处时，马骥兄竟然唱了一段京剧，按照官方说法，他把今晚的聚会"推向了高潮"，而众人期待着在高潮之后还有高潮，要把这种风雅接续起来再延续下去，让更多人的感受到：藏书、爱书是何等的美妙！

潘世恩·芝轩

贵潘首元，子孙富藏

潘世恩（1769—1854）

清江苏吴县人，初名世辅，字槐堂，号芝轩。乾隆五十八年（1793）状元。授修撰。嘉庆间历侍读、侍讲学士、户部尚书。道光间至武英殿大学士。充上书房总师傅，进太傅。卒谥文恭。有《思补斋集》等。

苏州“贵潘”的第一位金榜题名的人物乃是潘奕隽，他在乾隆二十五年（1760）中举，乾隆三十四年（1769）成进士。潘奕隽兄弟三人，其为长兄，他的二弟潘奕藻在乾隆四十九年（1784）考中进士，三弟潘奕基在考试方面没有什么成就，仅是位府贡生，然而他的儿子潘世恩却在乾隆五十八年（1793）考中了状元，这位潘世恩不只是考试好，仕途也很好，他在朝中为官，历事乾隆、嘉庆、道光、咸丰四朝，一直做到了武英殿大学士，而这实际上是宰相之位，可谓位极人臣，因此“贵潘”之名应当是本自潘世恩。

关于潘世恩的生平事迹，《清史列传》卷四十有着几千字的详细记载，从嘉庆三年（1798）皇帝给他写的硃批即可看出，嘉庆帝对年轻的潘世恩颇为期许：“少年得进崇阶，又系鼎甲，宜爱惜声名，切勿恣志。前程远大，莫贪小利。秉此寸忱，以匡朝政。勉之慎之！”

也许正因为朝廷对他有着很高的期许，潘世恩在各个部门频繁调动，增加历练，而早期所任职务有不少都跟书有着密切的关系。《清史列传》中载：

七年，回京，历署兵部左、右侍郎，寻调兵部右侍郎，兼署户部左侍郎。八年四月，以续行缮办《四库全书》，命偕礼部尚书纪昀等经理。七月，充教习庶吉士。八月，以兵部题本内抬写错误，部议褫职，上加恩改为留任。九年正月，上御重华宫茶宴，世恩恭和御制诗章，赏如意、荷包等件。旋署户部左侍郎。二月，上幸翰林院，赐宴联句，世恩恭和御制诗章，颁《御制味余书屋全集》，及诸珍绮赐之。

嘉庆八年（1803），潘世恩跟着纪晓岚在办理完善《四库全书》之事，但某次他在题写公文时，发生了格式上的错误，按规定应该被免职，但嘉庆帝却将其改为留任。两年后，在皇帝的某次宴请上，潘世恩唱和的诗章受到了皇帝的赏识，他为此得到了赏赐，而后又因为诗章作得好，皇帝赏赐了他一套殿版书。

自嘉庆十二年（1807）后，潘世恩的官越做越大，《清史列传》载：“十二年，回京，署户部右侍郎。九月，充教习庶吉士。十一月，充续办《四库全书》总裁、《文颖》馆总裁。十三年三月，署翰林院掌院学士、殿试读卷官、朝考阅卷官、考试试差阅卷大臣。六月，署刑部左侍郎。七月，署户部右侍郎。八月，充顺天乡试副考官。十二月，复署户部右侍郎。十四年二月，以文颖馆《全书》告成，赏加二级。三月，署刑部右侍郎。四月，充朝考阅卷官。五月，命查三库。闰七月，署户部右侍郎。十五年六月，复署户部右侍郎。八月，提督江西学政。十七年，召来京，擢工部尚书。十八年九月，调户部尚书，仍署工部尚书，旋署吏部尚书。十二月，充经延讲官。十九年二月，署武英殿总裁，旋以《全唐文》缮刊告成，三月，复署吏部尚书。四月，充庶吉士散馆阅卷大臣。五月，充国史馆总裁，复署武英殿总裁。”

由以上记载可知，潘世恩在朝中的职务始终和文苑相关，曾经先后担任续办《四库全书》总裁、国史馆总裁、武英殿总裁等等。到了嘉庆

◎潘世恩《读史镜古编》三十二卷，清道光四年（1824）凤池园刻本，书牌

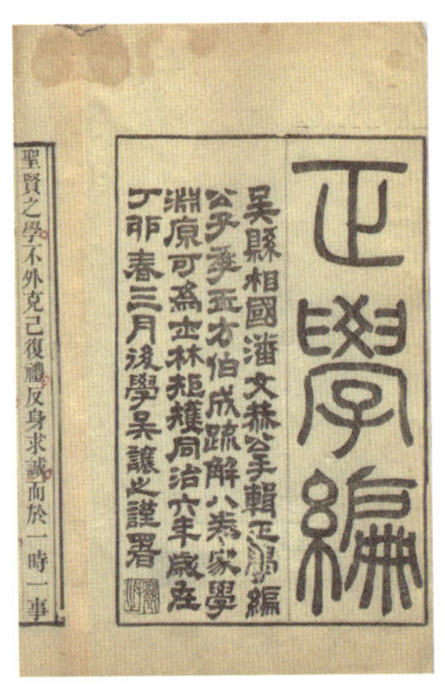

◎潘世恩撰《正学编》八卷，清同治六年（1867）刻本，书牌

十九年（1814），潘世恩的母亲去世，于是他返回了家乡守丧。两年之后，不知什么原因，他却没有按例返回朝中任职，而是给皇帝写了封奏折主动提出退休，理由是父亲年纪大了，他要在家中陪伴。潘世恩有着这样的退休理由，皇帝当然不好批驳，只好同意了，并且对他的孝行鼓励了几句。但这件事终究令嘉庆帝不高兴，《清史列传》载："二十一年，服阕，未回京，即以父年老，具折告养，硃批：'忠孝二字，不可歧视。知所先后，则近道矣。'复谕曰：'潘世恩奏请终养，又因伊子中式举人，具折谢恩。伊系一品大员，自应亲身来京具折陈谢，即因伊父年逾七旬，欲求终养，于到京召见时，据实陈情，朕必俯允所请。今伊折内祗云体察伊父精神，迥不如前，并非疾病沉笃，刻不可离。潘世恩来京往返不过月余，反惮于跋涉，轻率陈情，殊乖人臣之义。着降为侍郎，准其终养。俟养亲事毕来京，以侍郎补用'。"

皇帝当然不便因孝道而惩罚大臣，但找别的茬儿自然不会有什么难度。嘉庆帝找茬儿的理由似乎有些牵强，他说潘世恩的儿子考中了举人，他只写了一封谢恩折，却没有亲自来京表达谢意，而他要求退休的理由，只是感觉到其父精神状态有些不好，并不是父亲已经得了重病，也就是说潘世恩没有足够的理由不亲自来京谢恩，因为从苏州往返北京的路途也就一个多月，离开这么短的时间，其父应该也没有问题，而潘世恩却嫌旅途劳顿，不肯进京谢恩，这样的工作态度当然要予以惩处。于是皇帝对潘世恩予以了降职处分，但同时也批准他在家陪父，等父亲的事情了结后再让他入京任职。

看来嘉庆帝也只是想教训一下潘世恩，以便培养他能够担当起重任，果然没多久潘世恩就官复原职。进入道光朝，新皇帝仍然对潘世恩予以重用，更为难得者，在道光十四年（1834），皇帝命他任军机大臣，同时在圆明园赏赐了一套别墅给他，这样的赏赐极其罕见，可见皇帝对他十分地重用。然而从相应的记载来看，潘世恩在工作方面未曾做出大的业绩，因此后世大多把他视为太平宰相。

虽然没有十分耀眼的政绩，但潘世恩举荐过不少重要的人物，《清史列传》中载："（道光）三十年三月，应上登极求贤诏，保举在任、在籍人员，首以告病在籍前任云贵总督林则徐历任封疆，有体有用，所居民乐，所去民思，奏请征召来京，以备简用；并保前任福建台湾道姚莹等。"原来林则徐再次被启用，正是潘世恩所举荐，而早在此十年之前，也是因为潘世恩的支持，林则徐才能够有所作为："（道光二十年）时两广总督林则徐等议复御史骆秉章条陈洋务，并奏筹章程五条，上命军机大臣议奏。世恩等疏言：'招来之道，得其情而后可以服其心；而制驭之方，峻其防而后可以袪其弊。未有内治不严，而能使外夷畏威奉法者也。该督等所议定章程五条，或为变通旧例，或循守成规。通商所以裕民，贵兴利而除弊；抚近即以柔远，在因时而制宜。应如所请，行之以实，持之以恒，则夷情悦服而海防肃清矣。'允之。"

如果没有潘世恩的支持，少了林则徐这个人物，中国近代史恐怕是另一番面目，仅凭这一点就可看出，潘世恩对于晚清政局有着重大影响。然而正是政坛上的影响，盖过了他的藏书事迹，我所查到的史料均未提到他的具体藏书事迹。他在为官之余还写下了许多的著作，根据《江苏艺文志·苏州卷》所载，潘世恩所作及所辑的著作有如下之多："《钦定续纂外藩蒙古回部王公表》十二卷、《熙朝宰辅录》二卷、《思补老人自订年谱》一卷、《使滇日记》一卷、《潘世恩日记》不分卷、《读史镜古编》三十二卷、《读史随笔》不分卷、《古史辑要》六卷、《正学编》八卷、《潘文恭公遗训》一卷、《思补斋笔记》八卷、《思补斋笔记续编》一卷、《消暑随笔》四卷、《有真意斋文集》二卷、《思补斋诗集》六卷、《感旧诗》一卷、《思补堂文钞诗稿附杂录》三卷、《有真意斋诗集》不分卷、《玉堂鸣盛集附补编》五卷、《兰陔絜养图咏》一卷、《家庆图咏》一卷、《岁朝赏菊诗》二卷、《重游泮水诗》一卷、《二十台诗》二卷、《藤花厅偶吟草》及《清颂堂丛书》

七种五十三卷等。”除以上这些之外，李贵连之《硕望耆臣，因以自在——潘世恩〈律赋正宗〉论析》又称，潘世恩编纂的著作另有《钦定户部漕运全书》九十二卷和《律赋正宗》二卷等。

潘世恩编纂有这么多的著作，除了他给宫中所编之书外，他个人的作品也很多，由此推论，潘世恩应当有不少的参考书，否则他难以写出《读史镜古编》《读史随笔》和《古史辑要》这类书。

潘世恩所编纂的著作以《律赋正宗》较受后世所关注，关于何为律赋，李贵连在其文中称：“后世因称限制立意及韵脚的命题赋为律赋。”律赋是科举考试的产物，隋文帝时科举考试就已经包括了诗赋，然而那时的赋并没有限韵，到了唐代，进士科考开始对诗赋有了韵律上的限定，以此来增加考试的难度。

进入宋代，律赋的要求比唐代更为严格，许多名人高官都是写律赋的高手，比如范仲淹就现存律赋三十五篇。然而到了元代和明代，科举考试不再考律赋，而仅由馆阁试赋，因此律赋就渐渐地衰微了下来。进入清代，律赋再次受到重视，而这也正是潘世恩辑选评点《律赋正宗》的原因。他在道光元年（1821）为该书所写的序言中称：“余始学为诗赋，辄就选择为家塾课本，凡唐赋四十八篇，宋赋六篇。又念六朝诸家以庾子山为大宗，为律赋之所自出，因附于后。虽所登颇隘而胜致略备。至其兴会标举，体裁明密，休文所称实有兼擅。自应童试，尝用究心。洎登馆职及奉命校士，教习庶常，所由商榷古今。而是经是程者，未尝不出于此。夫绳墨之陈，百工之所同肄也。津梁之利，非一人所得私也。爰付梓人，公诸同好。至于闳博瑰异，恢张而润色之，所谓尺泽之水必有演迤于无涯者，将以俟之印浦云尔。”

可见《律赋正宗》乃是潘世恩所编的一本关于最佳律赋的书。由这点也可旁证潘世恩应当藏有不少相应的书，否则他难以找到编纂该书所用的底本，而更为难得的是《律赋正宗》一书在目录后附有《论赋十七则》,这十七则乃是前人或者潘世恩本人对于如何写好律赋所总结出的经验。比如:“四六太多,则转运不灵。唐人每段多不过两联,盖每段必有精神团结之处。前只淡淡着笔,越显出此处妙来,此亦疏密相间之法。至换韵处,务在点清作意,俱不用四六。至宋人间有用之者,以大气行之,固不觉其拖沓。然究当以唐人为法。”

难怪潘世恩能够考中状元,原来他在写律赋时也总结出了那么多的技巧与经验,还能把自己的这些经验写成书,以便让更多的学子掌握这门技巧,可见他是一位心胸开阔之人。

除此之外,还有一部书可证潘世恩搜集到了不少的历史典籍。他曾编辑过一部《熙朝宰辅录》,关于该书的内容,胡玉缙在其所撰《许庼经籍题跋》称:“是编记有清顺治以来宰辅,至道光十八年止,分满、汉为二类,满人始苏纳,讫伊里布,凡六十八人;汉人始范文程,讫汤金钊,凡一百一人。”

由此可知,这是一部高官事迹录,要编辑出这样的书当然需要具备大量的资料。不过,胡玉缙却认为该书有可能是他人的代笔,究竟实况如何,也只能任后世猜测了。

虽然潘世恩的藏书事迹未见有直接记载,然而他的子孙却有多人在收藏方面很有成就。比如他的长子潘曾沂曾经想修建一座大的藏书楼,可惜此楼还未曾建成就毁于火灾。潘祖年在《拙速诗存》中有这样的诗句:“绝怜野竹山房稿,早共图书付劫灰。”此句诗后的小注则称:“先伯父小浮山人拟建藏书楼,嘉惠里中,后进积图书充数栋,庚申前,已为丙丁摄去。”

潘世恩的孙子潘祖荫,乃是清晚期著名的收藏大家。郑伟章在《文献家通考》中夸赞潘祖荫说:“图书金石之富,甲于天下。”郑先生的这句赞誉,应当是本自叶昌炽在《藏书纪事诗》卷六中的所言:“潘文勤师,图书金石之富,甲于吴下,其藏书印曰‘八求精舍’,曰‘龙威洞天’,曰‘分

◎ 大门入口处

廛百宋，逡架千元’。癸未奉讳归吴，延昌炽馆于滂喜斋，尽窥帐秘。宋刻《金石录》十卷，即《敏求记》所称冯研祥家本。宋刻《白氏文集》残本、《后村先生集》残本、《葛归愚集》、《淮海居士长短句》，皆士礼旧藏。北宋本《广韵》，则泽存张氏所刊祖本也。其他高编大册，断璧零缣，皆世间希有之秘”。

潘祖荫藏书质量之高，堪称他那个时代的翘楚。到了现当代，潘世恩的后人以藏书家名世者，则有宝山楼主人潘承厚和潘承弼。他们兄弟二人总计藏书达到了三十余万卷，可惜这些珍藏在抗日战争期间损失太半。虽然如此，还是有很多珍本留传了下来。六七年前，沈津先生带我前往潘承弼女儿家，在其家中我仍然看到了一书橱的潘承弼旧藏。我将这些书翻阅一过，其中有不少都有潘先生的批语。好在这些年来，我也陆续买到了一些潘家人的旧藏，遗憾的是未曾得到潘世恩的批校本。

无论从哪个角度来说，苏州的“贵潘”都可称为藏书世家。而想要出现这样的辉煌，必须具备相应的条件，郑伟章先生在《书林丛考》中列出了具体的条件："要成为一个著名藏书家，必须具备几方面的条件：一是要有优厚的经济条件；二是要有藏书的传统，即所谓'书香门第'；三是要有较高的学术、文化素养；四是要有藏书嗜好；五是本人要有较高的社会地位，交游甚广，闻见甚博。有此五条，方可堪成藏书之家。"

这等苛刻的条件，有几个家族能够达得到呢？而这也正是苏州"贵潘"的可贵之处。

潘世恩故居位于苏州市姑苏区临顿路钮家巷3号，这是我第三次来到该故居的门口。十几年前，江澄波老先生第一次带着我来到此故居，当时这个故居的名称叫"纱帽厅"。由此名称可知，此厅只是当年潘世恩故居的一个厅堂而已。当时走入此厅，里面有不少的老年人打牌喝茶聊天，该处成了老年活动中心。而江先生则向我指点着此厅的梁柱，他说此厅的结构直到今天还是当年的原貌。

第二次来到纱帽厅已是十年后的事情，旧地重游的原因倒不是为了重新拍照，一个巧合的原因，则是江先生的"文学山房旧书店"开在了潘

◎ 苏州历代状元简介

世恩故居的斜对面。我来到文学山房选购了一些书籍，而后又聊到了纱帽厅，江先生告诉我，潘世恩故居正在维修改造过程中，不知道何时才能开放。站在门口望过去，这处故居果真大门已经封闭了起来，当时很担心这里又被建成会所。

2017 年 6 月，受苏州慢书房之邀，我前来该店举办新书分享会。而我为了寻访，特意早一天来到了苏州，于是第三次走到了潘世恩故居的门口。

那天乘车来到钮家巷，司机却把我带到了一个破烂院子的门口，这个院落有两扇施工人员制作的简易大铁门，我来到门前时恰好大门敞开着，向内望一眼，我觉得这里就是当时我所看到的纱帽厅的位置。于是我让司机把车停到了院内，该院的左侧修建起了新的围墙，右侧依然是破烂的院落。院中堆放着的条石十分粗大，显然这是高门大户所用之物。看来潘世恩故居直到今日还没有修建完好，我也只能拍拍这里的残垣断壁。

然而我却好奇于左侧建起的仿古建筑，我猜想是不是已经将潘世恩故居恢复起来了一部分。走出施工院落，来到了路边，眼前所见却是一家咖啡厅，这个结果难免让我失望。我本想进咖啡厅内打问，这处恢复起来的古建是不是潘世恩故居的一部分，却又无意间看到咖啡厅隔壁恢复起来的一个新的仿古院落，这个院落大门敞开着，匾额上写着“苏州状元博物馆”。潘世恩就是苏州著名的状元，这个博物馆内一定会有他的史料，因此打听潘世恩故居的修复情况，进这里面显然比进咖啡厅更有可能性。于是我就走入了这家博物馆。

博物馆免费参观，还未入门我就看到了旁边的文保牌，上面写着“潘世恩宅”。见此大喜，原来这个博物馆就是开办在潘世恩故居内，这可真是得来全不费功夫。而文保牌的上面还有苏州市特有的木制名人故居介绍牌，此牌上写着：

潘世恩故居

潘世恩(1769—1854),字槐堂,号芝轩,苏州人。故居原为康熙时河南巡抚顾氏宅园的一部分,潘世恩买下后扩建为宅,厅额“留余堂”,曾为太平天国英王行宫。现存住宅三路四进,中路第三进大厅即留余堂,此外还有砖刻门楼、纱帽厅等建筑。

看来我曾经参观过的纱帽厅果真就在这里面,一分钟前我还以为古老的纱帽厅又被拆旧建新了,原来它已经包裹在了里面。

关于潘世恩故居的来由,《平江区志》中引用过一段当地的民间传说:“潘世恩原住大儒巷(玄妙观北,后来的端善堂潘镒芬故居),相传他高中状元后,被皇帝接见,曾六下江南的乾隆皇帝问他:家居苏州何处?接着又问:住在苏州玄妙观的哪个方位?当时年仅二十四五岁的他一时惶恐,误说成了‘苏州玄妙观南’。”

既然慌乱间在皇帝面前说错了话,那也只能将错就错,否则就有了欺君之嫌,潘世恩立即让家人在苏州购买玄妙观南侧的院落,而后就买

◎ 在咖啡厅的侧边看到一处古建筑

◎ 第二进院落的正堂

◎ 木雕保留如此完好

◎ 门前千竿竹，家藏万卷书

◎ 看来这里当年收藏着皇帝赏赐之书

下了河南巡抚顾氏宅院的一部分。

而今的潘世恩故居虽然只修缮出了其中的一部分,但也足可看出当年的辉煌。尹占群编著《苏州近现代名人及遗迹》一书中在谈到潘世恩故居时称:

潘世恩故居“留余堂”,位于钮家巷3号,旧称“太傅第”。后部凤池园已废,前部住宅尚保持原三落布局,但由六进缩为门厅、轿厅、大厅、内厅四进,约占地2135平方米,是一座保存尚较完整的清代古宅。主落大厅“留余堂”为楠木结构,前架船蓬轩,内四界扁作梁架,梁托棹木形如帽翅。西落第二进为鸳鸯厅,雕工精细。第三进平面似古官帽,俗称“纱帽厅”,面阔三间10米,进深11.3米,装修精工。太平天国英王陈玉成来苏会见忠王李秀成时曾在此居留数日。1963年,潘世恩故居被列为苏州市文物保护单位,1982年数度维修。2006年6月被公布为江苏省文物保护单位。

由这段描述可知,这段文字写于创建苏州状元博物馆之前,但由此也说明了,这处古建是留存至今较为完好者。我在此参观了三进院落,每个厅堂内都陈列着许多跟状元有关的实物,一些展厅内还摆放着清代的老刻本,虽然书的品相一般,但的确是真物,看到古书总能让我眼前一亮。在这里还陈列了几份进士考卷,可惜没有状元卷,这么多年来我只在山东看到过一份状元卷,可见这样的考卷留传是何等之稀少。

在这些恢复起的厅堂内,有一间布置成了书房的模样,书房内仅摆放着两架线装书,虽然数量不多,但足以娱目。可惜书房前拉着隔离线,无法入内翻阅这些书。

苏州状元博物馆的展品布置颇为用心,在这里不但看到了许多的状元墨迹,更为重要者,还能让参观者了解到古代科举考试的程序,望着那张表格,一位读书人从蒙童变为状元,要经过那么多的阶梯,而我对潘世恩的本领顿时又增添了几分崇敬。

吴云·二百兰亭斋

首重考藏，旧匾无踪

吴云（1811—1883）

清浙江归安人，字少甫，号平斋，又号愉庭，晚号退楼主人。道光诸生，屡试皆困，援例任常熟通判，历知宝山、镇江，咸丰间总理江北大营营务以筹军饷，擢苏州知府。嗜金石。有《二百兰亭斋金石记》《两罍轩彝器图释》等。

虽然时令已经到了深冬，但处在江南的苏州，以我的感觉，依然是春和日丽。今日的寻访当然少不了马骥先生，他虽然正忙着搞审计，但还是挤出时间陪我转了大半天。一同寻访者还有宣晔先生及百合女史，四人走在苏州的小巷之内，一路上说说笑笑，真能感觉到时光的美好。

在前往俞樾故居时，路过吴云的听枫园，我跟众人讲起曾经三访此地而仅得入内一次的经过，后来我查资料得知，仅那唯一一次的入内参观也仅是看了前院，并未看到平斋及后花园。马骥闻言后立即称，他在这里有熟人，等我们参观完曲园后，一定要返回来让我入内看个够。

十几年来的苏州寻访，给我帮助最多的苏州人有三位，一是江澄波老先生，二是黄舰先生，第三位当然就是马骥兄。这些年来，我到苏州无数趟，每次都会打扰到他们其中的一位，而三人的特色各不相同：江老先生主要是动用一些文化部门的关系；黄舰兄因为跟苏州收藏界有较为密切的关系，所以他带我寻访之时，主要是找一些藏家及相关的研究者；马骥先生给予我的帮助则较为特别，因为马先生在当地人脉关系较广，为我寻访提供了很多方便，所以他今日说能在这里找到熟人，我的心也十分笃定：他说肯定能进去，那当然就是铁定的事实了。

但有些事情越是认为没问题，反而越容易出现意外，而“意外”这个词当然指的是未曾想到，今日的吴云故居寻访也是如此。我等参观完曲园跟着马兄返回到听枫园时，这里依然大门紧闭，一番用力的敲门，从里面走出了一位颇为健壮的工作人员，此人一脸的严肃。面对此景，我立即判断出今日的听枫园参观恐怕没那么容易。果真，此人听闻到我等的要求时，他干脆利落地一口回绝。于是马兄祭出他的“杀手锏”，提到了这里的一位负责人，然而没想到的是，这位工作人员说该负责人在此前已经调离，那言外之意是：县官不如现管，你现在提这位负责人没用。

这个结果显然马骥没有想到，情景变得颇为尴尬。面对此况，我也只能和稀泥，赶快跟马兄说，自己十几年前已经进去看过，既然负责人不在这里了，那我们也就不要再给人家添麻烦了。而在这个过程中，宣晔一直在打电话，我等几人并不知道他在联络什么事情，正当我不抱希望准备转身离去时，从院内又走出了一位工作人员，此人跟阻挡我们的那位耳语了两句，然后说："你们进来吧。" 这个戏剧性的变化令我等摸不着头脑，但既然能够进去，那何必还要探讨是什么原因呢？于是四人道了声 "感谢" 的同时，鱼贯走入了院内。

入院的第一眼就让我有着熟识之感。十几年前，黄舰兄带我来此院参观，就是看了这第一进院落，而院落左手边的一间不大的老屋，就是那著名的两罍轩，当时两罍轩的匾额就悬挂在屋外的门楣之上，今日望过去，房屋式样依旧，唯独那个悬匾之处成了空白。这个变化让我看上去有点儿不顺眼，于是马上问工作人员那块匾额去了哪里，此人颇不以为意地跟我说："前些年整修时摘掉了，不知放到哪里去了。"

两罍轩的匾额对我而言，乃是藏书楼的点睛之处。画龙之所以要点睛，因为只有如此才会使整条龙变得灵动起来。工作人员语言上的不在

◎ 吴云故居

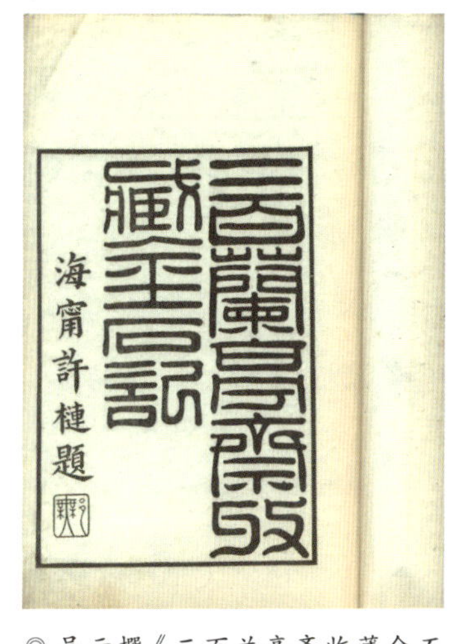

二百蘭亭齋收藏金石記
海甯許槤題

◎吴云撰《二百兰亭斋收藏金石记》书牌

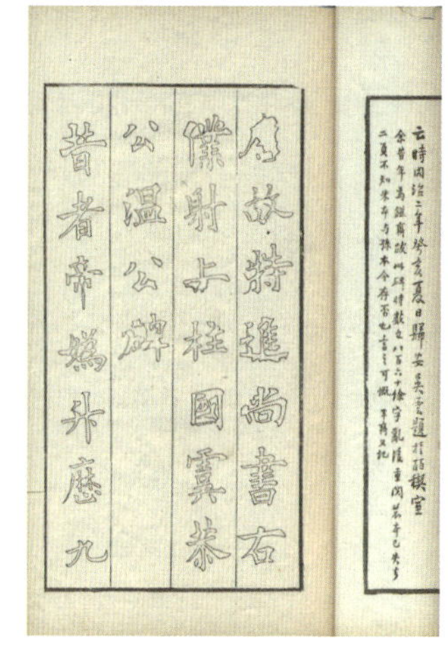

故特進尚書右
僕射上柱國雍恭
公溫公碑
昔者帝嬀升歷 九

◎《二百兰亭斋虞温公碑》卷首

意当然令我不能惬意，于是追问那块匾额放到了哪里。我看到他脸上闪现出了一丝的不高兴，这时站在旁边的宣晔轻轻地拽了一下我的袖子，于是我知趣地闭上了嘴。

虽然是深冬，但院落中的植物茂盛依然，唯有一棵树孤零零地站在那里，已经看不到最后一片落叶，然而此树光秃秃的枝上却挂着星星点点的红色果实。我没有见过这种植物，问百合此为何物，她说是一种柿子。可是这个柿子的个头实在太小，以我的目测，比山西大枣也大不到哪里去，这也引起了我的好奇，于是这位工作人员向我讲解起了这个品种柿子的特殊之处。

终于进入了吴云故居的第二进院落，因为被有关部门占用的原因，这处故居反而保护得十分完好，一些砖雕与木雕的细部没有被砸坏，并且地面的整修也制作得颇为精细。苏州有名的园林对外开放了不少，但保护得如此完好者并不多见。第三进院落则为故居的后花园。后花园的占地面积也不是很大，我感觉约有两亩大小，再加上前面的院落，整个听枫园的面积与其他的苏州园林比起来，算得上是迷你型。

刚才去参观了俞樾的曲园，俞氏旧居的院落乃是长方形，听枫园则感觉近似于正方形，就面积而言，其实两者相差不大。张燕婴整理的《俞樾函札辑证》中有一通俞樾写给吴云的信，俞樾在信中很有意思地将这两处园林做了对比：

昨承惠顾草堂，徘徊曲园。蚁垤之山，蹄涔之水，皆蒙欣赏，甚幸，甚愧。方今吴下诸君子，大治园林花木泉石，极一时之盛。窃愿以“广大”二字归之诸君子，而吾两家分取“精微”二字，公得“精”字，鄙人则得“微”字而已，一笑。

某天，俞樾请吴云参观了自己的曲园，吴云说了不少赞叹的话，吴的这些赞语让俞有些不好意思，于是就给吴写了封信表谢意。俞樾说，如今的苏州的人都喜欢造园子，他们所造的园子都很大，可以将“广大”两个字赠给他们，而自己的曲园和吴云的听枫园则可以用“精微”二字来形容。

俞樾晚年致力于经学，而古文经学的治学特点就是喜欢做窄而深的专题研究，这种研究方式也可称之为“精微”。换句话说，俞樾反对大而无当，他甚至在园林的布置方面也强调这个观念。显然，他的这种强调似乎有自我标榜之嫌，于是他又跟吴云客气地说，虽然两家的庭院特色可以用“精微”二字来概括，但他认为听枫园可以用“精”字来涵盖，而他的曲园只能得一个“微”字了。

而今我在听枫园内四处参观，果真能够感受到俞樾所说的“精”。也正因面积不大，所以这处庭院布置得精致而曲折，称得上是“移步换景”，其中有个半敞开式的小亭，此亭留了一个方形的窗口，由此窗向内望去，里面却是一块玲珑的太湖石及几竿青竹。这种造景方式可谓极其用心。而我细看窗前摆放的供桌，竟然也是一块清代制作的金砖。

在参观的过程中，我始终存着一个疑问：工作人员为什么态度瞬间转变，把我等“请”了进来？我隐隐地觉得这件事应该跟宣晔有关系，于是趁工作人员在前面带路时，我转身问他此事。宣晔只是一笑，而后轻声地跟我说：“我找人跟这里的大领导打了招呼。”这真可谓“东方不亮西方亮”，宣晔仅三十出头的年龄，却有如此深厚的人脉，而其写字的功底也同样不凡，他能以如此的年纪在这两方面都做到游刃有余，这不仅仅可以用“后生可畏”来涵盖了。

在后花园时我还是想确认哪一间房是吴云的书斋——平斋，工作人员说他也不确定，但他认为在后花园里面对假山的正房，应当就是当年的平斋，同时强调里面有领导正在工作，我等不能入内参观拍照。既然如此，我也不能得寸进尺，于是站在门外拍着该房的外观。

可能是我等的喧哗，正房内走出了工作人员所说的领导，而此领导刚一露面，马骥立即上前打招呼，两人当场寒暄了起来。他二人的熟识让那位工作人员摸不着头脑，到此时马骥方称，他已经忘记这位朋友调到此处来当领导了，否则在门口提到这位领导的大名，也就没有了那些的啰嗦。这位领导也颇为开明，听说我要参观吴云的书房，他马上让我入内拍照。这么好的结果，真可谓是“东方西方一起亮”，让我的心情也大感惬意。

这间房屋的面积较大，我估计超过了40平方米，里面布置成了画室兼客厅的模样，而房屋侧墙上悬挂的匾额则写着“听枫山馆”。我不能确定这里是不是当年的平斋，但这块匾额是出自吴作人之手。如此推论起来，此匾乃是后来所书者。

我在拍照的过程中突然听到门口有清脆的问好声，寻声望去，乃是门口悬挂鸟笼中的一只鹩哥。这只鹩哥所说普通话的标准程度，超过了大多数的苏州人。为什么苏州的鹩哥能说标准的普通话？我的好奇令百合不以为然，于是她想用苏州话跟这只鹩哥渔歌互答，没想到无论百合发什么音，这厮有如“徐庶进曹营——一言不发”，这种情形引得众人哈哈大笑。

为了能够拍清后花园的全景，我登上了后院的假山。就眼前所见，听枫园内的这座假山，其堆砌手法显然水平不高，但我从资料上得知，该园在“文革”中已经被砸烂，显然，今日的这些太湖石都是后人重新堆在一起者。我也努力劝自己，凡事要往好处想，能有就比没有强，而刚刚见到的这位领导也认为吴云故居保护得不错，于是我借机向他请教：平斋是哪个房间？他顺手一指告诉我说：“隔壁就是。”

走进平斋，这里已经布置成了会议室的模样，白墙之上既没有悬挂字画，同样也没有匾额，我已然看不出当年的规制，但想一想，吴云曾经跟那么多朋友在这里摩挲古器、探讨学问，那些风雅已然是“风流总被，雨打风吹去”。

对于吴云的收藏爱好，徐珂在《清稗类钞》中称：“归安吴云，字平斋，晚号退楼。笃学考古，至老不疲。考订金石文字，确有依据，一字之疑，穷日夜讨索不置。仪征阮氏、嘉兴张氏、苏州曹氏所藏吉金为东南最，乱后散失，往往于市肆中物色得之，不惜解衣质钱以买，人以拟之于王元美。所著有《两罍轩彝器图释》十二卷、《古铜印存》十二卷、《古官印考》六卷、《考印漫存》（应为《印考漫存》——编者注）九卷、《焦山志》十六卷（应为二十六卷——编者注），《虢季子白盘考》《汉建安弩机考》《虞温公碑考》《华山碑考》各一卷。”

看来，吴云最钟爱者乃是古器物上的金石文字。他为了研究这些文字，努力收购著名的青铜器，而那时藏青铜器最有名的人物是阮元、张廷济、曹载奎等人，太平天国之乱，使得这些重要的收藏都散失了出来，而吴云则尽自己的能力，将这些古器物买回，以至于有人把他比喻成明代的王世贞。但吴云并不仅仅是把这些器物买回来，更重要者，是他写出了一系列的研究著作，从这些作品看，他的研究重点主要在古印、金石及碑刻方面。

对于收藏古印，吴云下了很大的工夫，他在《两罍轩印考漫存自序》

中说过这样一段话：

余喜藏先秦两汉以来古铜玺印，前后积至一千余纽。曾仿昔人编辑印谱之例，将官私各印分类排比，印成十二册，未加考释，但存印文真面而已。内官印二百余纽，颇有为历代官制所未见者，可以补史志之阙。因汰去重复，采取各家考证，参以所见，作《古官印考》六卷。复肖摹印纽于前，而以原印印于后，逐印加以考释。同志皆叹为印谱中创见。印成数十部，丐索一空。

由此可知，吴云藏有秦汉古铜印一千多纽。他经过分类，而后编成了十二册的古铜玺印谱。当时这部印谱仅做了几十部，很快就被朋友都要走了，于是他又再次制作了此谱，可见他在这方面有着持续的爱好。

除此之外，吴云的工夫主要下在了对古器物铭文的考证方面。马文熙、张归璧等编著的《古汉语知识词典》中，录有吴云编著的《两罍轩彝器图识》一书，该文称此书的版本为“同治十一年（1872）自刻”，而后介绍称：“咸丰六年（1856）吴氏著录自藏古器物编为《二百兰亭斋收藏金石记》一书，收彝器三十九件、石刻五件。后删去石刻，增加彝器，增订成本书。共十二卷。收殷器十九件、周器四十件、秦汉以后器五十一件，总计一百一十件。每器均记大小、重量及铭文，并附考释。考释较详尽，用实笔著录图绘花纹，比以前用双钩者逼真。”

此处称吴云在咸丰六年（1856）编有《二百兰亭斋收藏金石记》一书，而后介绍了该书所收之内容及其器物之数量，可见吴云对这些器物有着特别审慎的考证态度。可是刘江所撰《印人轶事》一书中有《吴让之在“两罍轩”，凿冲“抱罍室”》一文，该文中的第二个段落为：

让之住在他家，帮他整理这些所藏文物，并共同研讨，生活虽然过得单调清苦，但兴趣相投，尚过得惬意，有时也为他写一些考古类文章，如《二百兰亭斋收藏金石记》以及《虢季子白盘考》等书稿，戊午年（1858）前后镂板印行，有时也为他刻一些有关的印章。

刘江说,《二百兰亭斋收藏金石记》一书以及《虢季子白盘考》等文,虽然署名是吴云,而实际上是由吴让之代笔者。可惜刘江没有说明这个说法的出处。但是从其他记载看,吴云对古器物铭文的考证的确下了很大的工夫,耿文光所撰《万卷精华楼藏书记》一书中著录有吴云的《二百兰亭斋金石记》三卷,吴著第一卷谈的就是吴云所藏的"齐侯罍":

齐侯罍。首图,器高今尺九寸许,腹围二尺许,重今库平一百五十两余,左右饕餮衔环,一耳小缺。次审定拓本,先篆文,后今文,皆十九行,铭文百六十余字。次跋,有注,中多释文。次阮文达公释文,张氏廷济释文,次阮文达《后歌》,歌后有说。吴氏曰:"云得陈氏庆镛释文二篇,上篇释此器,下篇释苏州曹氏器。前载双钩铭文,考证俱极精确。惟此器文铸腹内,又多剥蚀,捶拓最易失真,必屡拓而互校之,庶少舛误。陈氏铭中字文间与今本不符,兹刻仍依陈氏释,附存鄙见于后。"陈氏曰:"此器盖齐侯朝于王,王为立乐,因报聘于齐,陈氏为作韶乐,祭于庙以迎天子之宾,而行飨礼之事也。"阮氏曰:"余于嘉庆十八年从安邑得此器,藏于家庙,属朱树堂为弼释之,略有异同。"

这段话不但写明了齐侯罍的尺寸,同时也谈到了阮元、张廷济等人对于该器铭文的释文,而吴云对此也有自己的研究态度。由此可知,他在铭文研究方面确实有着自己的见解。

吴云的堂号之一乃是两罍轩,当然他的所得就不止一个齐侯罍,梁颖编校的《吴湖帆文稿》一书中有《丑簃日记》,该日记在 1937 年 4 月 1 日这一天写道:

上午静淑补画牡丹于齐侯女罍,薄暮余补辛夷于齐侯罍,合成对轴。此器昔一为阮文达藏,一为曹秋舫藏,至吴平斋而合归,因颜曰"两罍轩"。今阮氏一器仍在吴氏后人处,而曹氏一器即女罍也,归之宁波周氏矣。

齐侯罍当时有两个,一个在阮元家,另一个则藏在曹载奎家,此两罍

◎ 在第一进院落的花园中，果然看到了枫树

后来都归了吴云，所以他才将自己的堂号起为“两罍轩”。吴湖帆又说，阮元旧藏的那一个仍然藏在吴云后人家中，而曹载奎藏的那一个后来归了周湘云。吴湖帆同时说曹载奎藏的那个齐侯罍名叫“女罍”，但是2012年3月的《收藏快报》上载有孙迎庆所撰的《金石家吴云和他的两件“齐侯宝罍”》一文中有如下一个段落：

齐侯罍为周代青铜名器，亦称齐侯女壶。周代齐景公有女孟姜，嫁给陈桓子名叫无宇的为妻，后来孟姜死了，景公为纪念女儿，造了这个酒器送给陈桓子和他儿子，又称为“齐孟姜壶”。当年阮元获此罍后，玩之最久，绘图刻石一再考释，继以歌咏，珍为大宝，一时海内知名之士如许印林、龚定庵、吴子苾、朱椒堂、张叔未、何子贞诸公各有释文。齐侯罍归吴云后，颜其居曰“抱罍室”，何绍基为其书榜额。后来吴云又得另一齐侯中罍，原为苏州曹载奎“怀米山房”旧藏，存铭文140余字，与前器大同小异，并时而作。吴云得此两件宝罍，易其室名为“两罍轩”，并说：“余既于甲寅年在邗上得阮文达公所藏之齐侯罍，遂名弆藏之所曰‘抱罍室’。逾十年，甲子，在吴门又得一罍，即文达《揅经室集》中所载之苏州曹氏器也。海内二大宝一旦都归余斋，复署之曰‘两罍轩’，所以志喜也。”

细读这段文字，孙迎庆认为阮元的那一个才是“齐侯女罍”，而曹载奎的旧藏则是“齐侯中罍”。对于这两罍的归宿，该文中又写道：

清末民初，齐侯罍归予上海房地产大亨周湘云，器价按器重以黄金计算，约合银元万元左右，何绍基书“抱罍室”纸本真迹随器同至周家，一时成为当时收藏界一大豪举。1950年，周湘云之堂兄周昌善因积欠税款，筹款交纳，此器乃以旧币五千万元售与上海市文管会。文管会得此器后，又从吴云后人处以同值购得另一罍，其后两罍调往北京故宫入藏。可惜何绍基书匾额留在周家，毁于“文革”。

然而2008年1月22日的《湖州日报》上刊有姚新兴所撰《古兵器拓本》一文，该文中有如下几句话：“吴云曾收得齐侯罍两件，清大书法家何绍基为之题‘两罍轩’匾额。后吴云将其中的一件，以两万两银子转让给上海收藏家周湘云。建国后这件文物由周湘云后人捐赠上海博物馆”，这里又说吴云将其中一罍转让给周湘云的价格是两万两白银，跟孙迎庆文中所写的“银元万元左右”差了一半，不知哪个更接近史实。

从吴云的任职经历来看，他的仕途最高做到了“权知苏州”，他在此任上赶上了太平天国战争，奉命前往上海与外国领事商谈请他们出兵，但还未商议完时，苏州城已经被太平军攻陷，吴云也以“失守苏州”而被撤职。太平天国被平定后，吴云居住在苏州，整日里就玩赏这些古器物，真不知他哪里有这么多的闲钱。

从俞樾在《春在堂随笔》中的一段记载来看，似乎吴云并不是大富之家：

吴平斋观察示余石刻郑板桥字一纸，其文云：“大幅六两，中幅四两，小幅二两，条幅、对联一两，扇子、斗方五钱。凡送礼物食物，总不如白银为妙。公之所送，未必弟之所好也。送现银则中心喜乐，书画皆佳。礼

◎ 听枫读画

◎ 小而精雅

物既属纠缠，赊欠尤为赖账。年老神倦，亦不能陪诸君子作无益言语也。”又附一诗云：“画竹多于买竹钱，纸高六尺价三千。任渠话旧论交接，只当秋风过耳边。”末署：“乾隆己酉［卯］板桥郑燮”。平斋跋其后云：“板桥道人此书，为吴山尊学士所刻。岁己巳夏四月，范湖居士、退楼主人重刻于沪上。此后范湖、退楼书画润笔，皆准板桥所定，即以此帖为仿单，不复增减。”退楼即平斋自号，范湖居士乃周君存伯也。余谓东坡先生字，在当日只换羊肉而已，吾辈率尔落笔，便欲白银，亦大罪过。然年来以笔墨为人役，亦甚苦之。读板桥此帖，辄为诵古诗曰：“齐心同所愿，含意俱未申。”退楼诸公闻之，当千笑也。

吴云某天拿着一张拓片给俞樾看，内容是郑板桥的润笔告示：板桥明说请他写字画画，最好不要送礼物，直接给真金白银更好。对于郑板桥的这个直率，吴云也很有感慨，他在后面写了一段跋语，其在跋中直称，自己的书画润笔费也完全依照郑板桥的所言。看来，吴云也是想以自己的书画作品来换钱。而俞樾对此不以为然，他认为当年苏东坡写字也不过就是拿来换羊肉，而今是个会写字的人就想拿来换钱，俞樾觉得这是一种罪过，但正因他的这种达观态度，使得向他求书法的人很多，以至于他也以此为苦，到此时他才明白吴云写润例的良苦用心。

吴云跟俞樾的关系很好，这不单纯是因为两人有共同的爱好，因为两人的家也住得很近，《俞樾函札辑证》中录有俞写给吴的“七十寿联”：

合千古之寿寿公，永保用，永保孚，左鼎右彝，坐两迭轩，居然三代上

以十年之长长我，六十耆，七十老，望衡对宇，隔一条巷，有此两闲人

张燕婴在此联的按语中写道：“札中所附联见于《楹联录存》卷二，题作《吴平斋观察七十寿联》，序曰：‘平斋好金石，所著有《两罍轩彝器图识》，余曾为序之。今年为其七十生日，而余亦六十矣。其所居曰“金太师场”，与余所居马医科巷前后相望，苏人所谓隔一条巷者也。’因知此札当作于光绪六年（1880），俞樾六十岁。”

由此可知，吴云故居听枫园所在地原名“金太师场”，而两家的距离也正如俞樾所言——本是处在一条巷内。但既然两家住得如此之近，为什么还有许多的通信？这让我难以明白古人的交往心态，也许是有些话不好当面直说，反而通过信札交往更显得婉转。

同治十年，俞樾将自己的著作汇编成了《春在堂全书》。古人著述不容易之处就在于，自己费力写书还要自己出钱刊刻，印出来之后还要想办法去推销，而俞樾写给吴云的信中就有托吴帮助卖书的事情：

前日得复函，大费清神，感感。弟初意止托绿荫销金陵一路，尊函有“无论江浙”之语，窃意江浙分销十部，似乎尚觉其少，可否再益十部？以十部寄金陵，以十部寄武林，两江人多，浙江人熟，即不能全销，七八部总可售也。店费请店友自酌，弟意在詅痴，初非牟利耳。从者今日是否回寓？网师风景，领略何如？荷花盛否？弟疾小间，沈羲民言尚有湿热蕴于下焦，非再十数日不能霍然也。手此，布请道安。

关于吴云藏书的情况，历史资料记载不多，而俞樾写给吴云的信中间接地谈到了这件事：

浙局刻《通鉴辑览》，已得五六卷，昨交来样本一卷，今特寄呈清览。似刻成后尚有可观也。惟局中诸同事必欲得善本校雠，尊处善本，务望即日寄杭为感。（或径寄小营巷书局，或仍由吴晓翁处转交。）弟已切属诸友，此书到后，珍藏一处，遇有疑义，专归一人检阅，不许众手传观，以免寒具油污。将来刻好，全赖玉成，必以佳纸刷印一部，并原借之书同归邺架也。书局书价，亦寄呈清单一纸，如有需，乞示悉。

看来此时俞樾正在主持浙江官书局，他将印出之书的样本寄给吴云请其欣赏，同时提出向吴借书，以此来做出版的校勘底本。为了打消吴云担心善本受到损坏的顾虑，俞樾强调说，他拿到吴云寄来的善本后，会由专人保管，不会让别人翻看，以此来保证不会把书弄脏弄破，而书刻好之后，他会用特殊的好纸再刷印一部相赠，作为借底本的酬劳。

◎ 巧妙的构思

◎ 后园的另一侧

借底本出版，仅能得到一部特印本，俞樾给出的条件的确不高，而同时俞樾还把这间官书局的售书单寄了一份给吴云，希望吴能购买。由此可知，吴云在收藏古器物的同时，也同样收书。

吴云虽然没有考取功名，但他对子孙的教诲却十分的严格，民国时的藏书家周越然在其所写《书书书》一书中，有《吴平斋家训》一篇，周在此文中称："余儿时初习字时，本身先母即授以吴平斋双钩之'九成宫'，故四十余年前已知吴云之名。"看来，周越然从小就知道吴云之名，这源于他练书法的范本乃是吴云双钩的"九成宫"。

再后来，周读到了他爷爷的日记，日记中谈到了跟吴云的交往，而后他又看到了父亲的一幅画像上有吴云的题诗，于是他得出了这样的结论："据此二者，知愉庭老人与余家有两代世交。惜吴氏旅苏，吾族宅湖，因此后辈彼此无相遇之机也。"看来，周越然的祖上跟吴云交往密切。也正因如此，周对吴的手迹有着特别的感觉："去冬书友送来愉庭老人家训手稿一册，共二十三首，索价甚昂，余因一时手头缺钱，无力购买。然

◎ 江南特色

◎ 平斋内景

见其中富多教导语，皆有益于后辈者，遂竭半日之力而尽录之。”

民国时期的藏书家真幸福，没钱买书时可以把这本书抄录一遍就算为其所有，而周越然所抄的吴平斋家训有二十三个段落之多，我将其第三段引用如下：

吾生平所到之区，无论阛阓之中，与夫茅第湫溢之地，必设一书桌；否则身无归束。自十数岁至今，五十余年如一日也。前日嘱尔在皕镜室设一书桌，借可与篆香先生周旋受教。何以至今不设耶？读书人家中不摆书案，一味闲散，尚得谓之读书人耶？此纸试质篆香先生，以吾言为如何？廿六日晨初，愉老人示桢孙悉。

吴云特别强调无论多么困难，都要在居室内设一个书桌，以此可见他的的确确是一位爱读书的人。既然如此地爱好读书，那个时代又没有公共图书馆，他只能自己购买大量的藏书，这样推论起来，吴云的藏书也并非是个小数量，可惜他的藏书没有书目流传下来，而今难以了解到他藏书的具体情形了。

沈秉成·鲽砚庐

比目双右，佳偶天成

沈秉成（1823—1895）

清浙江归安人，字仲复。咸丰六年（1856）进士。官至安徽巡抚，署两江总督。任镇江兵备道，教民蚕桑。抚皖时，修水利，设经古书院。喜金石字画，收藏皆精品。有《鲽砚斋书目》四卷。

关于鲽砚庐主人沈秉成的简历，夏征农、陈至立主编的《大辞海·中国近现代史卷》中说道："沈秉成(1822—1895)(此处引文有误，应为1823—1895——编者注)，清末浙江归安(今湖州)人，原名秉辉，字仲复。咸丰进士，改庶吉士，授编修。1872年(同治十一年)任苏松太道，任内劝民植桑育蚕，刊发《蚕桑辑要》。次年，在上海创设诂经精舍，选取聪颖子弟入广方言馆兼习西文。1874年第一次四明公所事件发生时，率兵前往法租界维持秩序。次年迁河南按察使。致仕后寓居苏州，筑成耦园藏书楼。工诗文，精鉴赏，收藏金石书画美富一时。"

沈秉成是清代晚期颇有作为的官员，首先他在自己管辖的区域内劝民种桑养蚕，为此还特意写了一本专著。关于这件事的起因，明光在其所撰《沈秉成和他的〈蚕桑辑要〉》一文中先谈论了当时的社会状况："沈秉成的家乡浙江吴兴，就是有名的蚕桑丝绸之地。他于同治八年调任镇江兵备道，见镇江乡民生活困苦，只知种田不知蚕桑之利，特别经过太平天国的兵燹后，四野荒芜，闾阎萧条，'地有遗利，家无盖藏'，人民转徙四方，甚至甘蹈刑网，感到十分痛心。于是下决心倡导蚕桑事业，拯人民于水火之中，遂于镇江西南城郊，设立蚕桑局，示谕总董吴学堦(字州同，镇江人)督办其事。"

经过一系列的战争，当地的百姓流离失所，大量田地荒芜，面对此况，沈秉成决定发展蚕桑业，以此来让百姓安居乐业。但因为长期的战争，使得很多百姓连种桑养蚕的本钱都没有，即使能借钱给他们，百姓们也没有这方面的技艺，于是沈秉成又主动捐出自己的薪水去购买桑苗，而后发放给百姓。接着，他又从家乡请人教当地的农民。明光在文中写道：

他知道言传蚕桑之利极其重要，而身教更是最有力量的宣传。于是捐出薪俸购买桑苗，分发给人民去植桑养蚕；同时又从家乡吴兴请来植桑育蚕的技术专家，培训和帮助镇江人民兴办蚕桑事业。经过三年的苦心经营，终于开创了镇江的蚕桑事业，并奠定了初步的基础。

为了能够让百姓接受这种新兴产业，沈秉成写了篇劝民告示，同时又编了部《蚕桑辑要》，以此来作为培训这门养殖业的入门读物。沈秉成首先在告示中讲述了当地田地荒芜的状况，而后以家乡的实例来说明种桑养蚕是何等的本小利大：“本道籍隶吴兴，蚕丝美利甲天下，尝见八口之家，子妇竭三旬拮据，饲蚕十余筐，缫丝易钱，足当农田百亩之入，举家温饱，宽然有余。”

原来养十几筐蚕得到的丝，卖出的钱就能抵百亩良田的收成，想来他的这篇告示很有吸引力，更何况种桑养蚕的启动资金有一部分也是靠他来捐助：“本道来自田间，粗知稼穑，亟思所以纾闾阎之困，为吾民传求治生之方，捐廉派人前赴湖州，购买柔桑万株，并雇觅善种之人来镇，先于城中隙地酌量试种若干株，以为之倡；一面谕总董吴州同等就城乡情形妥议章程，设局劝办；仍俟种植有成，再由本道采买茧种，延请蚕师遍行倡导。”不仅如此，沈秉成在告示中还再一次给当地的农民算了一笔

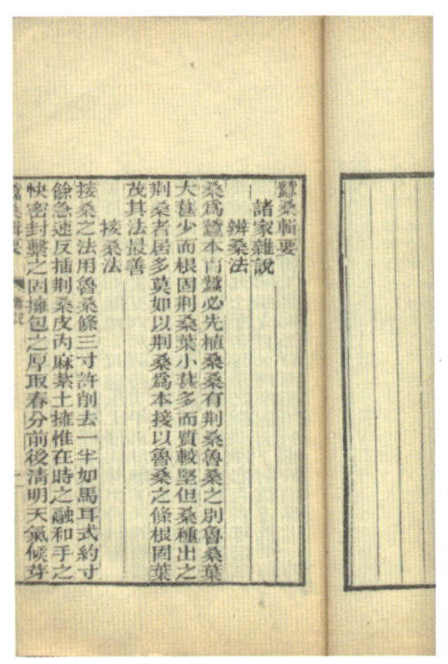
蠶桑輯要
諸家雜說
辨桑法
桑爲蠶本育蠶必先植桑桑有荆桑魯桑之別魯桑葉大甚少而根固荆桑葉小甚多而實較堅但桑種出之荆桑者居多莫如以荆桑爲本接以魯桑之條根固葉茂其法最善
接桑法
接桑之法用魯桑條三寸許削去一半如馬耳式約寸餘急速反插荆桑皮內麻紮土擁惟在時之融和手之快密封繫之固擁包之厚取春分前後清明天氣候芽

◎沈秉成撰《蚕桑辑要》，清光绪元年（1875）江西书局刻本，卷首

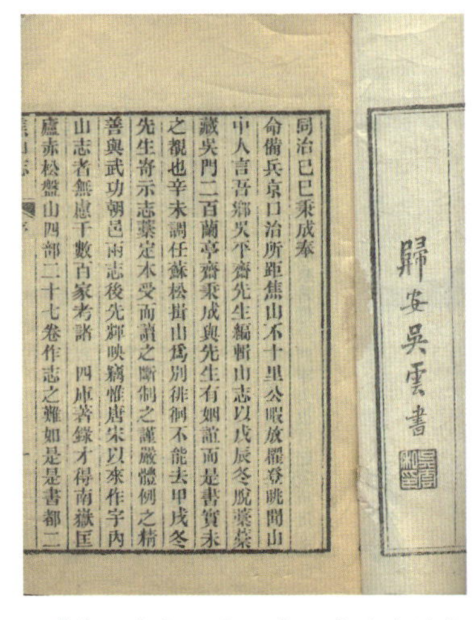
同治己巳秉成奉
命備兵京口治所距焦山不十里公暇放櫂登眺聞山中人言吾鄉吳平齋先生編輯山志以戊辰冬脫藁藁藏吳門二百蘭亭齋秉成與先生有姻誼而是書實未之覩也辛未調任蘇松揖山爲別徘徊不能去甲戌冬先生寄示志藁定本受而讀之斷制之謹嚴體例之精善與武功朝邑兩志後先輝映竊惟唐宋以來作字內山志者無慮千數百家考諸　四庫著錄才得南嶽匡廬赤松盤山四部二十七卷作志之難如是是書都二

歸安吳雲書

◎《焦山志》二十六卷，清同治刻本（光绪增刻本），沈秉成序

账："尔等须知蚕丝之利，十倍农事，无四时之劳，胼胝之苦，水旱之虑，赋税之繁，种桑三年，采叶一世。大约每地一亩，种桑四五十株，饲蚕收丝可得八九斤；今日多种一分之桑，他年即多得一分之利。"

经过这番苦口婆心，蚕桑业在他的辖区大为兴盛，这也就实现了儒家所提倡的"有恒产者有恒心"之理念。

关于沈秉成在中国近代史上的第二项作为，则是他在上海开创新式学校，以便培养更多的现代化人才。沈秉成不仅仅在上海创办了诂经精舍，江南水师学堂的创立也跟他有一定的关系。《清实录·德宗》载有光绪十七年(1891)正月十四日沈秉成所上《奏江南创设水师学堂》奏折，他在此折中写道：

江南创设水师学堂，延订洋文、汉文各项教习，分别驾驶、管轮两门，各计额设学生六十名，按日轮课，按季考试，以定班次。并将原设鱼雷学堂裁撤，挑选优等学生，送至旅顺鱼雷营加习海操；其余归并堂内，以示节省。请准将在事各员，俟办理著有成效，援照北洋成案，给予奖叙。

由此看来，沈秉成是位开明人士，他能提出一些具体方案，来给国家培养新式人才。而《中国近代史卷》中谈到沈秉成的第三件作为，就是创建耦园藏书楼，可见藏书已然是一生中的重要事件。只是该书中所说的楼名并不准确，因为耦园乃是沈秉成与其妻在苏州建造的一处园林，具体的藏书楼则是位于耦园中的西园的一座楼，此楼的名称叫鲽砚庐。

严格说来，耦园并非沈氏夫妇新建的，它是在一处旧园林的基础上复建而成。谢孝思主编的《苏州园林品赏录》在《耦园》一文中称："耦园坐落在城东小新桥巷东首，全园面积十二亩，一面临街，三面环水，依傍环城河，与古城墙隔河相望。其中东花园部分建于清初，原为顺治年间保宁知府陆锦的别业，取陶渊明《归去来辞》中'园日涉以成趣'之意题额'涉园'，又名小郁林。"

耦园原名叫涉园，另外一个名称叫小郁林。关于涉园创建的时间，上文称是清顺治年间，然钱勤学在《耦园》一文中却有如下说法："耦园已有二百六十多年历史。清雍正年间，为四川保宁知府苏州人陆锦的宅园，取陶渊明《归去来辞》'园日涉以成趣'句意，名为涉园，又用三国东吴郁林太守陆绩'廉石'典故，别称小郁林。"

从顺治到雍正，中间至少隔着六十多年，不清楚哪种说法更准确，而该园的创始人陆锦为什么又引用三国东吴郁林陆绩的"廉石"典故，将涉园别称为小郁林？文中也并未予以说明。连先发在《苏州耦园沿革考》中点出了这个问题："'小郁林'之名显然是依陆氏先祖、那位曾因'廉石'而闻名的陆绩任郁林太守而取。"

如此说来，涉园的创建者陆锦乃是陆绩之后，而陆绩曾任郁林太守，所以陆锦给他所建园林起了这样一个别称。

关于涉园的来由，以及当时的状况，程章华在《涉园记》中写道："主人流真陆先生以保宁太守致政家居，杜门却扫，老屋数间，缥缃卷轴，日供清玩，意泊如也。间于花之晨、月之夕，与校长虞东皋、同郡顾芝庭、缪南有、蒋西原诸先辈结诗酒之社，选歌征舞而外，各有诗一卷，为四方所传诵。所居之东，偶得地一区，割其半置义仓……跨虹而南，三面皆临流。先生凿池引流，以通其中。建得月之台、畅叙之亭。绕曲槛，不加丹雘，以掩朴素。庭中杂卉乔木，渗淡萧疏，无浓阴繁葩壅障风月，更不令栋宇多于隙地，即所谓涉园也。"

看来，陆锦只是在住宅的东边偶然得到了一块空地，于是就将此改造为涉园。尽管他建造得很用心，后来这处园林还是败落了，连先发在《苏州耦园沿革考》一文中说道："陆锦后，园渐败落。道光年间（1782—1850），园为郭凤梁赁居。"看来郭凤梁只是租借涉园旧址，并没有将它买下来。在其去世后，此园又归他人："郭凤梁三十二岁病卒，未久，为崇明祝氏所有。咸丰十年（1860）毁于兵燹，唯黄石假山尚存，今仍在'耦园'东花园内。"

太平天国的战火使涉园变成了灰烬，只有假山上的石头留存了下来。清同治十三年（1874），安徽巡抚署两江总督沈秉成购买下这处废园，而后请名手重新设计规划，成了如今的耦园。刘荣华编著《湖州百年收藏》中有《沈秉成与鲽砚庐收藏》一文，而沈秉成乃是浙江归安人，也就是当今的湖州人，故刘荣华将沈的事迹写入该专著中。关于沈秉成的人生业绩，作者首先讲道："他出身江南望族竹墩沈氏，道光二十九年（1849）考中举人，咸丰六年（1856）进士，改庶吉士，授编修。历任苏淞太道道台、安徽巡抚、署两江总督和各地按察使等职。在任苏淞太道道台时，曾在上海豫园书匾额'点春堂'，在安徽为官时创办经古书院，'以课经史实学'。沈秉成工诗文书法，精于鉴赏，收藏金石名画颇富，且是著名的藏书家，其耦园藏书超万卷。"

沈秉成乃是一位地方大员，然而他在文化方面却做出了那么多的贡献，这当然跟他的文化修养和个人爱好有一定的关联。此文中称沈喜欢诗词书法，林葆恒的《词综补遗》中收录有沈秉成所作之词，对于沈的生

◎ 古老的通济桥

平履历，该书引用了《晚晴簃诗汇》（简称《诗汇》）中的所言："仲复师早入翰林，有声。由侍读外转监司。自常镇调任苏松太道，以周知外事著闻于时。所至导民蚕桑之利，沪人祠祀之。擢蜀臬，引疾侨吴中，葺娄门陆氏涉园故址，有泉石之胜。继室严夫人永华，工丹青，娴词赋，遂名之曰耦园。光绪八年，即家起为顺天府尹，除阁学，署少寇，出抚桂、皖，一权江督。为人和易，好奖掖后进。从政尚宽，而务持大体。时赖保全。二十年，内召，以病暂还，卒年七十三。生平雅爱金石书画，所蓄皆精绝，手自考识，多散落人间。"

《诗话》中称沈秉成劝导农民植桑养蚕，果真让百姓获利不小，一些上海民众竟然建起了祠堂来祭祀他，后来他被提职派往四川任职，而沈秉成则说身体有疾，以此理由辞职，而后居住在了苏州。在这个阶段，他买下了涉园旧址，而后与继室严永华共同修起耦园，夫妻俩在此吟诗作赋。而刘荣华在文中也持这种说法："沈秉成虽多次因功被赏，但十三年（1874）升河南按察使、四川按察使，均因病拜辞。沈秉成早有隐逸思想，续弦后（前夫人病逝）便引疾退隐吴中，购娄门陆锦涉园废址，请名画家顾沄规划设计，扩建营筑而成耦园。"

沈秉成为什么要把复建的涉园改名为耦园呢？这跟他的继室严永华有很大的关系。如今的耦园有这样一副对联："耦园住佳偶，城曲筑诗成。"而"耦"与"偶"相通，可见，耦园之名确实是沈秉成娶得严永华后所起，也由此可见，他对这个娇妻是何等之喜爱。《天一阁文丛》第 15 辑上刊载有马杰所写《静好缘从翰墨来——记苏州耦园》一文，此文的第一句就是："在苏州园林里，耦园是最浪漫的爱情藏书园。"何以能给出这样香艳的评语？马杰在文中解释如下：

严永华是沈秉成的第三任妻子，沈秉成与其兄长严缁生曾经共事于京城，相互友善。一日，严缁生向沈秉成展示了其妹少蓝的手绘花鸟及和诗六章，沈秉成见后大为叹赏，回家后仍赞不绝口，第二任妻子姚氏得知取笑曰："君若慕此才女，不如将来求为继室。"不料竟然一语成谶，数载后姚氏因喉疾终，沈秉成伤心之余，依前言，求婚严家。其时，严永华也早已从其兄口中得知沈秉成硕学，素倾其才华。因此当沈秉成前来求婚时，便欣然应允。成亲之日，沈秉成仍然清楚记得当年严永华兄长展示给他看的六章和诗，便次其韵，作了六章定情诗索和，严永华亦欣然酬答，遂成六组定情诗。

这样的故事让人听来何等欣羡，至少大多数男人都希望能遇到这样的奇缘，可惜马杰在文中未曾注明这段故事的出处，否则能够挖出更多有意思的话题。但耦园之名的确是因为沈秉成得到了严永华，马杰还用这样一个实例来说明沈秉成在建造耦园时的用心："耦园的还砚斋有两处，东、西各一，东园为大斋，西园为小斋。小斋内有俞樾篆书题匾，匾后款识说明了斋名之意：沈秉成的玄祖沈炳震，号东甫，博学深厚，晚年所用一砚名'眺砚'，久已遗失，居然被沈秉成访求复得，因此以'还砚'名斋。一园内两斋同取一名，除耦园外恐怕再也找不出第二个。"

沈秉成那样地宝爱严永华，为了让这个园林处处能够合一个"耦"字，他打破常规，让耦园有了东西两个园子，从平面图看过去，像是一副望远镜，当然我的这种形容十分没有诗意。然这种造园方式却成了中国园林史上的孤例。王稼句所著《三生花草梦苏州》中讲到耦园时称："耦园占地约五亩半，三面萦河，一面临街，门前宅后均有河埠，可从水陆两路进出。布局别具一格，住宅居中，花园有两，一在住宅之东，一在住宅之西，在苏州园林中独树一帜。"

沈秉成为什么要这样建园，除了为合这个"耦"字，是否还有其他的想法？对此，居阅时、钱怡在《易学与苏州耦园布局》一文中做出了别样的解读："耦园布局一反苏州古典园林建园法则，刻意讲究方向、位置。作为园林要素的建筑、山石、水池、树木等均体现出精心的安排，蕴含着易学原理，这在苏州古典园林建筑史上是一个极罕见的例子。"

为什么说耦园的布局其实蕴含着易学原理呢？该文中做了如下解释："耦园主人沈秉成号听蕉，自名老鹤，自称先世为一鹤。他平生喜读佛、道诸书，又好扶乩之术。他的先祖沈炳震专攻古学，与乾嘉时期书法四大家过从甚密，其中刘墉有亲笔对联一副相赠，联曰：闲中觅伴书为上，身外无求睡最安。"

看来沈秉成在读书之余还喜欢研究道书，故而此文以八卦方位来解释耦园的布局，该文中有着如下解释："藏书楼位于偏北西墙根，西对应'收'，北对应'藏'，藏书楼安排在'收''藏'的位置，符合易学。一般寺观藏经楼都安排在北面，北对应水，寓意以水压火，避免发生火灾。耦园安排藏书楼也有此意。这里更有另一层意思，西为兑卦，象征秋季，秋季正是果实累累、令人喜悦的收获季节。'兑'还有语言表达和人生归宿的意思。"

然而对于耦园里的藏书之所，居阅时和钱怡所撰之文中又有如下说法："'城曲草堂'相对东花园而言，处正北方向，北为藏，对应五常的'智'，《白虎通·情性》解释道：'智者，知也，独见前闻，不惑于事，见微者也。'为此，沈氏又在城曲草堂内辟'补读旧书楼'，收藏书籍甚丰。"

如此说来，在耦园内除了藏书楼之外，其他的居室内也有藏书，而这也正说明了当年耦园藏书之富。

关于沈秉成的藏书数量，相关史料均未给出具体的数据，费愉庆在《苏州藏书楼寻踪——鲽砚庐与耦园》一文中说："沈秉成藏书甚丰，更喜金石字画，所藏金石、字画、典籍皆为精绝，藏书数量更超万卷。"

显然，藏书万卷在清末时期算不上大的数量，对于鲽砚庐收藏的情况，马杰在文中又举出了这样的例子："上海博物馆 50 周年馆庆时曾举办'晋唐宋元书画国宝展'，其中高闲的《草书千字文》曾被沈秉成收藏，上有'耦园至宝'钤印。2007 年中国嘉德拍卖唐寅《松阴高士图》立轴上钤有'鲽砚庐'鉴藏印。被后人视为汉隶极品的《礼器碑》，最早最精

◎ 安静的院落

◎ 精美的砖雕

拓本也为鲽砚庐收藏。”

而江澄波先生在《搜求抢救古籍的郑振铎》一文中提道:“他还购去耦园主人沈秉成旧藏二种珍本古籍:一部是《绿窗女史》十四卷,明秦淮寓客辑,明启祯间刊本,卷首附插图二十幅,雕镂精绝,细如发丝,可称明刊版画中之代表作;还有一部是《书言故事大全》十二卷,为明代万历间写刻本,每卷附有插图二幅。这一种类书,传世不多。此二书现藏于北京图书馆。”

关于鲽砚庐的藏书总况,只能去查他的书目,刘声木《苌楚斋书目》中著录有沈秉成的稿本《鲽砚斋书目》,可惜不知此目现藏何处。而刘荣华在文中则称:“沈秉成爱好藏书,酷嗜碑拓、金石字画和古铜器,遇有著名之品,不惜重值购买。所藏金石、字画、典籍皆为精绝,藏书数量超万卷,且均为宋本等珍贵典籍。沈秉成在园内曾自题对联曰:‘万卷图书传世富,双雏嬉戏志怀宽。’从对联可以看出,当时沈氏辞官后,过着隐居安闲的日子,以园为乐,以书为伴。”

关于鲽砚庐收藏碑帖的情况,刘荣华在文中又写道:“沈秉成藏品中有汉隶中的极品——《礼器碑》,他的藏本是当时存世四本中最精最早的。他收藏的《淳化阁帖》内有陈继儒、周亮工、宋之绳、庄同生、潘亦隽等名家题跋,被一致审定为‘祖本’。还有他的《黄庭经》,古雅淳厚,真力弥满,笔精意妙,为淳熙秘阁真本。吴云与陆心源、吴大澂通信中则提及沈秉成藏有《瘗鹤铭》、《鬱冈斋帖》初拓精本、《晋唐小楷》宋拓13种,还有唐硕大而精的善业泥(小型模压而成的泥制浮雕佛像)、周虢叔大林钟、秦权、翁方纲楹联。”

由此可知,沈秉成藏碑帖的水准很高,除此之外,他还收藏有多件重要的青铜器。吴云在《两罍轩尺牍》中谈到了这一点:“此间金石同志歇绝几二十年矣!近有亲知沈仲复(秉成)、李眉生(鸿裔)均由廉访引退,现居林下,颇能闭户读书,酷嗜金石字画,收藏不少。遇有著名之品,不惜重值购之。颂鼎眉生所得，虢钟则在仲复处。欧阳公云‘好之而有力，则无不至者’，是也。”

以吴云的说法，有爱好而没钱最为痛苦，而吴云也引用了欧阳修的所言，既有爱好还有钱，就没有得不到的东西。这从另一个侧面说明了沈秉成收藏之富。俞樾在《沈秉成墓志铭》中也提到了耦园主人跟一些大佬共同赏玩古器及一些善本书的欢乐场面：“性喜金石字画，所收藏皆精绝。其居耦园，南皮相国（张之万）亦适寓吴，一时如潘文勤公及李眉生廉访，顾子山、吴平斋两观察皆时相过从，偶得一古器、一旧刻书籍，摩挲玩弄，以为笑乐。”

那个阶段，苏州地区的几位收藏大家组织起了一个雅集，此雅集的名称叫“吴郡真率会”，关于真率会的缘起，沈慧瑛在《风雅吴郡真率会》一文中追溯道：“北宋年间，司马光与王安石因政见不同而分道扬镳，司马光罢官回到河南洛阳，与故交挚友成立真率会，规定酒不过五行，食不过五味。由北宋到晚清，皇帝不知换了多少个，缙绅名士的风雅不减当

◎ 看到了线装书

◎ 安静的西园

年，吴郡真率会就是清光绪年间以归隐江苏苏州的官绅为主的群体，他们以真诚坦率为相处之道，以私家园林为活动场所，以书画鉴赏、诗文唱酬、品茗饮酒为主要内容，雅集频频，自娱自乐，俨然成为引领苏州时尚的文化沙龙。”

关于吴郡真率会的发起人，沈慧瑛在文中写道：“吴郡真率会初期的主要成员为吴云、沈秉成、李鸿裔、勒方锜、顾文彬、潘曾玮、彭慰高七人。”

由此文的排列顺序可知，沈秉成是该会中仅次于吴云的第二重要成员，他们在一起互相赏鉴所得宝物，那份风流真的令人叹羡。那时的吴昌硕也跟沈秉成有密切交往，为此吴昌硕写过一篇《石交集·沈秉成传略》，吴在此传略中谈到了沈秉成为人之谦和，同时也讲述到他体察民情：“中丞与人无忤，与世无竞，似得老子之道。然官侍从时蹇谔建言，凡上封事三十余通，请减吾湖岁赋，及为殉难士民请恤，皆奉谕旨施行，尤彰彰在人耳目。今乃专制一方，宏其建树，其德业正未可量也。”而对于耦园及鲽砚庐的来由，吴昌硕又在文中写道：“夫人严氏，名咏华，工诗画，琴瑟甚笃。中丞为筑耦园。又曾得汧石，剖之有鱼形，制砚二，名之曰鲽砚。署其居为鲽砚庐。”

关于“鲽砚庐”一名的来由，吴昌硕称是沈秉成在北京得到了一块汧阳石，把这块石头剖开后发现里面有鱼形图案，于是他就将此制成两方砚台，他与严永华每人用一个，这也同样暗合了“耦”字。俞樾在《春在堂随笔》中亦载有此事：“沈仲复观察与严少蓝夫人伉俪均能诗。仲复在京师，得一异石，文理自然，成鱼形。剖而琢之为二砚，砚各一鱼，夫妇分用之，名曰‘鲽砚’，其名颇新。余为赋五言诗一章，首云：‘何年东海鱼，化作一拳石。天为贤梁孟，产此双合璧。’亦文房一佳话也。”

但以上解释都是说砚台的来由，并未提及为什么给这两方鱼形砚起名叫鲽砚，曹林娣所著《苏州园林匾额楹联鉴赏》一书中在谈到鲽砚

◎ 织帘老屋内景

◎ 玲珑

庐时称:“比目鱼双目同侧,两眼都长在左侧的叫‘鲆’,都长在右侧的叫‘鲽’。此砚鱼形两眼都在身体的右侧,因名。”

竟然还有这样的说法,而这正应了“佳偶天成”的俗语。对于鲽砚庐的藏书,曹林娣又写道:“西花园为沈氏扩建。织帘老屋居中,前置月台,后庭院中砌有湖石花坛,藏书楼殿后。此楼属于读书楼建筑群,藏书极其丰富,沈氏有‘万卷图书传世富’之句。”

沈秉成夫妇在耦园内居住了八年,而后奉诏出外为官。钱勤学在《耦园》一文中写道:“光绪十年(1884),沈秉成奉诏复出,官至安徽巡抚,署两江总督。十六年(1890),严永华病殁于安庆。廿一年(1895),沈秉成病重回苏州医治休养,七月卒于耦园。在此前后,词坛巨子郑文焯、朱祖谋曾先后寄寓园中之西园。”

先是严永华病逝在了安庆,五年之后,沈秉成因病返回苏州,几个月后他在耦园去世。他去世后耦园归他人所有,谢孝思主编的《苏州园林品赏录》在《耦园》一文中写道:“沈氏殁后,尝有词坛巨子朱祖谋、郑文焯诸公,时至斯园,与沈秉成孙沈迈士等剪烛话旧,诗酒唱和。再后,园渐散为民居,1941年归实业家刘国钧,1958年归振亚丝织厂,1963年归市园林管理处。经大规模整修,东园于1965年5月正式开放。”

再后来耦园经过整修又对外开放了,钱勤学在文中称:“1960年至1965年,在刘敦桢、陈从周等专家指导下整修耦园东园,1979年至1980年再次维修。1986年至1994年修复西园及中部住宅,耦园始成完璧。1995年被列为江苏省文物保护单位。2000年作为世界文化遗产的扩展地列入遗产名录。2001年公布为全国重点文物保护单位。”

近二十年前,我第一次到苏州访藏书楼时就去看过耦园,此后我又去过很多次苏州,但都因故未到此园再作探访。几个月前,苏州博物馆的陈军先生在微信中发出他游览耦园的照片,我看到那里的状况跟当年所见又有了一些变化,于是勾起了我重游耦园之心。2018年5月30日,我在常熟办完事，而后乘翁同龢纪念馆的车来到了苏州平江华府。之前已与平江华府酒店沈春蕾女史联系过，与她约定晚上见面谈事，然我到达苏州的时间却比约定时间早了三个多小时，于是我趁这个闲暇前往耦园观览。

从地图上看，平江华府酒店距耦园不远，并且这一带是步行区，打车前往反而要兜很大的圈子，于是我决定步行前往那里。可是刚走出酒店，就看到通往平江路的唯一一座桥上停着大卡车和吊车，这里正在清淤作业。大吊车吊起一包包的淤泥放在卡车上，它的吊臂让人无法通行。我向旁边看热闹的几位当地人打听，可否有绕过此桥之路，众人纷纷说绕路太远，建议我踏上桥侧的石护栏小心走过。于今而言，这对我是个高难度运作，我站在旁边看了十余分钟，果真有人趁吊臂放下的间歇踩着石栏杆飞奔而过，我一咬牙也登了上去，好在我的平衡能力还不错，安然走到了桥的对面。

桥的另一侧乃是著名的平江路，如今这里已经改建成了步行街，我曾在此街上吃过几次饭，但总觉得这里饭菜不如一些冷僻小巷内的饭馆味道纯正。一沾游客就变味，这个通病有传染性。好在我今日前来不是为了吃饭，只是沿着平江路边走边打听。走到通济桥时，看到了左转的标牌，这条小径名称叫新桥巷，沿河而建，可以边走边欣赏江南水景。大约走出三百多米后，就来到了耦园的门前。

如今的苏州园林已经成为了游客必到之地，耦园又有这样的爱情故事在，当然来此的游客不会比其他几处名园少。穿过大门前行二十余米，看到了耦园售票处，里面的工作人员告诉我，这里只能用手机购票不收现金。我不会玩这种新玩意，于是请这位工作人员用手机帮我购票，我将现金支付给他。他却告诉我，这样做违反规定，现金必须去另一个售票处购买，而那个售票处要前行五十多米过一座石桥才能到达。工作人员的不由分说让我感到无奈，我不明白科技应该给人带来的是便利，为

◎ 假山上的墙

◎ 造型奇特的砖雕花窗

◎ 只能用手机买票的售票处

什么到如今反而成了门坎，有人可以不断地追新科技，难道就不允许他人固守传统方式吗？否则的话，让这么多游客来看这古老的园林有什么意义呢？不如拉着他们去参观苏州科技园。

腹诽没有用，要入此园只能乖乖地去买票，于是我继续向前走。穿过一座石拱桥，来到了正式的耦园入口处。原来我是从相反的一侧走到耦园者，而这个正式的入口则拓展出面积很大的停车场，这也是我上次来时未曾看到的景象。

买票完毕后原道返回，跟着一队游客挤入耦园中。因为人数太多，走进园内只能被游客裹挟着沿着固定的游览路线，听一个一个的小喇叭讲解着几乎一字不差的故事，传到耳朵里的故事全都是捕风捉影的八卦。看来八卦才是大多数人的所爱，而我的所写虽然也不无八卦，但好在还算有出处。如果将我所写之文让导游背诵出来，会不会受到听众们的喜爱呢，可惜我找不到试一试的机会。

一路向下走，走到了黄石假山旁，这乃是当年涉园的遗物，假山的后侧也有一处楼阁，显然不是我上次看到的藏书楼。但书楼处在哪个位置，我却一时回忆不起，于是向工作人员打问，原来鲽砚庐处在耦园的西园，而我现在身处东园。东园乃是各个旅行团的固定参观路线，待我转到西园时，瞬间有了出尘之感。这里不但没有游客，甚至连嘈杂之声都被屏蔽，瞬间让我体味到了“耳根清净”一词的真谛。

在西园的后院中，再一次看到了U字形的藏书楼。此次前来依然大门紧闭，我仍然是透过一扇一扇的窗户向内张望。虽然说我早已知道这座藏书楼书去楼空，但我依然希冀于此能看到书的影子，明知不可能还要作如此想，这正是我的不切实际之处，于是我围着书楼几面探看。关于该书楼的使用者，杨小乐、金荷仙、陈海萍所撰《苏州耦园理景的夫妻人伦之美及其设计手法研究》一文中说：“西园藏书楼鲽砚庐也是沈严两人共同的藏书之地，曾有诗句‘万卷图书传世富，双雏嬉戏志怀宽’。”

此文中还谈到了耦园内特有的砖雕花窗："其南北两侧墙面留有椭圆形同心双环形水花纹砖雕漏窗，象征女性阴柔之美，与东花园圆形八瓣太阳花漏窗所展现的阳刚之美形成对比。前者象征月亮代表女主人严永华，后者象征太阳代表男主人沈秉成。"而我果真在书楼的西侧回廊上看到了这种造型奇特的花窗。

以我的所见，这是苏州保护得最完好的藏书楼之一，而楼前假山上的牡丹已经过了花季，不知道它灿烂之时是否能多吸引来一些游客，感受书香的熏陶。

李鸿裔·五峰书屋

因书重帖，为妃得园

李鸿裔（1831—1885）

清四川中江人，字眉生，别号香严，晚号苏邻。咸丰元年（1851）举人。尝入曾国藩幕，同治间官至江苏按察使，后居苏州。家藏金石碑版名画极富，精书法及诗古文，晚好佛经。有《苏邻遗诗》等。

李鸿裔是四川中江县人，咸丰元年（1851），在其二十一岁时中举，担任过兵部主事。他到南方游览时，正赶上太平天国战争，当时胡林翼任湖北巡抚，驻军英山，从西面围剿太平军，而李鸿裔受胡林翼之招，前往英山加入其幕。胡林翼病逝之后，李鸿裔又到曾国藩手下任幕僚，因其为人机敏，故深得曾国藩的高看。

同治三年（1864），湘军攻下南京。同治五年（1866），李鸿裔升任为江苏按察使，同时加布政使衔，赏戴花翎，真可谓春风得意。然而正在其前途一片光明时，李鸿裔却向朝廷提出离职，理由是自己的耳病久治不愈。得到批准后，他移居到了苏州网师园，因为此园的不远处就是宋代苏舜钦所建的沧浪亭，而苏舜钦也是四川中江人，李鸿裔以有这么一位同乡为荣，故他给自己起了个号曰"苏邻"，而他回到苏州这一年仅仅三十六岁。

李鸿裔放着大好前程不要，却在其盛年离职赋闲，他住在网师园的时间约有二十年，他在这么长的时段内，仅是吟诗作赋，收藏古书与碑帖，过着极其悠闲的生活。李鸿裔为什么选择这样的生活方式呢？换句话说，他哪里来的这么多钱能够让自己过上如此悠闲的生活？

《中江文史资料选辑》第8辑中有李昌绪所写《李鸿裔及其轶事一则》，该文有如下一个段落：

关于这位晚清名士，流传着一则轶事。说清军攻破天京时，太平天国王府的妃嫔们四下逃散，湘军掳得一名官眷叫"香妃"，人年轻，又美丽。当时李鸿裔随军驻在南京，妻子刚病死不久。作为湘军统帅的曾国藩担心诸将争夺美色而起内讧，便指定将香妃赐给李鸿裔，并说："眉生新丧偶，天作之合也。"诸将虽心欲得而口难言，李鸿裔就满心高兴地得了一位"如夫人"。据说，这次李鸿裔不仅喜得丽人，而且获得一批珠翠珍宝，价值巨万，所以后来有钱购买网师园。

李鸿裔竟然有这样的桃花运。洪秀全的妃嫔中有一位著名的香妃，湘军抓到香妃之后，曾国藩将香妃赐给了李鸿裔，曾的理由是李鸿裔的妻子刚去世，而今得到了香妃，这乃是天意。众位将领心里明知这是大帅偏袒李鸿裔，但因为借口找得好，众人也没话可说。

由此可见，曾国藩对李鸿裔特别的偏袒。而李鸿裔这一次不仅抱得美人归，他还得到了一大批财富，他用这笔钱在苏州买下了网师园，从此跟这位香妃在那里享受人间之乐，直到他五十五岁时去世于此园。

曾国藩为什么要把香妃赏给李鸿裔呢？从一些资料看，曾对李的为人个性颇为了解，《清代名人轶事》一书中有阙名所撰《李眉生逸事》一文，该文中首先讲述了李鸿裔为人倜傥不羁，从不巴结权贵，然而他的"豁达精敏"却很受曾国藩看重：

一日李至文正签押房，文正方与他客语公事，李坐案侧，信手翻阅文书，忽见文稿一卷，"三圣七贤"中之某公手笔，录呈文正，文正未及阅视者也。李视其卷中有一文曰《不动心论》。

这段话说，某天李鸿裔到曾国藩的办公室，正赶上曾跟其他人谈公事，李坐在那里没事干，就随手翻看曾国藩的批文，无意间他看到了一篇有意思的文稿：

其后幅有数语云："使置吾于曼睩蛾眉之侧，问吾动好色之心否乎？曰：'不动。'又使置吾于红蓝大顶之旁，问吾动爵禄之心否乎？曰：'不动。'"李阅之，笑不可忍，乃援笔戏题其后，曰："曼睩蛾眉侧，红蓝大顶旁。汝心皆不动，只想见中堂。"阁笔而出。文正亦未之知也。

李鸿裔读到此文，觉得写文之人太过虚伪，号称既没有色心，也没有功名利禄之心，于是就忍不住在这份文书旁边写了一首五绝，等曾国藩进来时竟然没有发觉。

然而曾国藩毕竟是一位认真的人，某天他翻阅这些文书时，突然看到了旁边的那首诗，因为他对李鸿裔很熟悉，立即就知道这件事是李干的，于是他命手下把李找来。而此时李鸿裔到外面去了，手下找了半天，

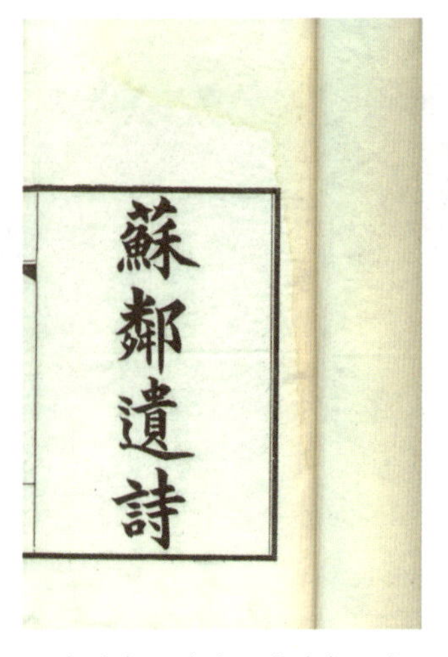
蘇鄰遺詩

◎ 李鸿裔撰《苏邻遗诗》二卷，清光绪十四年（1888）遵义黎氏日本刻本，书牌

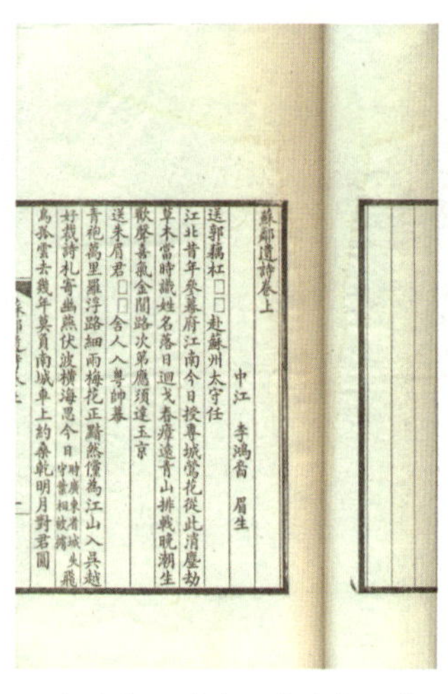
蘇鄰遺詩卷上
中江　李鴻裔　眉生
送郭藕杠□□赴蘇州太守任
江北昔年參幕府江南今日授專城鶯花從此消塵劫
草木當時識姓名落日迴戈春瘴遠青山排戟晚潮生
歡聲喜氣金閶路次第應須達玉京
送朱眉君□□舍人入粵帥幕
青袍萬里羅浮路細雨梅花正黯然儻為江山入吳越
好裁詩札寄幽燕伏波橫海思今日時廣東省城失守中堂相被擄飛
烏孫雲去幾年莫負南城車上約桑乾明月對君圖

◎ 李鸿裔撰《苏邻遗诗》二卷，清光绪十四年（1888）遵义黎氏日本刻本，卷首

才在秦淮歌女的院中找到了李鸿裔。李赶忙跑回去见曾，此时曾已经等了大半天，当然也是一肚子的气，于是劈头就跟李说：“你知不知道你有了杀身之祸？”

他日文正偶暇，检某公文稿，为之评阅，见此数语，知李所为，亟召李，李他出矣，立遣材官出觅之，大索半日，乃得之秦淮歌院中，传文正命，从之返署。李素严惮文正，跄踉而归。既入署，则文正坐待久矣，见李至，迎谓之曰：“子有杀身之事，子知之乎？”李错愕不知置对，叩其故。文正乃出文稿示之曰：“此非汝所题耶？凡人隐情，有不可令人知之者，苟有人揭中其隐，则必衔之次骨，此杀身取祸之道也。”李悚然受教，文正之言，诚老成阅历之言，然李之跳荡不群，亦可见一斑矣。

曾国藩的这句话确实把李鸿裔吓得够呛，不知如何应对，于是请教祸从何来。曾拿出李所题之诗，而后教训李说，人有隐私，都是不想让别人知道，如果有人刻意揭露别人的隐私，肯定会令对方恨之入骨，定然招来杀身之祸。曾的这翻话顿时吓得李战战兢兢。由这件事也可看出李

◎ 万卷堂外观

◎ 万卷堂内景

鸿裔虽然人很聪明，但并不世故老练。

很有可能正是曾国藩对他的教育，使他明白自己的性格不适合在官场混，于是急流勇退，得了位美人，又发了大财。但反过来想，这一切的好结果说不定都是曾国藩的安排。曾那么喜欢李，在论功行赏时，特意赠给李一位美人，难道不是有意的安排吗？

有些事情确实也是“成也萧何，败也萧何”，而李鸿裔正因为得到了美人，才彻底得罪了曾国藩。李昌绪所撰之文，也提到了李鸿裔为什么在前途光明的阶段主动辞职。李昌绪认为有两种说法，一是李鸿裔为人旷达，他不慕荣利，能够在关键时刻急流勇退，但这种说法显然太过漂亮，让人有一种不真实感；于是李昌绪又讲出了第二种说法：

据说在任按察使后，他与曾同住在南京城。一次，曾国藩突然来到李鸿裔家中，因曾对李和如夫人的亲昵生活微有所闻，便戏谑地说：“嗬，为如夫人洗脚！”李为人机敏多智，应声答道：“呃，赐同进士出身！”这句话，很使曾国藩心中不快，两人交谊虽深，从此便生龃龉。为什么？因为明清旧制，科举考试中进士分为三甲，一甲称“赐进士及第”，二甲称“赐进士出身”，三甲称“赐同进士出身”。曾国藩是道光年间三甲进士，认为李这句话意在讥讽他科甲出身不高。有鉴于此，故李鸿裔不得不急流勇退。

这个故事颇有戏剧性。李鸿裔得到美人之后很是欢喜，小日子过得很是甜蜜。某天曾国藩突然来到了李鸿裔家，他已经听说过李和香妃的生活很是香艳，于是就开了一句玩笑，说李竟然给香妃洗脚。李鸿裔反应很快，不假思索地就回了一句，而他的回话纯粹是为了跟曾国藩的那句调笑语形成对仗，并且对得还十分工整，至少从字面意思来说，堪称绝对。

李鸿裔没想到的是，他随口的这句话却令曾国藩很不高兴，因为他恰好点到了曾的痛处。曾的科举考试成绩很一般，虽然他考中了进士，但排名却很靠后，李鸿裔的这句话让曾听来就是讽刺自己出身不高。按理说，曾国藩对李鸿裔有知遇之恩，曾不会因为这随口的一句话就让李断送大好前途，但人性都很复杂，很难说因为一件小事就会得罪一位重要的朋友。李鸿裔说完之后，当然也大为懊悔，他在曾国藩身边多年，知道曾的性格，但说出去的话有如泼出去的水，虽然后悔，却也覆水难收，他只能急流勇退，找个借口辞职前往苏州。

无论是能力还是气度，曾国藩都可谓中国近代史上第一流的大人物，不太可能因为这么一句玩笑话，就与自己颇为喜爱的一个人绝交。所以李昌绪讲的这个故事至少让我感到，这应该只是传闻，然而李昌绪此文的结尾部分，却有这样一段话："我的老家在杰兴乡第五村，离李鸿裔旧居甚近，两家有世交之谊。先祖父李捣芬（清贡生，捐同知）曾向家人谈及李鸿裔事。说至为如夫人洗脚，以戏言忤曾国藩一节，听者无不为之叹惋。"

作者李昌绪竟然跟李鸿裔是近邻，并且两家有着几代的交往，而李昌绪是从他祖父那里听来的这个洗脚故事。如此说来，这个故事也并非全是虚构，从另一个侧面至少说明，李鸿裔辞职之后赋闲苏州，一定跟曾国藩有着某种关系，只是两位当事人均未明说，因此也只能让后世八卦出各种各样的情节了。

李鸿裔住在网师园期间，日子确实过得优哉游哉。上海图书馆藏有李鸿裔所撰《苏邻日记》，2008 年复旦大学出版社影印出版了《上海图书馆未刊古籍稿本》，其中就有这部日记，而张小庄先生将《苏邻日记》中跟书法有关的资料摘抄出来，收录进其所撰《清代笔记、日记中的书法史料整理与研究》。通过该日记的整理稿，可以看到李鸿裔有很多时间都在鉴赏碑帖字画，同时练习书法。

通过这部日记，可知李鸿裔对碑帖的鉴赏颇有眼力，比如他在同治十三年（1874）（正月或二月）廿七日的日记中写道：

《华山碑》第一本，在宗湘文太守源瀚家，杭之丰乐桥。第二本在梁敬叔观察恭辰家，在杭之马市街。昨杭州葛曹民言新得《华山碑》一本，尊为唐拓，且系全文，又在两碑之上。其“使者持节”，“节”字尚明，明是“世”字，且云“持世”乃使者之名，创论尤奇。若熹平间果有“持世”人名见于《汉书》纪、《史记》诸籍，则又覃溪、晋斋诸老所讲求未及者也。

李鸿裔在这里谈到了著名的《华山碑》拓本，同时简述了该碑的流传情况以及相应的考据字，而如此的熟悉程度绝非一般书法爱好者所能了解得到的。李鸿裔为什么如此看重碑帖呢？从他的日记来看，其并不是单纯为了收藏，更重要者，他是以此来练习书法，比如日记中有这样一则：

夜临《皇甫元宪碑》，四、五指微增导送之力。用功四年，仅得此耳。一艺之微，难且如此，况学道乎？然书虽艺事，非进于道不能精也。蝯叟谓书艺在形上、形下之间，旨言哉！

李鸿裔一边临帖一边体会着古人如何写字，他认为书法看似简单，

◎ 华灯初上

◎ 楼前景致

真正写好很不容易，从他的日记中知道，他在幼年时期就有临帖的习惯：

晨起……饭后，临《雁塔圣教》六纸。余幼时每以《圣教》为佻，雅不欲学。四十以后，潜心篆隶，及六朝、唐初碑版，又购求元、明、国朝书家墨迹，窥其用笔用墨，如是者四五年。而今乃知《雁塔圣教》之妙，乃笔笔运腕笔笔变化，能品也，非佻也。文清晚年深入此境，汪退谷中允时或一至焉，赵、董未易论此也。上灯后习悬臂书，夏夜不宜小字，故十点钟就寝。

李鸿裔在日记中的所言颇为坦诚，他说自己年幼时临帖看不上《圣教序》，等到他眼界开阔之后，方意识到《圣教序》所书是何等之妙。而他对自己的书法要求也很高，他在同治十三年（1874）八月初八的日记中写道：

夜书屏扇，神困而字劣，因之懊恼。以后作书忌强力，以适意不经意为主。董香光一生作书不经意，以天真古淡胜，由其无名心耳。

某天晚上，他书写一个扇面，因为有些疲累，他认为字写得不好，为此颇为懊恼，而后他得出了结论，认为写书法跟做任何事情一样，不能太过刻意。他认为明代大书法家董其昌的作品就是不刻意，所以才写得那么好。可见李鸿裔虽然赋闲在家，却依然在艺术方面精益求精。

同时李鸿裔也藏有大量的书籍，为此吴则虞在《续补藏书纪事诗》中把李鸿裔列为了藏书家，吴给李所写纪事诗为：

昆玉秋霜才崛奇，曾闻雅谑到蛾眉。

著书藏史嗟身老，自琢新诗卧网师。

吴则虞的这首诗精准地点出了李鸿裔的特点，一是夸赞李为奇才，二是点出了曾国藩调笑其为香妃洗脚之事。而后吴则虞在其文中引用了黎庶昌给李鸿裔所写的墓志铭，这篇墓志铭首先讲述了李鸿裔的生平：

君讳鸿裔，字眉生，别号香岩，晚以居近苏子美沧浪亭，又号“苏邻”，四川中江李氏。……君以拔贡生中咸丰辛亥（1851 年）顺天乡试举人。旋入赀为兵部主事，才高而学赡，声誉翔起，公卿多折节枉交。有达官讽使出其门，许以鼎甲，不应；某相国素与君善，君见其权势日盛，亦谢绝。……从曾文正公于安庆。君本文正门下士，文正开幕府治事，辟召天下英俊，程其器能，君恒为之冠，参与机要。……江南平，明年，遂权十府粮道。及北征剿捻，又奏补君徐海道。……逾年，擢江苏按察使，论功晋加布政使衔，赏戴花翎，寖寖大用矣。而君遽以耳疾再请开缺，竟不复出云。

通过这篇墓志铭可以看出李鸿裔为人之聪明，同时也讲到了曾国藩对他的信任。接下来，黎庶昌又称：

徙家苏州，得瞿氏网师园葺治之。……积书数万卷，益蓄三代彝鼎，汉、唐以来金石碑版、法书、名画以自娱。……而其契谊最笃，若吴县潘尚书祖荫……独山莫征君友芝……可以观所与已。

李鸿裔从瞿家手里买下网师园，而后做了一番整修，同时在园中藏了几万卷的书，另外还有碑帖、名人字画及古玩等，那时活跃于苏州的大藏书家潘祖荫、莫友芝等，都常来网师园赏鉴李鸿裔的藏品。对于他藏书之事，《吴县志 · 流寓门》中也有记载："李鸿裔四十后，杜门却扫。拥书数万卷，治经之外，旁及金石文字。"

可惜的是，李鸿裔的这种神仙生活仅享受了不到二十年，他就去世了。他去世后不久，其藏书也就散了出来。对于此事，傅增湘在《藏园群书题记》中有载，傅在给《宋拓本隶韵》的跋语中写到："光绪中叶，为吾乡李眉生廉访所得，今册中'郪江李氏'及'苏邻鉴藏'二印尚存。眉翁侨居吴门，其蘧园与子美沧浪亭近距咫尺，故以'苏邻'自号，惜未加题识耳。眉翁殁后，古书名画一时星散，咸为顾子山、吴清卿、沈仲复、陆存斋、汪柳门分携以去，而费屺怀太史所获尤多。"

傅增湘也是四川人，所以对李鸿裔这位同乡多少有些感情，故而记录了李去世之后其藏品散出来的情况。李鸿裔的旧藏有一部分竟然到了陆心源、汪鸣銮等人的手中，而得到其旧藏最多的人乃是费念慈。可惜傅增湘的记载太过简略，没有讲明这些人是如何得到李鸿裔旧藏的。

若以渊源来论，李鸿裔藏书网师园倒也是历史故事的延续。该园初建于南宋淳熙年间，当时一位叫史正志的藏书家退休之后来到苏州，建起了此处园林，当时的名称叫"渔隐"，而渔隐中建起了一座藏书楼，名为"万卷堂"。因此，网师园从建立之初就有藏书楼存在于此。

史正志乃是宋绍兴二十一年（1151）的进士，因为其家有藏书之故，正赶上金兵南侵，于是他就根据自己的所藏写出了《保治要略》八篇，并进献给了朝廷，为此引起了丞相的关注。后来高宗巡视建康时，命史正志扈从，而他的所言也受到了高宗的夸赞。孝宗即位后，史正志知建康府，在此任职期间颇有政绩，而最著名的文化活动是他组织编修了《乾道建康志》，该《志》乃是南京历史上的第一部方志，虽然此书已经失传，但该书中的一些片段却记载于《景定建康志》《至正金陵新志》之中，而

◎ 找到了五峰书屋

◎ 看到线装书就眼前一亮

这也正是藏书家的眼光，他的这些文化活动给后世留下了重要的史料。

那个时段，著名词人辛弃疾也在此任职，辛弃疾曾给史正志写过两首词，而今这些词都流传了下来。到了乾道六年（1170），史正志调任成都知府，后来又当上了户部侍郎，而那时他跟主战派的宰相虞允文关系好，为此得罪了一些人。再后来，他又反对张浚北伐，为此而被罢官，于是他就来到了苏州，在此建起了万卷堂，此堂之中藏有42橱的书籍，可见这是名副其实的万卷堂。

史正志去世之后，他所建的渔隐渐渐荒芜，到了清乾隆年间，宋宗元在万卷堂故址之上重新建起园林，将其定名为“网师园”，而后又经过转卖，最终到了李鸿裔手中。李去世之后，又经过了几次转卖，在民国六年（1917）被军阀张作霖以30万两白银买下。而后的变化及故事中，以张大千兄弟曾经住在此处最为有名，当时张大千的哥哥张善孖为了画虎，特意在此园之中养了一只老虎，使得网师园又重新引起了人们的关注。

我曾经来过苏州无数回，在网师园的门前也记不清往返了多少回，但每次看到门口熙熙攘攘的游客，竟一点进去看看的欲望都没有。我总认为游览这件事，尤其是参观古迹，最好是能选一个清静的时段，这才能让自己静下心来，与古人之心相契合。而今为了写李鸿裔，我当然要进园内一看，于是我特意选了个快要关门的时间前往。果真，在门口的售票处没有看到排队的人龙，售票员善意地提醒我：“离停止售票还有10分钟了，你确定要不要买票？”我当场毅然决然地把票款递给了她。

来到入口处，我又被好心的检票员问到了同样的问题，这样人性化的景点真让我觉得难得。我感谢了对方的善意提醒，并且跟她说，我拍照完毕后会尽快出来，以免耽误她下班的时间。

网师园面积不大，按照介绍资料上的说法，整个规模占地约10亩，这个面积跟拙政园比起来，不到后者的六分之一，但网师园的名气恰恰来源于其布局紧凑而精巧。入园不久，我就找到了万卷堂。

从规模和建制来说，我感到这万卷堂不像是网师园的主体建筑，此园至今已经有了近九百年历史，历代的使用者对该园做过多次的修缮和改变，故而万卷堂尊崇的地位已然不存，但这个堂号却一直延续到了今日。而今悬挂的匾额乃是出自明代大书法家文徵明之手，万卷堂内布置成了会客厅的模样，里面没有摆放书架，这让我有名实不符的感觉，好在李鸿裔居住此园时，他另建了藏书之处，该楼名为“五峰书屋”，于是我沿着参观路线，一路向内探寻。

因为已经到了闭馆的时间，我在网师园内几乎没有遇到游客，这给我的拍照带来了太多的便利，看来在闭馆之前到著名的旅游景点内拍照，这是一个妙招儿，但愿在每个景点都能遇到通情达理的管理者，否则到那个时段被禁止入内，岂不成了“赔了夫人又折兵”？

一路走下去，穿过几个厅堂，果真找到了五峰书屋，我在介绍牌上看到了这样的文字：

取李白“庐山东南五老峰，青天削出金芙蓉”。指庭前院后，峰石罗列，挺秀而名。此处花木扶疏，自成一幽静的处所。旧为园主读书之处，南宋时为史正志“万卷堂”故址。

原来，这五峰书屋的原址才是真正史正志万卷堂的旧址，找到这里才算找到了真正的藏书楼。而这里恰好也摆放着仿古的书架，其中还有十几函开本很大的线装书。虽然我知道在旅游景点内摆放的线装书不过就是一种道具，里面往往都是白纸，但即便如此，我每到一处还是有翻看的欲望，我也不知自己怎么会有这样的怪癖。

而今这静静的网师园里看不到游客也看不到管理人员，正是下手的好时机，但此念刚一升起就被我压了下来，因为我想到了门口管理人员对我的信任，觉得不能辜负她的这番好意，于是我决定“是可忍，孰都可忍”，毅然决然地在室内拍完照，而后走出了这著名的五峰书屋。

沿着参观路线继续前行，又穿过了几个庭院，在一个独立小院内，有

◎ 五峰书屋外观

◎ 多少雅士曾在此往返

◎ 晚上听戏的条凳

◎ 售票窗口也已关闭

位工作人员正在那里摆条凳，我向他请教这是何意，他说今晚在这里有演出，所以要清退游客，以便晚上另一拨人来看演出。到此我才明白为什么售票处要尽快停止售票，原来需要在这两者之间留下一个空当，为此这让我更加感念售票员的美意。等我走出大门准备向这位好心的售票员道谢时，售票窗口早已关闭了。

缪荃孙·艺风堂

雅号书宗，身后星散

缪荃孙 （1844—1919）

近代藏书家、校勘家。字炎之，又字筱珊，晚号艺风老人，江苏江阴人。清光绪进士。历任京师学监、翰林院编修等，并主讲南菁、钟山等书院。1907年创办江南图书馆，1909年任京师图书馆正监督。著有《艺风堂文集》《艺风堂金石文字目》等。

缪荃孙乃是中国目录版本学史上最著名的人物之一，杜泽逊先生在杨洪升所著《缪荃孙研究》一书的序言中称："光宣之际迄于民初，言藏书，言版本校雠，言目录碑版，当推江阴缪艺风荃孙为大宗。"章钰则直接把缪荃孙称为"书祖宗"。(《艺风堂友朋书札》)即此可见，缪荃孙在目录版本学上的成就，受到了业界的广泛肯定。

2014年，凤凰出版社出版了大部头的《缪荃孙全集》，这部大书是由张廷银、朱玉麒主编，其中"日记"部分是以北大所藏稿本为底本，而后予以了点校。这四册本的点校"日记"，是缪荃孙三十二年间所记，有着180多万字的体量。翻看这本"日记"，缪荃孙几乎天天都在跟书打交道，他读书、校书、买书、刻书，其一生几乎全跟书有关，难怪在他诞辰170年之际，国家图书馆特意举办了纪念活动并出版了相关的论文集。

缪荃孙出生于江苏江阴县申港镇，申港缪氏乃是当地的望族，该族原本祖籍河南，南宋绍兴年间，缪宏毅到南方为官，而后定居于江阴，这一支在当地渐渐发展了起来。缪荃孙的祖父名为缪庭槐，他是进士出身，曾任平凉府知府；而其父亲缪焕章是举人出身，当过贵州候补道。这两人是否有藏书之好，史料未曾记载，但缪荃孙在《艺风藏书记·藏书记缘起》中写道："荃孙年十二三，住申浦老屋。屋中存书四大厨，读经之暇，即取阅之。诸史杂家，尤所心喜。"

缪家有四大橱书，这说明缪荃孙的祖辈和父辈有一定的藏书量，正是这些书让缪荃孙对藏书之事有了感性认识，而后奠定了他在这方面一生的作为。但真正得到版本目录学的门径，则是他考中举人之后的事情。

同治六年(1867)，缪荃孙中举，他的座师是广东藏书大家李文田，李对缪特别地喜爱——"以目录之学相勖"(《书林清话》缪荃孙序)。能够得到名师指导，这当然是人生中的幸事。同治七年(1868)，缪荃孙第一次进京参考，在此期间他开始买书，此乃缪荃孙收书之始。光绪元年

（1875），他为张之洞起草《书目答问》，自此之后，他的目录版本之学得到了很大的长进。

从代张之洞起草一事，可见张之洞对缪荃孙极其地信任，甚至嫉妒李文田成了缪的座师而非自己，张之洞在给潘祖荫写的信中称："若农学士使蜀得缪君，使浙得莼客及潘鸿，皆恰不与晚相值，此自榜运使然，徒为难羡而已，言之至今耿耿。"

张之洞把不能得到缪荃孙这样的弟子归之为"榜运"，虽然有着这样的遗憾，但他仍然努力地提携缪荃孙，缪在《祭张文襄公文》中写道："荃孙之于公也，岁癸酉始入谒，至乙亥而及门，捧手以授大义，提耳以领微言。乃眷注之独厚，亦屡呼而屡援。"

光绪二年（1876），缪荃孙考中了进士，而后进入翰林院，当时他就想读《永乐大典》，但那时的人不以此为意，反而嘲笑他不好好想着当官，去做什么学问，这种境况让缪荃孙很是无奈，但想翻阅《永乐大典》的心思一直没有放弃，这一等就是十年，此后他才有了机会借读《永乐大典》。

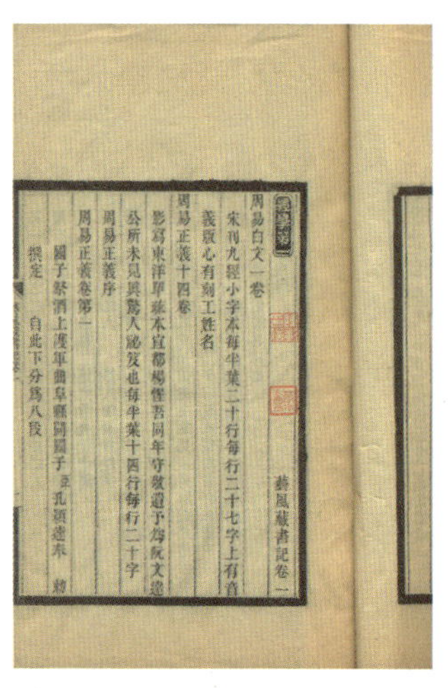
藝風藏書記卷一
周易白文一卷
宋刊九經小字本每半葉二十行每行二十七字上有音
義版心有刻工姓名
周易正義十四卷
影寫東洋單疏本宜都楊惺吾同年守敬遊予為阮文達
公所未見異驚人秘笈也每半葉十四行每行二十字
周易正義序
周易正義卷第一
國子祭酒上護軍曲阜縣開國子臣孔穎達奉 勅
撰定 自此下分為八段

◎ 缪荃孙撰《艺风藏书记》八卷，清光绪二十七年（1901）刻本，卷首

東坡集卷第一
詩四十七首
辛丑十一月十九日既與子由別於鄭州
西門之外馬上賦詩一篇寄之
不飲胡為醉兀兀此心已逐歸鞍發歸人猶自念庭
闈今我何以慰寂寞登高回首坡壟隔惟見烏帽出
復沒苦寒念爾衣裘薄獨騎瘦馬踏殘月路人行歌
居人樂僮僕怪我苦悽惻亦知人生要有別但恐歲
月去飄忽寒燈相對記疇昔夜雨何時聽蕭瑟君知
此意不可忘慎勿苦愛高官職 嘗有夜雨對床之言故云爾

◎ 缪荃孙任校雠《东坡七集》一百十一卷，清光绪三十四年（1908）至宣统元年（1909）端方宝华盦据明成化本影刻本

而后缪荃孙用了两年多的时间，读了这部大书中的900册，这使得他对历史典籍有了进一步的认识。

光绪八年(1882)，缪荃孙任国史馆修纂，三年之后升为了总纂，可是在编书的体例问题上，他与国史馆掌院徐桐发生了矛盾，于是徐借机打击缪，让缪受到了罚俸两年的处分。晚清时期，康、梁提倡新学，而缪荃孙坚持传统的考据之学，为此他跟梁启超发生了书信上的争论。辛亥革命爆发之时，缪荃孙正在京城，之后，他就以遗老的身份住在了上海，直至去世。

缪荃孙在上海期间，以其个人魅力影响了很多富人，使得他们也有了藏书之好。《历史文献》第五辑上刊发的《上海图书馆善本题跋选辑·史部(续三)》中，收有秦更年的一则题跋，秦在该跋中写道："沪上富人之解藏书刻书，亦皆先生有以倡之，得不谓为书林之德星欤。"看来，缪荃孙是个很有影响力的人，正是在他的感染之下，上海不少的有钱人都开始"富而好礼"。

民国三年(1914)，缪荃孙主持了《清史稿》的修纂，王锺翰在《张尔田谈〈清史稿〉纂修之经过》一文中称："民国三年(1914)，开清史馆，赵尔巽为馆长。聘总纂、纂修、协修，先后百数十人，而名誉总纂、纂修、顾问不计焉。馆中执事者，有提调、收掌、校勘等职。是时遗老，有主张修史者，有以为不当修者，卒之应聘者多。缪荃孙为国史馆总纂前辈，以史事自任，巍然为之魁率。体例未定，建议蜂起。梁启超所言尤繁夥，然多不中义例，卒从荃孙之议，而略加通变。"看来，当时的梁启超也给《清史稿》的编纂体例提出了很多的建议，但他的所言大多未被采用，而缪荃孙的意见则基本上被采纳。以此可见，二人在正统的体例的理解上有着较大的差异。

关于缪荃孙的藏书事迹，相应的历史记录很多。他在京期间，常常到琉璃厂去买书，他到上海办事时也会大量地买书，有时一买就是多部，比如《戊子日记》八月二十五日："在醉六堂购得全谢山《句余土音》《鲒埼亭诗集》《拜经楼题记》《陵阳小稿》《金石例》《祠部集》《牧庵集》《伊犁总统事略》《泾渠志》《复社姓氏传略》《沙河逸老小稿》十一种，去洋卅元。" 这天他在醉六堂买了 11 种书，花了 30 块大洋。不知那时的书价和收入之比，有着怎样的比例，但其买书之豪气，由此可以显见。

从市场上购买版本，当然会涉及到鉴定问题，比如《戊子日记》四月二十日所载：

二十日辛丑，晴，大风。校《韩集补注》。录阌乡、卢氏金石。幼农来。崇文阁送江氏《尚书集注音疏》来。博文书局送旧刻《汉隶分韵》来。校《奏议》及《曾文正书札》。恒裕送李贵猷、李辉炯、莫小农照来。

《汉隶分韵》似明翻本。估人因书局有"绍兴乙亥万卷堂镌"，推为宋板，索值甚昂。《拜经楼藏书题跋记》载有宋板、有元板，《提要》云不知撰人姓氏。此书次行有"大宋郭忠恕编次"，然用平水韵，必非宋人所撰，焉得有宋板也！且"大宋某人"，他书无此，决为书估伪托无疑。

在大风天里，缪荃孙在家校书，而后两家书店分别送货上门，其中有一部《汉隶分韵》被书商认定为宋刻本，故而开出了很高的价钱。但缪荃孙却以自己的知识从内容上着眼，认为这部书不可能有宋版。可见，他的鉴定不单纯是闻风望气，他还综合了各种知识，由此而得出最终的答案，来判定某部书真正的版本。

书商出于利益考虑，往往会虚报古书的版本，以此来卖得更高的价钱，藏书人则需要练出鉴别的本领，才能少上当。这样的过招在《艺风老人日记》中比比皆是，比如《乙未日记》三月十六日："陈百年送书三种来看：一，《柳文》半叶十三行，明刻本；一，《古今源流至论》前后别续四集，元刻本；一，《文章正宗》，明刻本。售者均以为宋刻也。" 这天，书商陈百年送来三部书，其中两部明刻、一部元刻，但陈都说是宋刻本。宋刻与明刻之间，差价巨大，而缪荃孙却能轻松地鉴定出真实版本，难怪

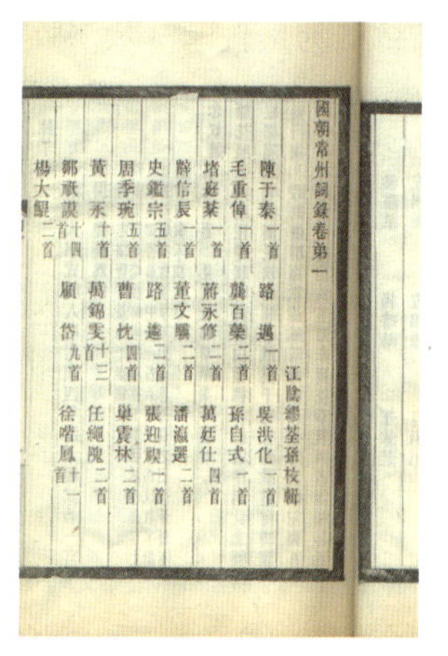

國朝常州詞錄卷第一
江陰繆荃孫校輯
陳于泰一首　路邁一首　吳洪化一首
毛重倬一首　龔百藥二首　孫自式一首
堵庭棻一首　蔣永修二首　萬廷仕四首
薛信長一首　董文驥二首　潘源選二首
史鑑宗五首　路逵二首　張迎禊一首
周季琬五首　曹忱四首　巢震林二首
黃永十首　萬錦雯十三首　任繩隗二首
鄒祗謨十四首　顧岱九首　徐喈鳳十一首
楊大鯤二首

◎ 缪荃孙辑《国朝常州词录》三十一卷，清光绪二十二年（1896）云自在龛刻本

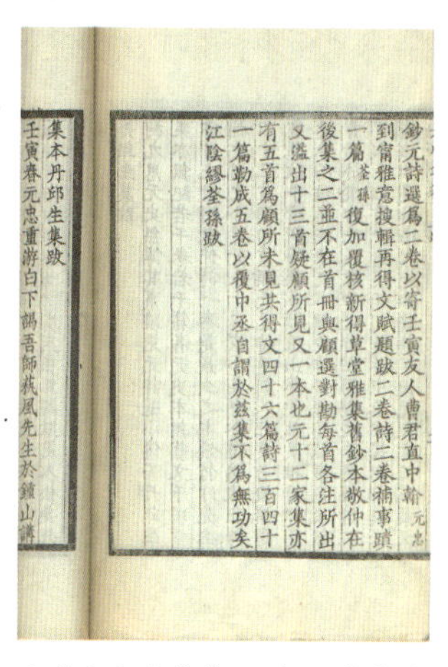

鈔元詩選爲二卷以寄壬寅友人曹君直中翰元忠
到甯雅意搜輯再得文賦題跋二卷詩二卷補事蹟
一篇荃孫復加覆核新得草堂雅集舊鈔本敬仲在
後集之二並不在首冊與顧選對勘每首各注所出
又溢出十三首疑顧所見又一本也元十二家集亦
有五首爲顧所未見共得文四十六篇詩三百四十
一篇勘成五卷以復中丞自謂於茲集不爲無功矣
江陰繆荃孫跋

集本丹邱生集跋
壬寅春元忠重游白下謁吾師藝風先生於鍾山講

◎《丹邱生集》五卷，清光绪三十四年（1908）息园刻本，缪荃孙跋

他的藏书以精湛著称。

缪荃孙一生究竟藏了多少书，没有确切的数字，因为他的书有时是边买边卖，所以没有一部完整的目录流传下来。缪荃孙在《艺风藏书记·藏书记缘起》中自称："旧刻、旧钞、《四库》未收之书、名家孤传之稿，共十余万卷。"他在这里仅点出了自己所藏的精善之本，仅这一部分就有十几万卷。一般而言，藏书家大多是普本多、精本少，若以此比例推之，缪荃孙的藏书应该远超此数。

相对而言，对缪氏藏书给出较为明确的数字者，乃是邓之诚，其在《云自在龛随笔序》中写道："艺风先生与予同为庄氏老少女婿，予自滇出蜀，顺江东下，丁巳秋始贽见于上海。所居在虹口，曰联珠楼，以得宋刊《窦氏联珠集》而名。楼上下五楹，藏书十一万卷，三万余册，触目皆佳籍也。铭心之品，则置于卧内。"

邓之诚跟缪荃孙有着姻亲关系，他们分别娶了庄氏的女儿，故邓的所言应该比较准确。邓之诚在上海缪荃孙的家中看到了艺风堂藏书的大体规模，其称缪荃孙在上海的藏书楼名为"联珠楼"，而此堂号是缘于缪荃孙藏有宋版《窦氏联珠集》，该书被缪认为是自己所藏宋版中的最佳之物。

缪荃孙在上海期间因为没有了收入，故很多时候都是靠卖书来维持生活，但他并不回避这一点，《艺风藏书再续记》序言中称："予自国变，蠖居海隅，佳椠旧钞往往易米。"靠卖书来生活对一个爱书人来说，当然是一种不得已，但毕竟为了活着也只能做这种非所愿之事。

其实，缪荃孙卖书有时也并非单纯是为了换取生活之资，傅增湘在《藏园群书题记》中称："老人晚岁侨居上海，时鬻去储籍，为刊书之资。"看来，缪荃孙卖书换钱有时乃是为了刻书，因为刻书之资是不小的一笔开支，而缪氏为了将这些珍善之本广为流传，宁可出售自己的藏品，这也需要有壮士断腕的勇气。

但是，古籍善本在某些方面跟古玩有着同等的性质，当藏主需要钱而急着出售藏品时，往往不能卖得好的价钱。民国六年（1917），也就是缪荃孙去世的前两年，他拿出自己珍藏的16种宋元善本准备卖给刘承幹。当时这批书先拿到了刘的府上，叶昌炽恰好来到刘家并看到了这批书，叶将此事记载在了《缘督庐日记》民国丁巳年（1917）四月十五日这天："赴翰怡之约……出宋椠书共赏，《窦氏联珠集》最精，有'顾大有藏'印，又有'百宋一廛'及'荛圃藏书'诸印；钱叔宝手钞《华阳国志》；南宋刻《尚书孔传》，附《释音》，重言重意本。其次赵善璙《自警编》，真西山《大学衍义》，元明间刊本。闻皆艺风老人物，欲归翰怡，而谐价未成也。"

这批书中竟然有缪荃孙的镇库之宝——《窦氏联珠集》，而该书乃是黄丕烈"百宋一廛"之一，可见缪荃孙这次卖书是下了很大的决心。然而也如叶昌炽所言，因为价格的原因，刘承幹没有买下这部著名的书。到了民国七年（1918），缪荃孙又想将此书出售给丁福保，丁在《畴隐居士自订年谱》中写道："缪筱山先生荃孙出示宋本《窦氏联珠集》一册，

◎ 导航把我带到了季子禅寺的门前

此为宋椠精本，其价直千五百元；又出示宋刊《淮南鸿烈解》，汉许慎注；宋刊《吕东莱集》、宋刊《李翰林集》、宋刊《新唐书》、宋刊《范文正公集》、明安国活字本《颜鲁公集》、明蜀府活字本《栾城集》、明万玉堂刻本《太玄经》、通津草堂本《论衡》等，皆善本也。”由此可知，缪荃孙将此书拿给丁福保，开价 1500 大洋；余外还有一些精本。看到这个书目让我陡生羡慕，但不知什么原因，丁福保也未将其买下。

显然，这时的艺风老人有些缺钱，卖书不成，他就将一些书抵押给丁福保，丁在《自订年谱》中写道：“缪筱山先生藏书最富，且多善本，一日忽携带宋版《宋文选》、明版王本《史记》等来，质千元而去。”这次的抵押物中没有包括他的镇库之宝——《窦氏联珠集》，这部书哪里去了呢？原来他将此书卖给了林钧。

林钧喜好碑帖，民国初年曾跟随缪荃孙到处访碑，缪荃孙去世后，他买到了一大批艺风堂的旧藏，他在《箧书剩影录》自序中说：“辛酉北上，归道淞滨，适值江阴缪氏艺风堂藏书出贳。艺老下世不久，后人弗守，所藏流散。迹其收藏，实为近代巨擘。肆主居奇，索价甚苛，曲尽措筹，以

◎ 大门紧闭

重金收得金石书及四部善本二百五十余种，如获至宝，捆载归舟。”林钧路过上海时，正赶上艺风堂的藏书整批出售，于是林买下了一大批。

这些书中是否包括了《窦氏联珠集》呢？其未列出书目，故难以知之，但是他的《箧书剩影录》中却记载了其出售该书时的心情：“此本常携行箧，旅沪困于生计，友人作缘质于某处，旋以索债迫切，无法筹偿，踌躇多日，终决割爱，予频失眠，食引痛于衷，于今忆及，犹有余恨也。”看来，林钧也特别喜爱这部绝妙的宋版书，他常年把该书带在身边，可惜因为资金困难，只好将书抵押到某人处，以此来借款，而后无法偿还，只好将该书出售。此书离去之时，林钧痛苦异常。

由此可见，缪荃孙要比林钧豁达许多，因为缪在生前就准备将该书卖出，虽然未果，但也没有痛苦万状的记载，缪荃孙曾在《澹生堂藏书约》的跋语中写道：“祖、父积累有年，一入子孙之手，无不烟销灰灭，凡收藏家类然。”天下之事真是有聚必有散，缪荃孙对此看得很明白。而有意思的是，当年刘承幹可能是嫌价高而未购下这部书，可是林钧再次售出该书时，最终还是到了刘承幹的手中，因为此书著录在了《嘉业堂藏书志》卷四。

缪荃孙去世后不到一年，其旧藏就被儿子缪禄保卖了出来。伦明在《辛亥以来藏书纪事诗》中写道：

筱珊先生子寿，名禄保。己未岁，以所藏书售之上海古书流通处，所余抄校本及刻本之罕见者尚不少，并家稿携之入都。十余年来，零售略尽，并先生自撰《五代史方镇表》，亦售与北京大学。

可能是整份出售的原因，缪荃孙的旧藏今日在市面上并不多见，虽然拍卖会上时常能够看到钤有“荃孙”藏印之书，但从书的质量以及钤章墨色来看，这些均为缪荃孙去世后外人拿到他的藏书印后胡乱钤盖在书上者，因为该印章刊刻精雅，并且在其真本上也有同样的印迹，所以印章并非伪刻，这就是业界所言的“人死章不烂”。

虽然如此，但偶尔也能看到一些缪荃孙真正的旧藏之物，而我也陆续买得了数种。最为遗憾的是，我曾在老书商魏广洲家看到一些稀见的唐人写经，魏老先生告诉我，这些经就是他从缪禄保手中买得者。但那些经大多在纸幅上有挖洞的痕迹，魏广洲告诉我，被挖掉的地方乃是绘有彩色的佛像，而他从缪禄保处得到这些经时就已经是这个模样。至于这些被挖之洞是在藏经洞发现时就已经如此，还是被缪禄保所挖，就不得而知了。

被挖了洞的写经看上去怎么都觉得别扭，为此我没有将其买下，魏广洲去世后，这些经就不知所踪了，今日想想，未能得到这批特殊的经，也算是一种遗憾。

缪荃孙纪念馆位于江阴市镇澄路1666号。开车前往此处，导航却把我带到了一处佛寺的门前，此寺名为“季子禅寺”，这个名称略显奇怪。在寺门口向人打问，原来我所找的纪念馆在此寺正对面。虽然是对面，但两者之间却隔着一个面积很大的公园。从公园穿行而过，我看到了一处白色的半仿古建筑，走到正面果真看到了“缪荃孙纪念馆”的字样，而这个匾额之上还有“缪荃孙图书馆”的招牌。

我在网上搜得的信息称，该馆的门牌号为“694号”，然我眼前见到的铭牌则是“1666号”，不知是搬迁的结果，还是网上胡乱写出的错误。但我到达此馆时，这里的大门紧闭，敲击一番，无人应答，只好围着这处纪念馆四处探看。无意间，我发现其正门右手的位置隐隐地似乎有雕像，于是向那里走去。

走到近前，我看到了一排展板，上面介绍着缪燧的生平。十分惭愧，我在此前并不知道此人是谁，回来查资料方知，这位缪燧是缪荃孙的六世祖，是康熙朝著名的清官，奇怪的是这些展板上却未曾提到缪荃孙。

展板的侧旁有一条小路，沿此路穿行，看到一处精致的园林，在旁边的空地上用大理石刻成了一本线装书，上面有“蓉浦清风园”的简介，看来这就是该园的名称。走进园中，右侧乃是曲折的长廊，在长廊的入口处有一座蓉浦亭，而亭旁的绿地上有一块巨大的鹅卵石，上刻着“不欺”二字，我是从左往右读之，若以古语从右到左读成“欺不”，则感觉不通。蓉浦亭的正中立着一块翻刻的古碑，碑额上刻着“蓉浦书院碑记”，而此书院正是缪燧所建。难道这里是蓉浦书院旧址？可惜旁边没有相应的

◎《蓉浦书院碑记》

◎ 长廊上都是故事

说明牌。

站在碑廊里，隔着池塘的水面望过去，园林正中立着一尊塑像，走近细看，也是缪燧。站在缪燧的塑像旁边，我看到后方有一栋仿古房屋，其正门前竟然悬挂着“艺风堂”的匾额。我对这个堂号太熟悉了，看来这里果真跟缪荃孙有关，于是快步穿过长廊，来到了这栋房屋的门前。

艺风堂门口站着一位老年妇女，我向其请教：这艺风堂是否就是缪荃孙的藏书之处？老太太说她不清楚，她建议我到旁边的纪念馆去问问，她说那里有很多跟缪家有关的资料。我跟老太太说，那里没有开门，可否让我到艺风堂内看个究竟？她说可以，于是我走进了屋内。

眼前所见，里面摆放着一些麻将桌，有几位老人在那里打扑克、看报纸、聊天，看样子像个老年人活动中心。我给这些老人们拍照，看他们也没有反感之色，而其中有两位老人忙着下象棋，其中一位冲我摆摆手，算是跟我打个招呼。我站在旁边观看棋局，向我摆手的那位老人显然占了下风。原本我倒是能够遵守“观棋不语真君子”，但我感念他对

◎ 缪燧站在水中央

我的善意，于是又想起了另一句俗语——“见死不救是小人”，我以此语作心理支撑给老人支招儿，三步过后，对面的老人瞥了我一眼，我知趣地赶快离开。

回到艺风堂的门口，我又向那位老太太请教：为什么在艺风堂内开办起了老年活动中心？老太太告诉我，来这里活动的老人都是旁边缪家村的，他们大多都是缪燧的后人。我问老人：除了缪姓之外，是否不准其他人来此活动？老人说，也没有这样的规定。聊到缪荃孙，老人对此也很熟悉，她说这个村里的后人大多在海外并且都很有成就，有不少人都会回来祭祖。看来，申港的缪氏果真是望族。

然此行于我而言，倒是有两个遗憾，一是没能到缪荃孙纪念馆内探个究竟，二是在这艺风堂里没有找到任何跟缪荃孙有关的字迹。回来后转念思之，说不定艺风堂本是缪燧的堂号，而缪荃孙不忘其祖，继续沿用了这个堂号。可是，他又自号“艺风老人”，这又如何解释呢？真希望能够得到方家的指教。

莫棠·铜井文房

故井仍在，书散各方

莫棠（1865—1929）

字楚生，贵州独山人。莫友芝的侄子。主事衔，早年游宦两广十余年。晚年家住苏州，颇富藏书，娴于目录版本之学，绍继莫友芝余绪。雅好收录黔人著述，并尽力助其刊布。如收集郑珍的《巢经巢遗诗》，编辑《巢经巢遗集》二十四卷，勘定贵州遵义赵嵩（字筱容）的《含光石室诗草》，均由陈夔龙出资刊刻，广为流播。自编有《文渊楼藏书目》一册，著有《铜井文房书跋》一书。

贵州独山莫氏乃是晚清时期著名的文化家族，朱松华在《莫姓家族与贵州儒学的传播及民族认同》一文中提及该族原本称“沙滩莫氏”，自明代迁入贵州，而被称为“独山莫氏”。该文中提及独山莫姓有可能是布依族，其举出了两个理由：“其一，莫友芝兄莫希芝、莫秀芝的后裔现在都认定为布依族，莫姓同宗也被认定为布依族，其礼仪习俗也同于当地布依族。其二，独山、黔南无论历史上还是今天都是贵州布依族聚居区域之一。”

但也有人对这种说法表示反对，因为莫友芝生前自称是汉族，而莫家其他人也有类似说法，究竟真相如何，于此不展开探讨，但该家族在文化上的影响力，却能得到文化界的共识。

独山莫氏的文化贡献始自于莫与俦，他在嘉庆三年（1798）考中举人，转年考取进士。莫与俦在朝中与很多文化名人有密切交往，他在七十六岁时和郑珍的诗中写道：“老来不记旧卿相，独记先辈之高风。乾嘉之际盛人杰，翘者未易遂数终。鸿猷何啻冠当代，余绪亦足称儒宗。维南有洪北朱纪（原注：稚存、石君、晓岚三先生），就中爱我推数公。谓能负气少屈曲，稍学可作西南雄。”可见其与洪亮吉、纪晓岚等名家均为莫逆之交。

除了在外任职，莫与俦把很多精力都用在了研究学问上，他的学术观念对其子孙有深刻影响。莫友芝是莫与俦的第五子，道光十一年（1831）举人，而后他多次前往京城考进士，均不第。莫友芝在北京期间常常到琉璃厂买古书，道光二十七年（1847）的某天，他在琉璃厂遇到了曾国藩。当时的曾国藩为翰林院侍讲学士充会试同考官，也对藏书大有兴趣，两人在一起谈到汉宋之争，聊得十分投机。当曾国藩得知莫友芝来自偏远的贵州时，颇为惊叹其学问功底之扎实。后来曾国藩组织湘军平定太平天国之乱后，他派莫友芝到江南访书，可见曾国藩对莫友芝目录版本学之首肯。

同治十年(1871),莫友芝又到扬州、兴化等地访书,后病逝于兴化舟中,卒年六十一岁。当时莫友芝的九弟莫祥芝任江宁知县,他将莫友芝归葬于遵义。曾国藩闻讯后,伤心之余写下挽联:

京华一见便倾心,当年虎市桥头,书肆订交,早钦宿学;

江表十年常聚首,今日莫愁湖上,酒樽和泪,来吊诗人。

此联谈及了曾、莫二人之交往,联中的虎市桥头乃是指琉璃厂所在的虎坊桥,可见两人的确相识于古书肆。而对于莫友芝当年在琉璃厂买书的情形,他的同乡郑珍所写诗句最为人津津乐道:

莫五璃厂回,又回璃厂路。

似看衔书鼠,寂寂来复去。

郑珍的这首诗十分形象地描绘出莫友芝每日往返琉璃厂多次,不断地到那里去选书购书。而郑珍在《愁苦又一岁赠郘亭》的长诗中又写道:"日日琉璃厂,烂纸纵所窥。热处不解就,嘲骂理亦宜。"

对于古书之爱,若非深于此道者,难以理解爱书之人何以囊中羞涩却仍然流连于书肆的心情。

莫友芝最著名的目录版本学著作乃是《郘亭知见传本书目》,对于该书的来由,莫友芝之子莫绳孙在该书的跋语中写道:

先君子于经籍刊本善劣、时代,每笺志《四库简目》当条之下,间及存目。其四库未收者,亦记诸上下方。又采录邵位西年丈所见经籍笔记益之。邵本有汪铁樵先生朱笔记并取焉。同治辛未,先君子弃养,绳孙谨依录为十六卷。凡经部:四库存目者三,四库未收者百十八;史部:存目者二十八,未收者二百有十;子部:存目者十四,未收者百九十八;集部:存目者一,未收者百二十一。其四库已著录,未笺传本者并阙之。盖是书当与《简明目录》合观也。

除此之外,莫友芝还为江苏巡抚丁日昌撰写了《持静斋藏书记要》两卷,另外,他还给丁日昌编了《持静斋书目》。对于此事之来由,莫友

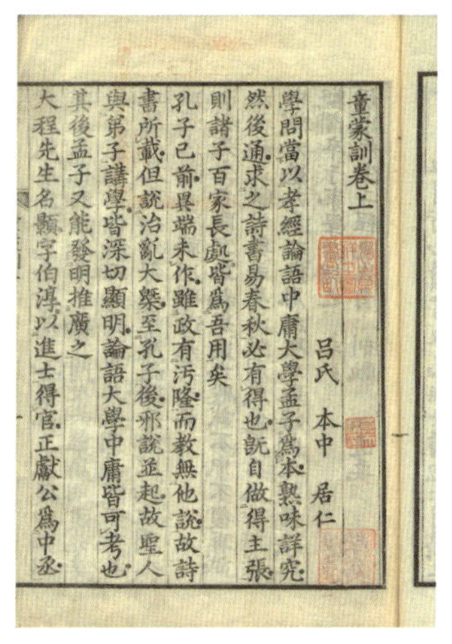
童蒙訓卷上
呂氏 本中 居仁
學問當以孝經論語中庸大學孟子爲本熟味詳究
然後通求之詩書易春秋必有得也既自做得主張
則諸子百家長處皆爲吾用矣
孔子已前異端未作雖政有污隆而教無他説故詩
書所載但説治亂大槩至孔子後邪説並起故聖人
與弟子講學皆深切顯明論語大學中庸皆可考也
其後孟子又能發明推廣之
大程先生名顥字伯淳以進士得官正獻公爲中丞

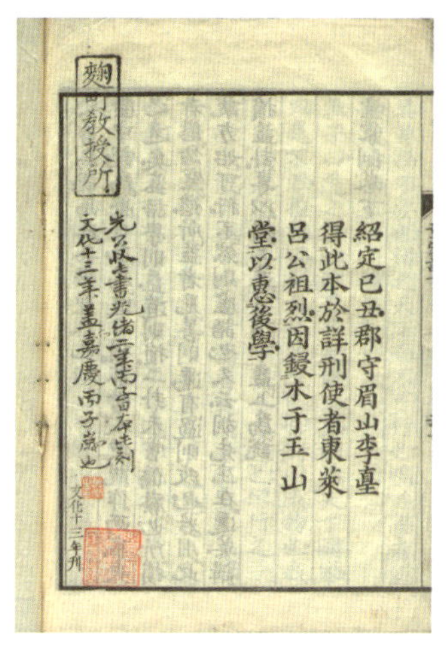
紹定己丑郡守眉山李壆
得此本於詳刑使者東萊
呂公祖烈因鋟木于玉山
堂以惠後學
文化十三年蓋嘉慶丙子歲也
文化十三年刊

◎《童蒙训》二卷，日本文化十三年（1816）刻本，卷首与莫棠题记

芝在《记要》一书序言中写道："同治丁卯秋末，友芝浙游，还及吴门，禹生中丞命为检理持静斋藏书三百有若干匣，散记其撰述人代、卷帙刊钞。逾两月粗一周，未及次序。明年春，开书局，董校旁午。夏秋间暂还金陵，略以四部别之，旋辍去。己巳开岁，局事稍减，及举官本《简明目录》，悉斋中所有，注当条下；《库目》未收或成书在后者，约略时代，条记于上下端，用助朝夕检览。……除复重，可十万卷。其中宋元善刻及旧钞，大部小编、单秘无副本者，且居十之三四。於乎，富哉！犹自以为未备，不欲泛滥编录，因举传本希见，指述大略，为《记要》二卷存之，以谂好古之士。"

莫友芝个人也是藏书名家，其所藏之本以《唐写本说文木部》最具名气，该文写在一种特殊的硬黄纸上，原书有宋代米友仁题字，并且钤有"绍兴"小玺印记，可知该书原为宋内府所藏。

莫友芝的这部书乃是得自他的弟弟莫祥芝，祥芝为莫与俦第九子，其字善征，父母去世后，莫祥芝由哥哥莫友芝抚养成人。咸丰初年，莫祥芝加入韩超军队前去追剿杨凤农民起义军，因为他的军事才能，获补湖南县丞，由此而结识了曾国藩。莫祥芝加入湘军后，更加展现出他的才干，但因其性格耿直得罪了他人，被诬告贪污钱粮，为此曾国藩向朝廷上奏弹劾，莫祥芝被革职，之后查明此为冤情，又以县丞补用。

其实曾国藩对莫祥芝有过劝告，柴萼在《梵天庐丛录》中写道："莫善征大令祥芝，籍独山，子偲先生友芝之弟也。经术湛深，精许氏学，工八法，性狂放，高谈横议，睥睨六合，随兄子偲居公（曾国藩）幕，与庶昌交契。公奇其才，尝诏之曰：'子与莼斋，皆黔中豪杰士也。志趣学业相伯仲，又俱好谈天下事。莼斋近日颇沉默，进德甚猛，吾子其有意乎？夫务为大言者，始自满，继自欺，终必流于妄，子当知妄人非如古所谓狂士者比，今欲祛子客气，须自勿妄言始。' 善征 '唯唯'，立言行功过录以自省。"

平定太平天国之后，莫祥芝在多处任职，曾做过江宁知县，补上海知县，后来又提拔为知州。光绪十五年（1889），莫祥芝病逝于太仓，被儿子莫棠葬于苏州光福镇铜井山之阳。对此，刘汉忠在《江南"铜井寄庐"藏书考略》中写道："光绪十五年（1889年）三月，莫祥芝卒于太仓州知州任上，光绪十七年二月，寓家于苏州的莫氏后人葬莫祥芝于光福镇旁的

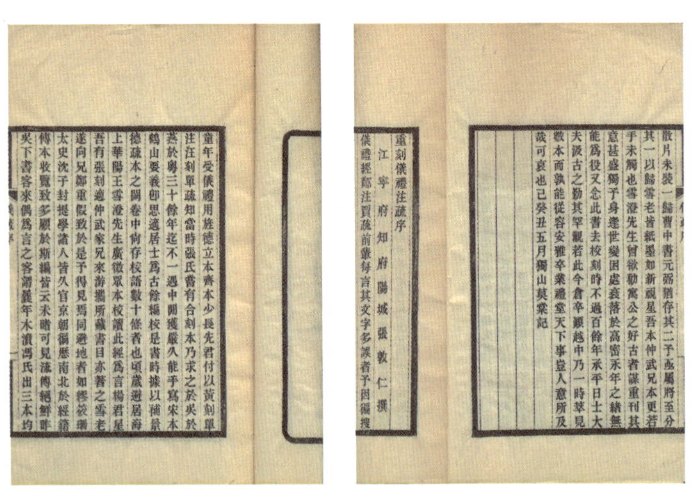
童年受儀禮用旌德立本齋本少長先君付以黃刻單
注注刻單疏知當時張氏舊有合刻本乃求之於吳於
燕於粵三十餘年迄不一遇中閒獲嚴久能手寫宋本
鶴山要義卽思適居士爲古餘編校是書時據以補景
德疏本之闕卷中倘存校語數十條者也頃歲避居海
上華陽王雪澄先生廣徵眾本校讐此經爲言楊君星
吾有張刻適仲武家兄來游攜所藏書目亦著之雪老
遂向兄鄭重假致於是予得見焉同避地者如繆筱珊
太史沈子封提學諸人皆久官京朝徧歷南北於經籍
傳本收覽致多顧於斯編皆云未睹可見流傳絕鮮昨
吳下書客來偶爲言之客謂曩年木瀆馮氏出三本均

散片未裝一歸曹中書元弼猶存其二予亟屬將至分
其一以歸雪老皆紙墨如新視星吾本仲武兄本更若
手未觸也雪澄先生曾欲勸寓公之好古者謀重刊其
意甚盛獨予身逢世變困處衰落於高密禾年之緒無
能爲役又念此書去校刻時不過百餘年承平日士大
夫汲古之勤其罕覯若此今倉卒顛越中乃一時萃見
數本而孰能從容安雅卒業禮堂天下事豈人意所及
哉可哀也已癸丑五月獨山莫棠記

重刻儀禮注疏序
江寧府知府陽城張敦仁撰
儀禮經鄭注賈疏前輩每言其文字多譌者予因徧搜

◎《仪礼疏》五十卷，民国八年（1919），吴兴刘氏刻嘉业堂丛书本，莫棠序

铜井山。李根源于民国十五年(1926年)三月游访西山,他在《吴郡西山访古记》提到的'独山莫氏墓、宋氏墓',即指莫祥芝夫妇墓。他的藏书事业由其子莫棠继承并发扬光大之,于是有了'铜井寄庐'这样一座藏书楼。"

同治元年(1862)夏,莫祥芝从祁门来到安庆,他告诉莫友芝说黟县知县张廉臣藏有一册唐写本《说文》残本,莫友芝闻言大感兴趣,他想通过莫祥芝借来此书影抄一部,没想到的是,张廉臣十分大方地将此书赠给了他。经莫友芝考证,该书乃是写于唐宪宗李纯元和十五年(820),针对该书的价值,莫友芝写成了《唐写本说文木部笺异》一书。

莫祥芝也有藏书之好,他在上海、南京、太仓一带任职时,因为太平天国战争的原因,很多藏书家的旧藏之物纷纷散出,莫祥芝因此收到很多珍本。李盛铎在《艺芸书舍宋元本书目》的题记中写道:"汪氏(士钟)书亦有归于郁氏'宜稼堂'者,经史佳本已为丰顺丁氏(日昌)所收,而郁氏书于前数年多归独山莫大令祥芝。"

莫祥芝有三子一女,长子莫科先其父而逝,次子莫祁娶黎庶昌次女黎瑞萓,三子莫棠在藏书史上的成就仅次于其伯父莫友芝。其实,莫祥芝的这三个儿子均有藏书之好,遵义市政协文史与学习委员会所编《遵义文化世家》中写道:"宣统三年(1911年)后家居苏州。他们兄弟三人都喜好典籍,在莫祥芝的藏书中,常见到三人的钤印。莫祥芝去世后,藏书多由莫棠承传,后又倾尽所积,购典籍书画、古器物、建铜井寄庐藏书楼,堪称东南文献渊薮。"

明清以来,苏州乃江南藏书圣地,莫棠既有家学,又能生活在珍善之本繁富之地,再加上他与许多目录版本学家有交往,为此锻炼出了眼力,同时也得到了丰厚的藏书。而他在目录版本学方面的造诣,也使他成为了影响傅增湘走上藏书之路的重要人物之一。傅增湘在《藏园居士六十自述》中称:"辛亥避地上海,时方军兴,故家藏庋,一时星散,偶以百金买宋刊《古文集成》，为四库馆进本，出手得卢，私用自憙。更遍交沈乙庵、杨邻苏、莫楚生、徐积余、张菊生诸公，文宴从容，备闻清论，商略校雠，每见异书，持往质证，习之数月，忽有解悟，遂敢放意搜求。”

楚生乃莫棠之字，傅增湘将其版本成就与沈增植、杨守敬、徐乃昌、张元济相并提，藏园老人自称正是与莫棠等人的交往，才使得他用了几个月时间悟得版本目录之学的窍门，由此而一发不可收，可见莫棠等人对其影响之大。而傅增湘在《藏园群书经眼录》卷七《太平惠民和剂局方》中又称："频年游吴门，多主于楚生家，其藏书咸得寓目。"

可见傅增湘与莫棠有密切交往，因为他多次到莫棠家翻阅其藏书，将莫棠藏本全部看了一过。而莫棠对傅增湘也多有关照，傅增湘在给明嘉靖本《精选陆放翁诗集》的题记中称："莫楚生丈适有《前集》十卷，遂举以相赠。返都后付工合装，截鹤续凫，修短合度，忘其补缀之迹，是书缺而复完，胥出楚丈之赐。"

由此可知，傅增湘原本只有该书《后集》八卷，莫棠恰好有《前集》十卷，于是莫棠将其所藏赠给了傅增湘。莫棠不但赠书于人，也会受人所赠，杨艳燕在《山西师范大学图书馆藏莫棠手书题跋古籍考释》中谈到了莫棠所藏的明嘉靖间王忬刻本《南丰先生元丰类稿》，该书上有莫棠所书题记：

光绪丁亥桐城萧敬孚贻余《元丰类稿》，缺十六至二十一凡六卷，欲觅本补钞，未遇也。乙未正月收此本于苏州，亦阙数卷。乃互相抄补，而皆成完书，可谓快事。萧赠本乃成化中杨参补，惜印本太后，修补已多，此盖据杨本重刊，行款悉同，而古雅不如也。四十六、七、八三缺卷不知何人正，取杨本配入，四十九至末则余所写者，时节近春分，尚复严寒，平地尺雪，二月二十日呵冻记。

此跋中的敬孚乃是萧穆之字，同治三年（1864）萧穆在安庆见到了莫友芝，于是他与莫友芝、莫棠有了较为密切的交往。萧穆最为赞赏莫

◎ 大门上着锁

◎ 步行走入其中

友芝的书法，同时也很看重莫棠的版本目录之学，冒广生在《赠莫楚生即送其入都》一诗中写道："桐城萧敬孚，今之斫轮手。为我称二莫，津津不去口。大莫擘窠书，腕下龙蛇走。小莫精鉴别，沈博未曾有。铭心到书画，入手办彝卣。"

莫棠的藏书堂号，最为常见者为铜井文房，另外还有铜井寄庐、文渊楼和经香阁等。对于其前两个堂号的来由，刘汉忠在《独山莫氏铜井文房乃莫棠斋名》一文中称："光绪十五年莫祥芝卒于官，后人莫棠等寓住于苏州光福镇，因当地有'铜井山'而名其斋为'铜井文房'"。

对于莫棠所藏精品，《遵义文化世家》中提及："铜井寄庐藏书楼，收藏颇富，王文焘跋莫友芝批点本《韩昌黎诗集编年笺注》云：'多名籍秘本'，藏书共达'千六百余种'。藏品以明刊本、旧钞本、旧校本最具特色。有明正统年间刊本《后山集》，潘景郑先生《著砚楼书跋·后山集》云：'此本百年前，已珍如吉光片羽矣'。正统刊本《青阳集》，他又在《著砚楼书跋·青阳集》云：'最为罕觏………有光绪癸巳独山莫楚生先生跋语，当是辗转流入莫氏者'。明洪武十年刊本《宋学士文粹》十卷《补遗》一卷，傅增湘《藏园群书经眼录》称'极为罕觏'。明万历九年广东布政使司刊刻的《苍梧总督军门志》极罕见"。

看来莫棠所藏的明洪武十年刻本《宋学士文粹》曾被傅增湘著录，可惜这部难得之本未能被藏园所得，傅增湘在《藏园群书题记》中写道："此《宋学士文粹》……字体疏劲古雅，是学人之笔，非钞胥所能梦见，镌工尤精湛绝俗，宜与宋元本等量齐观也。余旧闻莫世丈楚生言，宋文宪集以《文粹》最为罕秘，且字画精致，亦非寻常元刊可及，心慕已久。嗣游吴门，楚生语及近于书友李子东许偶见残本，因属踪迹之，良久，邮致而来，开函展玩，惊喜逾常。行密如樯，字细于豆，古香馣蔼，灿目袭心，洵可为箧中奇珍秘玩矣。惟刊本只有卷一之五，余夙知楚生丈许藏有全帙，遂假以北来，……各分写一卷，俾成完璧。……楚生殁后，楹书散亡，此本未知流落何许，思之怆然不怡。……”

其实莫棠藏书不仅仅是关注珍善之本，其对清人著述也多有留意，比如中华书局资料室所藏乾隆十二年（1747）刊刻的《怀清堂集》中有莫棠所写之诗及小序：

汤西崖《怀清堂集》，收于坊间，破书，其中痗烂虫栖，手不可触，费定生为补缀之，既重装若新矣。

康熙风流浙江西，继齐诗名竹垞齐。我爱黔中纪行句，故乡山色入吟题。

论诗老友怆人琴（每得本朝诸大家诗，必与赵筱容读而论之，今筱容没矣），每得新编感不禁。犹有故人勤拾补，手披断帙剔残蟫。

看来此书品相极差，莫棠得到该书后作了仔细的装池，其爱书之情由此而突显。对于其何以购得那么多珍善之本，王文焘在跋莫友芝批点的《韩昌黎诗集编年笺注》中写道：“楚生姻丈棠，为犹人教授之孙，善征大令祥芝哲嗣，郘亭征君友芝、芷升师庭芝之犹子。随官江南，宗仰世父书法，收藏步趋法则。困滞棘闱，乃筮仕粤东，历任韶州、琼州等府。储书富有，多名籍秘本。辛亥后归江南，卜居金阊，南中大吏多旧交，尝以榷税事任之，所得仍以购典籍书画古器物。去秋归道山，莫氏学派与长物尽散出归他人矣。”

可见莫棠的藏书之好的确受莫友芝之影响，同时他与贵州藏书家黎庶昌、陈榘都有密切交往。对于莫棠的经历，史丽君在《莫棠生平及其藏书与题跋考述》一文中写道：“1888 年莫棠曾游日本，期间与黎庶昌、陈衡山等交往甚密。1889 年，莫棠因其父莫祥芝‘陇于铜井，遂家郡城东’。1900 年后，莫棠致仕粤东，常居岭表，期间曾从事黄埔武校。1907 年，莫棠出任韶州知府。1910 年冬，莫棠‘再管广雅书局提学’，欲印行《伊江笔录》未果。1911 年‘假郡琼台’，任琼州知府，辛亥革命延及琼州后，莫棠弃职归于江南，寓居苏州。”

正是因为莫棠去日本访过书，并且跟黎庶昌家有亲戚关系，为此他对《古逸丛书》版本的递传颇为了解，他在《古逸丛书》本《荀子》一书的跋语中写到了该书版片后来的情况："光绪甲申，遵义黎莼斋先生为出使日本国大臣，刊《古逸丛书》二十六种。其秋，莼丈奉诏将归，奏请置书板于江苏书局，得旨允行。时先君为上海县令，巡抚委官汤纪尚来迎收板片，板至启视，则每板四周皆护以木条，长短与板齐，广寸余，刻地甚浅。日本刷印法先以棕帚涂墨，拂纸既平，则以一圆物坚薄者平压而宛转磨之，故字外不渍墨，而字字匀洁。官匠皆相顾敛手，于是去其护板之木，复刓深其刻地之浅者，在县斋召匠试印。余遂请于先君，觅佳纸附印，其中经、子及《草堂诗笺》各数本，尚称精好，然行间已不能无濡墨。迨后板入局中，则更无佳印矣。当时日本摹印不足二百本，莼丈尝以数本授余，取价为之还夙负，每本五十金，岂知今日遂逾十部之值乎。"

这段跋语成为后世研究《古逸丛书》最重要的原始史料，而因版本的不同，该书的市场价格也差异甚大。

除藏书外，莫棠对古砖拓片也多有留意，方笑一在《莫棠〈铜井文房砖录〉的文献价值》一文中谈到莫棠的《砖录》一书有两部稿钞本，其中苏州图书馆藏本为陈子彝所抄录，该书末有陈子彝所写跋语："独山莫氏藏古砖数百方，今尽归吴中许氏。此《铜井文房砖录》一卷，盖为莫楚生手订，为吴中王氏海粟楼所得，壬申初秋，假之录副，以实书藏。子彝校记。"

由此可知，苏图本乃是本自王謇海粟楼所藏的莫棠手订本，1932 年陈子彝从王謇手中借得此本抄录一过。而另外一部钞本则藏于上海图书馆，此书有冯雄跋语如下："戊子五月，从吴君重晖借得此书稿本，请刘君文蔚迻录一册。越两月，携至上海，送合众图书馆收藏，颇望有好古之士见而刻梓以传也。南通冯雄识。"对于古砖的价值，上图藏本中有莫棠所写跋语如下：

《御览》引郑缉之《东阳记》:“独公山临溪古冢砖有箴言吉,凡十二字。”又《会稽十城地志》上虞县冢砖题文,及《舆地志》谢灵运得琵琶圻冢甓隐起有字,虽其言同异,要皆砖文见纪载之最古者也。厥后宋人说部、方志中亦或散见。鄱阳洪文惠撰《砖录》不传,惟于《隶续》载一二。迨于国朝,秀水、仪征先后倡导为金石学者,始竞臧弃著录。嘉兴冯柳东太史遂合诸家所有,成《浙江砖录》一书,而江左砖刻习于耳目者,不过宝鼎、蜀师寥寥数事。同治庚午,先君知江宁县,神策门外有古墓崩坏,躬往履视,循令封禁,曾得圮出篆文数砖,曰“富且贵至万世”,或祗“富贵”二字。时余生且六年,见从兄辈手事模搨,亦渐知尘土中物以有字为贵矣。数十年来,殊不恒遇,遇亦间收,乃复转徙毁失,所存无几。顷岁时游秣陵,属有通山开路之役,古砖日出,余每至,必载数者以行,遂积至七八十馀,孙吴、萧梁居其泰半,而砖之有图绘者,山川、人物、宫室、车马、草木、鸟兽咸备,诚为历来言甓者所罕备。计海内两朝碑版存者,吴不及五,梁不逮十,今诸砖书势,类若其时能事者所为,不尽出于陶人匠氏之手,而紫髯公雄视一代,江东三世,十七改元,但阙其一,则今之所获不已厚乎?爰合夙有断以百砖,编录如右,如皕砖千甓,吴越著闻,生际盛时,从容考论,余固不慚其多,独羡其身世之幸也。壬戌二月丁亥,独山莫棠。

该跋写于民国十一年(1922),莫棠在此跋中讲述了历史文献对古砖的著录,同时也讲到了古砖的价值所在,更为难得者,莫棠不仅是收藏有字之砖,同时还收藏一些带有图案的砖,正是他的著录使得后世了解到江南地区出土古砖的情况。

莫友芝《郘亭知见传本书目》的流传也跟莫棠有直接关系,莫友芝去世后,该书原稿由其子莫绳孙整理为四册十六卷,此稿后来归了莫棠,莫棠去世后其藏书散出,该稿又为潘景郑所得。潘景郑在《著砚楼读书记》中写道:

丁、戊之际，莫氏书散，此稿本四册流入飞凫人之手，斥二百金得之。全书虽非郘亭先生手笔，而朱墨灿然，审为先生父子群从递校之稿。书用皮纸，版心有“通鉴索隐”及“文选”等字，疑先生于两书容有撰述，故缮写时偶用其纸耳。取校各本，时有出入，洵乎原稿之可贵。予虽汇校多本，得此所谓“千羊之裘不如一狐之腋”矣。稿附南阳叶焕彬手跋，详及此书源流，然此稿莫氏实未付梓耳。

光绪十七年（1891），莫棠又根据原稿本过录了一部，同时他还把劳格对《四库简明目录》所作批注也过录其上，但因为莫棠过录时只是为了使用，他并未标明哪段批注为何人所书，故这部过注本实际包含了莫友芝、莫绳孙、劳格以及莫棠本人的批注。莫棠原本要将此稿付刊，而广东提学沈增桐为之审定刻例，然此事未成，过录本却遗失了。好在此前苏州书商侯念椿从莫棠处借到这部过录本抄录了一册，这部钞本流传开来，成了后世主要的刊印底本。以此可知，莫棠对传播莫友芝文献之学做出过不小的贡献。

莫棠对于后世之影响，当代著名目录学家杜泽逊先生在《我与〈四库存目标注〉》中有过这样一段讲述：“1992 年 1 月，我奉王先生之命到北京中华书局送《清史稿艺文志拾遗》的部分书稿，随后到琉璃厂逛旧书店，无意中发现一部《钦定四库全书附存目录》（简称《四库存目》）清刻巾箱本。在这之前我还不知道《存目》有单行本。书中有朱墨批注各书的版本。从书中夹有一页‘民国卅四年一月十四日星期日’的日历，并且从日历背面用来批注《四库》漏收之书来看，批注者是民国后期的学者。书中还夹有开明书店稿纸一条，或许这位学者在上海。顾廷龙先生曾怀疑是陈乃乾先生手笔，我去北图查过陈氏手辑的莫棠《铜井文房书跋》，觉得有差别。至于书中钤有‘莫棠楚生’一印，亦不敢信其为真，因为莫棠的印章都很精细，这一方粗疏多了。不过书中的批注却刚劲遒美，手笔不凡。我花了八十五元买下此书，大约超过了当年我的月薪。

◎ 天寿禅寺全景

我回家与《四库提要》比对,发现占批语绝大多数的朱批,全部取自《提要》,只有占批语少数的墨批是批注者从别处获得的版本信息。不管怎么样,这是我计划作《四库存目标注》的直接原因。”

正是因为这部书,使得杜泽逊用15年时间写出了《四库存目标注》一书。虽然文中提及不能确定是莫棠亲笔所书,然而正是这件事使得杜先生在四库存目方面作出了巨大的成就。

莫棠去世后,他的藏本很快散失出来,张元济在《黄丕烈校本〈贾子新书〉跋》中写道:“戊辰秋,友人莫楚生殁于苏州。不数月而藏书尽散。余友潘博山得此书于肆中,定为黄荛圃先生所校,携至海上以示余。余谓博山所识为至确也。卷一后有朱笔八字,曰‘成化癸卯乔缙本校’;墨笔亦八字,曰‘正德九年陆相本校’。之二本今皆不可得见,虽校出之字有时似不逮卢本,然孰敢谓卢必是而乔、陆皆非哉?乡贤手泽,善本遗文,博山其珍视之。海盐张元济。民国十七年七月四日。”

由此可知,莫棠病逝于苏州,几个月后,他的藏书就散失了出来,其中潘博山得到了一些。潘景郑先生在《明景泰本尔雅单注跋》中称:“(此书)经独山莫楚生先生以朱笔补写于后……此书得自独山莫氏,忽忽已及十年,乱后携来沪寓,寻绎旧业,恍如隔世矣!”而潘先生在《妙道人手校旧抄本穆天子传》的跋语中又称:“此册为独山莫氏铜井文房旧物,楚生先生手跋考证为详。莫氏书散,归积学斋徐氏。曾几何时,又流入市廛,余遂得之。”

铜井文房藏本散出之后被不少藏书家得到,对于其原藏概貌,莫棠有两部书目存世,一为《文渊楼藏书目录》,该书著录藏本约一千三百余种,另一部为《铜井文房书目后编》,此书著录四百种。对于其藏书的整体情况,张宪光在《从影山草堂到铜井文房》一文中说:“铜井文房藏书,以父兄旧藏为基础,又经莫棠数十年苦心经营,为寓苏藏书家的代表人物。”

然而铜井文房究竟处在苏州的何处呢?虽然傅增湘几次前往该处,但他却没有注明具体地点。张宪光在文中称:“莫棠早岁随父仕宦于皖、苏、沪一带,成年后曾游宦两广十余年,官至广东韶州知府。民国后弃官归隐,寓居苏州光福镇铜井山下,以‘铜井文房’名藏书之所。傅增湘每次到苏州来,都会下榻于此,可是其具体地址今已不得而知。”

七年前,在马骥先生的安排下,我前往光福镇寻访历史遗迹,当我们瞻仰完经学大家惠栋之墓后,当地乡干部告诉我说,后面的那座山就是铜井山,而莫棠的铜井文房就得名于该山上的铜井。当时我本想前去探看,然因带路的朋友已经辗转到第三波,更何况我不能确认上山要费多大周折,故只好作罢,打算下次再来访之。未曾想,这一等就过了将近七年,2019 年 8 月 19 日,我来常熟办事,乘当地朋友之车前往铜井山去探看那口铜井。

开车一个多小时来到了光福镇的铜井山,跟着导航开到山上,然而行驶到半山腰时却见这里大门紧锁,我们只好将车停在路边,步行走入

◎ 水池

大门之内。前方的路虽然很平整但坡度却很大，当日阳光明媚，走在柏油路上，两分钟不到我们就汗流浃背。我们吃力地向上走，一直走到山顶，然在山顶上却看不到任何建筑，脚下的路又向山的另一侧下行，展眼望去，前方是一座更高的大山。我们走到此处时，气力全无，实在没有力气再继续向上攀爬，于是用导航重新搜索，到此时方看清我们走的是后山之路，而铜井处在此山另一侧的天寿禅寺内。

无奈只好原路下行回到车上，按照导航指示的路线开向山的另一侧。在路上看到了苏州市吴中区烈士陵园，于此前行一公里又看到了木荷林自然保护区。继续前行二百米拐入一条岔路，这条路的坡度很大，有一段道路窄到无法错车，好在一路上没有遇到任何车辆，朋友小心驾驶，又行驶出几公里，终于开到了铜井山山顶。

山顶上的天寿禅寺比想象的小很多，仅有几间建筑，我在山间的空地上看到一个方形的水池，旁边没有说明牌，想来这应该就是铜井。据说这口井因为水色如古铜色，并且长年不枯，所以被人称为铜井，然而我看到的池中之水却并非古铜色。我围着这个小方池转了一圈，又在另一侧看到用铁网封起的另一个水池，此水池旁边的崖壁上刻着“灵泉”两个大字，落款为“晋王祥题”。我围着铁网四处探看，找不到镜头可伸入之处，于是只好将铁网扒开一个小口子，而后伸入镜头，终于拍到了里面的情形。里面的水看上去似乎比外面那个池子干净一些，并且通有管道，不知道这是不是此寺的饮用水源。

铁网附近看不到“铜井”二字，于是想找寺内的僧人了解情况，但在这里只听闻到前大殿有电子念佛机的声音，没有看到一个人影，于是向后几进大殿一一看过去。我们把寺院转遍也始终未找到僧人，却看到有些大殿内供奉的是道家人物造像，不知道这其中有什么讲法。

站在山坡上下望，远远地看到山脚下的光福镇，从沿途的植物生长情况看，很多枝条已经蔓延到了路面的三分之一，开车驶过时枝条不断拍打着汽车车身，这更加说明少有人会来到这处在山顶的天寿禅寺。当年莫棠会在这里建造他的藏书楼吗？以那时的交通情况看，这种概率不高，但是为了写这位先贤，我也只能以这口铜井来作为文章的落脚处了。

孙毓修·小绿天

鼎助涵芬，梳理源流

孙毓修（1871—1923）

江苏无锡人，早岁肄业南菁书院，又从无锡教堂的美国牧师学英文。。1908年应张元济之聘，为商务印书馆编译所的高级编辑，大展其才。编辑儿童文学读物《童话丛书》《少年杂志》《少年丛书》等，又翻译欧美文学专著，介绍国外历史地理。参与辑印《涵芬楼秘笈》《四部丛刊》等丛书。撰有《中国雕板源流考》《小绿天孙氏鉴藏善本书目》，辑有《书目考》等。

孙毓修是民国时期著名的文献家和藏书家，关于其藏书堂号的来由，王绍曾在《小绿天善本书辑录》一文中称："（安桂坡）好购异书，杂置胶山之西林，即以桂坡名其馆，而以小绿天题其藏书室。其后桂坡所藏，渐散人间，至晚近始尽为留庵所得，因亦以小绿天名之。一脉相承，渊源有自。"

此段话前半部分讲述的是明代无锡藏书大家安国的情况，王绍曾说安国的藏书室名叫小绿天，而其藏书渐渐散出后，有一部分被安国的乡贤孙毓修先生得到了，为了使这个著名的堂号延续下去，所以孙毓修把自己的藏书室叫了同样的名称。

孙毓修的确买到了一些安国家散出的小绿天藏书，他在《绿天清话》中记载了这件事："无锡安氏，世居东门外之安镇。明嘉靖中，安国造铜活字版，刊行《颜鲁公集》《初学记》等书，至今收藏家珍为善本。子我素，以道学名儒，讲学东林。自明至清，宗姓繁昌，蔚然诗礼名宗也。其累代所藏旧刊名迹、师友笔札，至宣统三年辛亥六月，始一一散出。保守至四百年之久，亦可谓幸矣。予以乡邦文献所系，重价赎之，然亦不能尽也。"对此，柳和城在《孙毓修小绿天藏书及其书目》一文中称："安国以小绿天题其藏书室，孙毓修也以小绿天为斋名（笔名乐天居士），可见安氏遗书在孙毓修藏书中的位置。"

1912 年 5 月，孙毓修写了篇《绿天清话自叙》发表在《小说月报（上海 1910）》第 3 卷第 5 期上，该文的第一段话就解释了室名的来由："余少习乡居，门临山水。每至新年，则手书春帖于大门云：'绿树村边合，清泉石上流。'盖集王、孟句也。可想见门巷之不俗矣。家有读书处，大不逾江南号舍四倍，然湘帘棐几，加意拂拭，颇自矜贵。门上亦署一联云：'中散不偶世，参军善闭关。'窗外植芭蕉一株，夏润秋荫之外，颇赠我以秾绿，遂标此室曰小绿天，自称曰绿天翁。"

孙毓修说自己的藏书室虽然面积很小，然而他却很看重，常常清理、

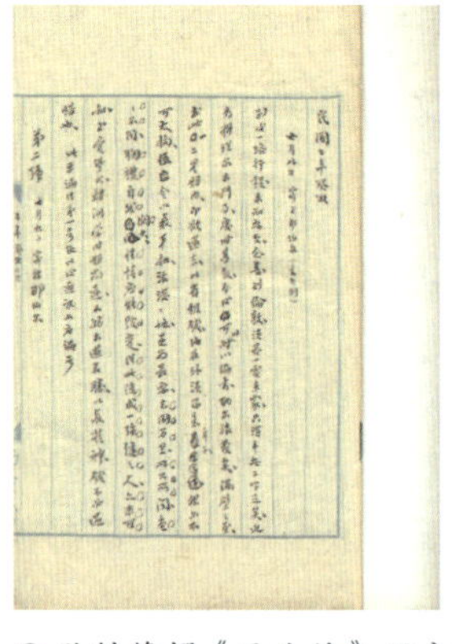

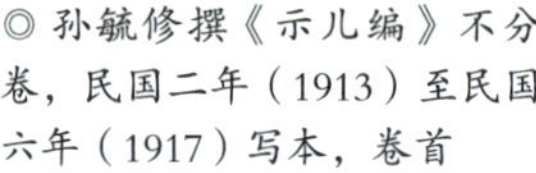

◎孙毓修撰《示儿编》不分卷，民国二年（1913）至民国六年（1917）写本，卷首

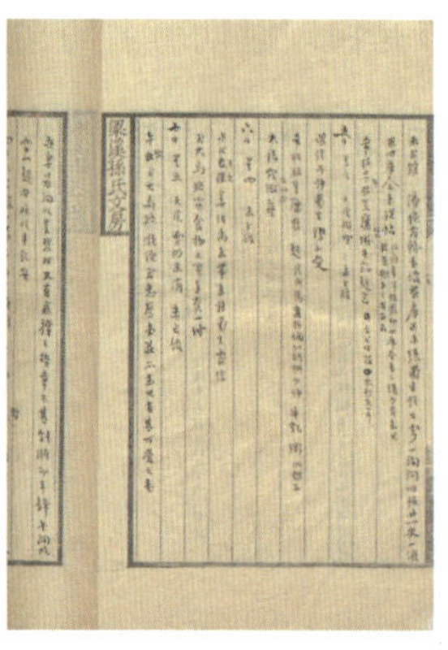

◎孙毓修撰《留庵日记》不分卷，民国稿本

打扫藏书室，藏书室的窗外种了一株芭蕉，江南雨水丰沛，这株芭蕉长得颇为高大，在阳光曝晒时芭蕉那大大的枝叶赐给了书室不少荫凉，所以孙毓修就把自己的藏书室命名为“小绿天”，而他本人也由此自号“绿天翁”。

如此说来，安国的小绿天也可能跟孙毓修的同名堂号没关系，这就如同黄裳先生笔名的来由，他本人就有多个解释，故由此可以猜测，孙毓修的小绿天也同样有多解，所以该堂号的出处并非一定要非此即彼。故柳和城在其专著《孙毓修评传》中把这两种说法一并写入了文中。

孙毓修后来出外工作，他先到了苏州，后来又到了上海，期间又奔波在南京、北京之间，虽然颠沛流离，但他走到哪里就把小绿天的匾额带到哪里，可见他对此堂号的钟爱，孙毓修在《自叙》中称：“已亥以后，始去其乡，载小绿天之榜而迁吴下。丁未以后，又载小绿天之榜而迁沪上。其间奔走两京，羁留江右，秘笈行三千之路，寒衣袭五斗之尘。世缘颠倒，忽忽如梦。回思少年之绿天翁，得不有升沉异路、静躁不同之概。年来回里扫墓，重过故居，则所谓小绿天者，亦复尘土封灰隐，窗黯墙圮。独旧日芭蕉，犹展数尺之阴，不减当年肥大耳。”

看来孙毓修对自己的堂号很是珍爱，某年他回家乡扫墓，还特意回故居探看了当年的小绿天。当时那间小小的书室依然封闭在那里，里面已灰尘满地，面对此况让他心下黯然，好在那株给他不少荫凉的芭蕉依然很茁壮，这令孙毓修突生感慨。

孙毓修出生于同治十年（1871），他上面有三个姐姐，家中终于有了男孩，所以母亲十分地喜爱他。母亲荣氏与当地大实业家荣宗敬、荣德生为一族，然而当孙毓修九岁时母亲去世了。当时父亲在无锡荣巷经营染房，无暇照看孩子，于是他把孙毓修送到了荣氏兰言室家塾就读，而当时父亲和表亲荣华生也在家塾兼任教师。后来孙毓修又入了村塾，塾师对他的要求颇为严格，孙毓修在《起居记》中写道：

塾师薛丙之，江阴乡人也，待予甚善。吾父恒治桑，又兼治商，常不得督课，然予所读书，悉手点而授诸师，师照本课读而已。时或得暇，即自课予。严厉不稍宽假，予见之未尝不凛凛焉。

到孙毓修十六七岁时，他跟随父亲前往东亭，去向一位沈姓老师学

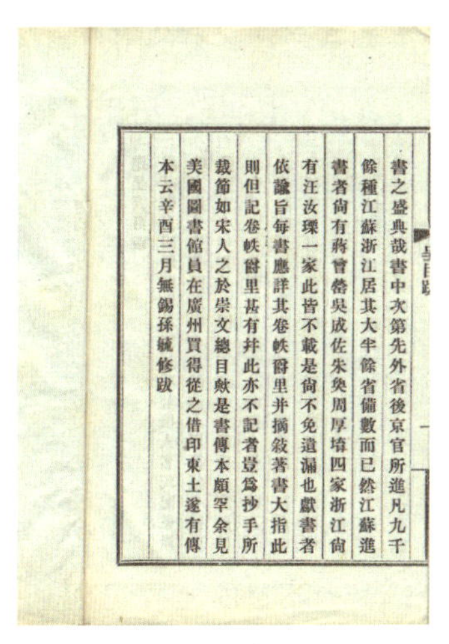

書之盛典哉書中次第先外省後京官所進凡九千
餘種江蘇浙江居其大半餘省備數而已然江蘇進
書者尙有蔣曾瑩吳成佐朱奐周厚堉四家浙江尙
有汪汝瑮一家此皆不載是尙不免遺漏也獻書者
依諭旨每書應詳其卷帙爵里并摘敍著書大指此
則但記卷帙爵里甚有并此亦不記者豈爲抄手所
裁節如宋人之於崇文總目歟是書傳本頗罕余見
美國圖書館員在廣州買得從之借印東土遂有傳
本云辛酉三月無錫孫毓修跋

◎《各省进呈书目》四卷，民国十五年（1926）上海商务印书馆排印涵芬楼秘籍本，孙毓修跋语

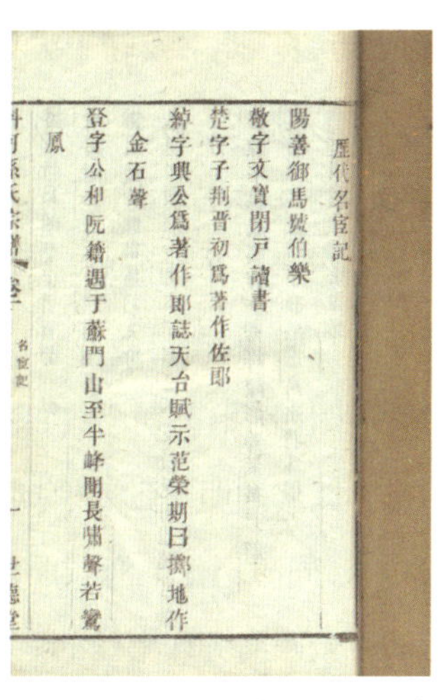

歷代名宦記
陽善御馬號伯樂
檄字文寶閉戸讀書
楚字子荊晉初爲著作佐郎
綽字興公爲著作郎誌天台賦示范榮期曰擲地作
金石聲
登字公和阮籍遇于蘇門山至半嶺聞長嘯聲若鸞
鳳

◎《斜河孙氏宗谱》二十卷，清道光二十五年（1845）木活字印本，卷首

习作八股文。不久孙毓修家境越发困难，当时父亲除了在荣巷开设染房，同时也兼营一些杂货，因为需要人手，孙毓修辍学帮着父亲经营，再后来父亲因为修宗谱之事前往上海商议相关事项，不幸在那里染病。光绪十五年（1889），孙毓修十九岁，为了让病重的父亲能够得到安慰，他很快娶张氏为妻，但转年父亲还是去世了，享年五十二岁。

此后的孙毓修为了生活，他在无锡做了两家的家庭教师。光绪二十一年（1895），孙毓修考入了江阴南菁书院。两年后，经过他的姐夫荣永清的介绍，孙毓修前往苏州中级学堂任教习。他在苏州期间，得以认识美国人赖昂女士，孙毓修由此接触到了西学，他觉得研究西学必须要先学会外语，于是就跟赖昂学习英语。转年孙毓修就从无锡迁居苏州，后来又到多地任职，光绪三十二年（1906），孙毓修又回到了苏州。在这个阶段，他开始翻译美国作家谦本图的《地理读本甲编》，而谦本图即卡本脱。

按照孙毓修自己的说法，那个阶段他翻译此书主要是想赚取稿费，孙毓修在《起居记》中写到了1907年初的一件事："《地理读本》'欧洲'上集，约五万言。此书发轫于去年春在孟里之日。去冬闭户家居，力疾从事，至十二月脱稿，寄至吕明叔处，托其消［销］售。历于广智、图书、乐群（皆上海书肆），皆不纳。"

孙毓修用了一年的时间把《地理读本》翻译完毕，而后将此稿寄给上海的朋友吕明叔，请吕找几家出版机构商量出版事宜。吕明叔分别跟广智书局、中国图书公司、乐群书局进行了商谈，但这三家都不看好此稿。后来孙毓修的朋友张云樵找到了无锡同乡沈缦云，沈缦云是上海著名的银行家，同时担任上海城厢内外总工程局议董，故人脉极广。张云樵知道沈缦云跟商务印书馆的老板夏瑞芳有不错的关系，于是通过沈把《地理读本叙言》交给了夏瑞芳，夏又把此稿拿给了公司总经理张元济，张看完《叙言》后，转天就给沈缦云写了封信：

缦云仁兄大人阁下：

敬启者，昨由敝馆总理夏瑞翁交来孙君毓修《地理读本叙言》十叶，云系阁下介绍，愿来馆襄办编译事宜。当与同人展读一过，至为钦佩。孙君现居何处？年岁几何？曾在何处学堂肄习英国文字？抑曾留学外洋？敝处极愿延聘。每月约需修脯几何？能否来沪每日到敝所办事？统祈示知，以便酌定，再行奉复。孙君如在沪上，并祈开示住址为荷。再敝所预备膳宿，不过商业性质，多所简略，合并奉闻。肃此。祇请台安。

愚弟张元济顿首 二月初七日

张元济虽然仅看了《地理读本》的叙言，但他很看好这个译稿，为此想请孙毓修入商务印书馆工作，并且在信中一一问到了孙毓修的状况，以及孙希望的薪酬数量。而孙毓修本人并未想到他的书稿能换来工作，于是此后不久，他就到商务印书馆正式任职了。

孙毓修先是在商务印书馆编译所工作，在这里继续翻译《地理读

◎ 走入老街区

本》,后来又编纂《学生丛书》,为此他举家迁往上海。后来他又负责《童话丛书》《少年杂志》等刊物的编务。光绪三十四年(1908),孙毓修兼任商务印书馆图书室管理员,后来此图书室更名为涵芬楼。因此,孙毓修可称得上是涵芬楼的第一任馆长。他在《戊己丛稿·买书记》中写道:"岁在戊申,上海商务印书馆购得绍兴徐氏、太仓顾氏、长洲蒋氏之书,设图书馆于其编译所,即世所称涵芬楼者也。征毓修为之典签。"

关于孙毓修在涵芬楼的工作状况以及对他后来治学方向的影响,乐怡在其博士论文《孙毓修版本目录学著述研究》中简述道:"孙氏在涵芬楼的主要工作,为图书室藏书的日常借还管理、复本书的查核及普通复本的售卖、购买古籍时的查重及版本调查、出外访书、已藏古籍的分类整理及目录编制、破损书的修复、访书者的接待等。随着涵芬楼藏书规模扩大,声名远播,荐书、访书者络绎不绝,孙氏的工作量日渐增加,因其终日与古书为伴,对目录版本的兴趣亦日益滋长,而在版本鉴定经验方面亦渐有积累。"

◎ 门楼完好

从1915年开始，张元济决定筹印大部头的《四部举要》，此书后改名为《四部丛刊》，后来商务印书馆又影印出版了《涵芬楼秘笈》《续古逸丛书》等，孙毓修都参与了这些书的选目及征集底本的工作，而在工作初期，他还兼着其他的杂务。可能是因为张元济觉得孙毓修忙不过来，于是就给他派了一位助手，这位助手就是后来成为著名小说家的茅盾。

民国五年（1916），茅盾被派到孙毓修身边，帮着他合译英文书，对于当时的状况，茅盾在《我走过的道路》一书中写道：

孙毓修年约五十多，是个瘦长个子，有点名士派头。他是前清末年就在商务编译所任职，是个高级编译。他似乎又有点自卑感；后来我才知道这自卑感来自他的英文程度实在不算高。他不问我对翻译感兴趣否，也不谈合译什么，却自我介绍道："我是版本目录学家，专门为涵芬楼（编译所的图书馆）鉴别版本真伪，收购真正善本。有暇，也译点书。有一部书，我译了三四章，懒得再译了，梦旦先生说的合译，就指这个。"我说："是什么书？莎士比亚的戏曲？还是……"孙毓修插口道："不是，你看。"他从书桌上杂乱的木版书中找出一本英文书，我一看是卡本脱（他译音为谦本图）的《人如何得衣》。……以后译完一章，就交给孙。他也不看，忙于做他自己的版本目录之学。他的书桌是一般编译者用的两个抽屉的中国式书桌，和我用的一样，但在背后有一只长条形无抽屉的木桌，专供他堆放"参考书"之用。

《四部丛刊》乃是商务印书馆影印历史典籍中最重要、也是部头最大的一部书，为此，张元济费了很多的心力，而其主要助手就是孙毓修。为了编纂这部大书，首先要选择最佳的底本，当时的底本一部分出自涵芬楼旧藏，另一部分则是向全国著名藏书家去征集，以数量论，常熟的铁琴铜剑楼贡献最大。这项工作的进行当然先要从选择收录范围做起，在这方面孙毓修也有自己的想法，比如他曾向张元济建议在集部内增添道士、闺秀、外域三个小类，孙毓修在给张元济的信中写道：

◎ 终于走到了孙巷

僧家诗所收独多，而道士、闺秀、外域三者阙如，终觉不称。拟添数种如下：

《杜光适集》（蜀道士，此集相传皆抄本，意《道藏》必收。今《石门文字禅》等书皆用《释藏》本，再采《道藏》一二种，亦无不可）。

《鱼玄机集》（宋本，在丁梅轩处，连跋有数十叶，可成一本）。

《回文诗》（馆有抄本）。

《桂苑笔耕集》（唐时高丽人。毓修有高丽旧刻本，比收藏家所得高丽活字本为古）。

目录定妥后，接下来的工作就是要确定用哪个底本，以及底本现藏何处，而最佳底本是否有缺页，这些工作基本是由孙毓修来具体操作。与具体藏书家的联络，由张元济先作沟通，再请孙毓修具体操办。乐怡的论文中录有张元济写给嘉业堂主人刘承幹的信："翰怡仁兄世大人阁下：昨承枉存，晤谈为快。委购旧籍，尚未奉到。清单于明日傍晚送到敝寓，亦尚不迟。欲得何时版本，并乞开示，俾有遵循，是为至幸。敝公司拟印行《四部举要》，目录尚未印出，将来当托敝友孙君星如赍呈鉴定，务乞不吝指教，无任感荷。邺架如有善本（不必宋元古本也）可以借我影照者，并恳批示。专此预陈，即颂箸祺。”

而张元济在跟刘承幹商量借底本的同时，又去信孙毓修：“示悉。《四部举要》书目印成后，乞惠寄数分寄京，并注某书已有，某书须借，何处可借，以便遵办。又刘翰怡处已致函告之，将来即托我兄面致，并商一切。匆匆，恕不走别。即颂星如先生台安。弟张元济顿首六年九月二十日。”

相比较而言，跟私人商量借底本相对较容易，而使用公家的底本，在那个时代同样颇费周折。当时南京的江南图书馆藏有大量典籍，其中的善本主体乃是得自八千卷楼，孙毓修曾三次前往该馆进行商议借底本之事。孙毓修后来写了篇《江南阅书记》，他在此记中写道：“（四月）十八日午前至省公署，携馆中带来之张仲任及本馆致省长之信，又借书清单、《四部丛刊目录》交号房投去，号房言省长病已五天，不见客。予强之传达，彼竟不肯，但云‘明日且来，再看光景’，只得废然而返。”

看来，那时要使用江南图书馆的底本，必须要经过省长的同意，但门卫告诉他，省长因病不见客。孙毓修很无奈，只能继续等候，在等候的过程中，他就先到图书馆翻书，而他在南京的几十天内，竟然将江南图书馆的善本几乎看了一过，仅在《江南阅书记》中他就记录下了二百五十多种有价值的善本信息。后来，他又多次前往铁琴铜剑楼看书，等书选好后，再与藏家商议如何拍照。等全部做完后，孙毓修还要给每一部书写一篇题记，对于这种题记的写法，乐怡在论文中称：“《丛刊》影印，模仿《四库全书》的做法，每书都撰有解题。孙氏所撰解题，主要介绍该书著者，其次版本行款，避讳，以及有无校记等情况，篇末以小字记录藏印等，与《四库全书总目提要》不同的是，《丛刊》的书录，对于该书的内容介绍以及评价等，几乎全不涉及，其体制更类于书志。”

对于孙毓修在影印《四部丛刊》等大书中所做出的贡献，乐怡将其总结为六个方面："选目初稿的拟定，已印、未印、拟印、拟购书目的分类与统计；影印底本的选择审定，缺卷配补；用纸、版式等印刷事宜；与提供影印底本的公私藏家互相联络，商借古书及讨论版本等；受商务印书馆委托，赴各地阅书；对影印底本进行校订，整理或撰写校勘记；撰写解题等。"

孙毓修在文献学上的贡献不仅是帮助张元济完成《四部丛刊》以及他为此书所写的题记，更为重要者，他还写了一部《中国雕板源流考》。对于此书的价值，柳和城在《孙毓修评传》中给出的评价是"中国第一部版刻学史专著"。为什么将专讲雕版的书称为版刻学史专著呢？柳和城在文中解释道："从书名看似乎考的是雕版，其实却是全面阐述中国古代印刷术的专史。商务初版本版权页刊有英文书名 The History of Chinese Printing (《中国印刷史》)，倒是切合书的主题的。"

关于本书所谈内容，孙毓修在《中国雕板印书源流考序》中说过这样一段话：

由今溯古，则有六端，其涉于雕版者一曰时：红岩开摩崖之风，鸿都为墨简之祖，知我先民，固从刻石之方，因省雕木之理。隋经唐典，虽作过眼之烟云；石室海岛，犹见当年之行款。故首述石版，而木版次之。二曰地：五季以还，释文继雕于开宝，《易》《书》重梓于祥符。于是监、蜀、京、杭而下，盛说麻沙；兴于建余之间，更推家塾。实斯文之先导，吾道之功臣。故述官监诸刻，而家塾、坊贾亦所不遗。三曰式：活字创于毕昇，而桂坡、兰雪绍其芳；巾厢源于衡阳，而行密字展极其巧。万历之世，乌程闵氏始有套版。此又印海之附庸，手民之外篇。故述活字、套版诸法，而终以巾厢、袖珍诸本。四曰价：古者物勒工名，碑记醵资。宋元旧本，有记工料纸张者，如李清孙之《易言》，王黄州之文集，虽类甲乙之簿，足征食货之经，故述工价；剞劂既竣，则及橅印。系于此者，又有二事。一曰纸墨：先唐传写，竟尚黄纸；北宋印拓，专用白麻。南渡以还，其类愈多。墨则宣城之李，云衢之蔡，并著盛名。两者相资，乃得字润版新，珍重书库也。二曰装潢：竹帛既湮，卷册乃起。于是包角、线订，插架可观。蝴蝶、旋风，新装弥盛。款式则今古不同，华朴而南北异趣。综是六类，为之遐稽收藏之志，亲访珍秘之家，益以史书之文、杂家之记，条分缕析，述而不作。非敢炫博，盖将以扬国辉而觇进步，其诸大雅所乐闻者欤。

孙毓修把印刷术的起源从碑石谈起，他认为刻在石头上的文字也属于雕版，将此命名为石版，之后他谈到了木版，木版的刊刻他从蜀刻的《开宝藏》讲起，之后又谈到了麻沙建阳本，而后又谈到了活字本、套印本。他在序中也谈到了古书的用纸，在用纸问题上谈到了唐以前主要是用笔写在黄纸上，而这句话也可证柳和城所言，孙毓修的这本专著虽然题目谈的是雕版源流，但实际上也讲到了雕版之前的写本时代。

孙毓修在此序中除了谈雕版，同时也讲到了古书的装帧，这同样可证孙毓修的这部书乃是对中国书史的系统梳理，而不单单谈的是雕版。故张秀民在《中国印刷史·自序》中说道："我国最早发明印刷术，照理

◎ 孙毓修故居（右）前两门并立

应有不少著作来记载歌颂，但过去就缺乏这方面的专史。近代孙毓修《中国雕板源流考》过于简略，叶德辉《书林清话》只是资料汇编。待美国卡特教授《中国印刷术的发明和它的西传》出版，始有系统的专书。”

虽然张秀民认为孙毓修的这部专著过于简略，但柳和城认为：“这一分析既肯定了孙著的首创之功，又指出了该书的不足。”孙毓修在目录版本学上的专著还有一部《书目考》，孙在该书的序言中称：

毓修内寡倂蓄，外好搜罗，不能多致典坟，每思览其名簿。虽未克穷究流略，窥其秘奥，而某家某录，确悉其名；若见若闻，常恨其少。悲往籍之日丧，惧来者之无征，遂总括存逸，撰为斯集，起自前代，迄于今兹。挹其风流体制，疏其遗文逸事，次其时代，别其类目；得书六百余种，计卷三千有奇，离为十卷，约文绪义，具见本书。牴牾不免，疏漏实多。拟《文选》之名，聊供排比；偭《经义》之考，所未敢言。

从此序中可知，他的这部专著乃是参考了朱彝尊《经义考》的体例，内容则是对古代书目进行了梳理，同样是一部重要的目录版本学专著。可惜这部书未曾出版，至今仍然以稿本的形式藏在上海图书馆。

以上所言均为孙毓修在版本目录学研究方面做出的贡献，关于他个人的藏书，孙毓修在《买书记》中谈到了他的祖父就有藏书之好：“毓修生于无锡之西乡，世以农贾为业，家无藏书。先王父喜拾字纸，偶得残书，不忍弃去，辄补缀之，弆于家塾。此寒家积书之权舆也。”

孙毓修的祖上虽然是以农商为业，但他的爷爷却对书特别偏爱，即便是偶然得到的残本，也会将残书整修好藏在家塾内，由此就成了孙家藏书的起点。孙毓修的父亲孙樾虽然也经商，但他依然陆续地买书，孙樾著有《禹贡汇解》两册稿本。宣统元年（1909），孙毓修的叔父将孙樾的藏书寄给了上海的孙毓修，孙毓修收到此书后看到：“丹黄淋漓，手泽如新。其中如殿本《五经》《朱子年谱》《理学宗传》诸书，皆先府君置之座右，朝夕讽诵，小子耳熟能详者也。谨付工重装，为小绿天藏书之冠。”

孙毓修自己开始买书的时间是光绪十七年(1891):“其秋偶于败簏中,得《四库简明目录》,乃知古今群籍之名,顾不知是等书籍何处可买。无何,获见金陵、江苏书局目录,所欲之书多在焉,倾半年馆谷,购致《文选》《两汉书》《楚辞》《曹子建集》。”

后来他进入了商务印书馆,在那里学到了更多的版本目录学知识,于是只要略有积蓄就会努力地购藏。这个阶段他买到了不少的善本,其中最难得者,当然是安国小绿天旧藏。除此之外,孙毓修还买到了整批常熟藏书家顾湘之孙顾葆龢小石山房的旧藏,而后又买到一批缪荃孙艺风堂的旧藏。由此可见,孙毓修小绿天藏书质量颇高。

小绿天藏书的散出,其实早在他住在苏州时就已经开始,那时的他经济比较困难,他在《买书记》中写道:“丙午(1906)八月自北京归,困甚,斥卖笨重之书数部与观前某坊,虽亡妻阻之,亦不顾也。”

后来,他又将自己珍藏的安国活字本《重校鹤山先生大全文集》卖给了涵芬楼,但这个过程中,孙毓修有卖有买。

1923年1月22日,孙毓修因病去世于上海,终年五十二岁。此后小绿天的藏书归其继室顾希昭和儿子孙贵定,1936年他的藏书逐渐售出,1949年左右,孙贵定也去世了,小绿天的旧藏于是整批散了出来。黄裳在《几种版画书》中写到了这件事:“一九五〇年,上海旧书市场曾经热闹了一阵子。修文堂主人孙实君伙同古董商孙伯渊买到了无锡孙氏小绿天的藏书,就陈列在孙家,整整摆满了楼下的三间客厅。”

十几年前孙家后人又散出了一批孙毓修的藏书,而我有幸买得了一部分,其中有几部孙毓修的稿本,更为难得者则是这批书中有一部《孙氏宗谱》,此谱前有孙毓修墨笔所书长题,讲述了该谱的价值所在,由这部家谱可考证孙氏家族细节,这也正是我跟小绿天藏书的一点因缘。

也许正因为有着这样的因缘在,我一直想找到孙毓修在无锡的故居。孙毓修出生在无锡孙巷,关于孙巷的情况,孙毓修在《张浣芬女士兴学记》中写道：

出无锡西门，在浓桑茂树之万绿丛中，行六七里，则吾故乡矣。孙、张、荣三姓，聚族居此，已三百年于兹。南临梁溪，风帆出没；北依惠麓，云树苍茫。西有蠡湖之胜，东则溪水萦回，远接蓉湖。山川文秀，风俗清嘉，居人擅蚕桑、菱芡、鱼虾之利。顾地狭而人稠，故就工商业于苏沪间者，几什居其七八。以是风气早开，见闻日广，不似他乡之弇陋焉。

孙巷有着如此美景，但他的旧居在哪里我却得不到任何的信息，故近两年我一直请无锡的爱书人梧桐女史查找。2018 年 7 月，梧桐突然给我发来图片，她告诉我说，无锡的爱书人顾群涛先生终于找到了孙毓修故居。我闻言大喜，立即将其列入了我的寻访计划，当月下旬我就前往无锡，跟随当地的几位爱书人一同探看了孙毓修故居。

2018 年 7 月 27 日一早，我在陶潜先生的带领下，跟梧桐女史一起寻找了丁福保纪念馆及赵翼墓，而后返回城区在一个餐馆内见到了顾群涛及当地古琴专家王伟丰。蒙顾先生美意，他请众人吃饭，就餐完毕后，他带领我等步行前往孙巷。我问顾群涛，何以能找到孙氏故居？他笑着说，正是梧桐告诉他韦力想寻找孙毓修故居，巧合的是他家就住在孙巷附近，于是他在这里慢慢查找，终于找到了目标。

孙巷位于无锡市滨湖区，这个街区面积不小，穿行在其中，眼前所见大多为破烂房屋，一副等待拆迁的模样。但这些旧房子中有不少精美的门楼，由此可窥当年也是高门大院。从附近的情形看，很多房屋都出租给了外来户，其中有几家收废品者，他们在院落中堆放着一些回收物资，可见这门生意供销两旺。

我们走过了两个街区，终于看到了孙巷的街牌，由此左转，看到了两个肩并肩排在一起的门楼，顾群涛指着右边的那个说，这就是孙毓修故居。如今故居的大门上着锁，今日阳光毒辣，我们一路走来晒得冒油，结果却是看到这种状况，不禁有些泄气，但也只好走到门前探看一番。

◎ 门楼雕刻精美

因为换门的原因，孙氏故居看不到门牌号，而它隔壁的那个院落则为“孙巷 53 号”。从外观看上去，53 号院落保存得更完好，尤其那两扇大木门依然是原来的旧物，看上去比孙氏故居新换的门顺眼得多。两个院落贴得如此之近，说不定里面能够连通，我等用力推门，希望从门缝看到里面情形，可惜新门旧门同样牢固，我们的企图未果。

围着这片旧房探看一番，未曾看到保护牌及介绍名牌。我问顾群涛何以知道这是孙毓修故居，他说自己搜集民国文献，同时也搜集与无锡有关的老照片，他从一张老照片上看到过孙毓修故居的外观，于是他按图索骥对孙巷一带的老房子一一比对，终于找到了这里。其如此之用心，令我对他甚为感谢。

按照孙毓修在《小绿天记》中的描写，此院中之房有老屋三间，因为房子小，故并没有专门的书斋，后来父亲“于大门后，圈数椽作小轩”，看来这是孙家院中加盖的房屋，应该不算私搭乱盖，但这间房却“屋小如舟”。即使这么小的屋子，也因为家中人口多房子不够用而不能作为书房，这间小屋成了孙毓修祖母的卧室。祖母去世时孙毓修已十六岁，这时他才将这个小房间改成了读书室，他在《小绿天记》中描绘道：

粗知读书，念家中惟此室堪习静，乃不请于先人，躬身去扫除，处其中读《文选》，琅琅上口。父知之，亦不呵责也。顾其室，实陋甚，日影不至，当昼亦晦，雨至屋漏，床上几席尽湿。

虽然屋小还漏雨，但总算是一个独立的房间，孙毓修读书其中颇感自得，父亲也就默认了他占领此房间的行动，而这个简易的小屋也就是孙毓修的藏书室小绿天。读到这段话足令人唏嘘，爱书人的不容易跃然纸上。虽然我等到其门不能入，但还是希望院中的芭蕉无恙。

丁福保·诂林精舍

著述宏富，以藏助编

丁福保（1874—1952）

字仲祜，号畴隐居士、济阳破衲，江苏无锡人。1895年肄业于江阴南菁书院，次年中秀才，后随华蘅芳学数学。1912年创办丁氏医院、医学书局。1924年创办诂林精舍，藏书达15万卷；后将藏书大部捐赠震旦大学。编著有《说文解字诂林》《佛学大辞典》《古钱大辞典》《算学书目提要》《尔雅诂林》等，刻有《汉魏六朝名家集初刻》《正续一切经音义》等。

丁福保的藏书之好是天生的。按照他自己的说法，年幼时的丁福保并不善于读书："余天性甚钝，幼读《四书》，日仅三四行，非百遍不能背诵。"（丁福保《畴隐居士自订年谱》）背书百遍不过，其实并不是因为他笨，而是因为他兴趣广泛，把精力都分散到了别处："余冬日喜放风筝，恒奔逐于荒墟间。夏间喜捕小鱼，辄徘徊于溪边柳下，每在近水之处，开小沟约长二三尺，俟小鱼结队而来，则以巨砖塞其出口，以为大乐。"

但是家人还是希望他能够走正途，丁福保在十三岁时，由哥哥丁宝书给他讲解《左传》《史记》《汉书》《文选》等历史典籍，哥哥对他要求很严格，每天背书要达三更才允许他睡觉。在这种强压下，丁福保对历史典籍渐渐有了兴趣。光绪二十年（1894），丁福保到廉泉家当家庭教师，廉泉是无锡著名的藏书家，其藏书数量之大给丁福保留下深刻印象，丁福保也想拥有这样大量的藏书，他自称："廉氏藏书颇多，余寝馈其中者数月，自是颇有志于藏书。"

丁福保与这些藏书接触了几个月，很希望自己也能拥有眼前的所见，藏书之志由此而生。但那时他的年薪是40元，这点钱只够他的吃穿用，想有多余的钱来买书几乎不可能，因此丁福保叹息道："惜无力，不能多购。"这句话也说明，那时的丁福保已经试探性地买了一些便宜书，但无论质量还是数量都无法与廉南湖的所藏相提并论。手头的窘迫给丁福保以很大的启迪：要想拥有数量众多的善本，有钱是先决条件。这一点应当就是他后来经商的初始动机。

光绪二十一年（1895）丁福保二十二岁时，得以进入江阴南菁书院读书，这是一家他在少年时就极向往的书院："余十四五岁时，闻邑中之好学者，皆肄业江阴之南菁书院，治考据词章之学。余虽年幼，亦心焉慕之。"（上海漱兰中学《南菁六十周年纪念册》）

而恰恰是进入了南菁书院，书院中丰富的藏书使得丁福保眼界大开，由此也坚定了他的藏书之志。杨培明主编《南菁文化丛书　南菁书院志》中录有丁福保在 1942 年上海“南菁六十周年纪念会”上的讲话：

余今日所讲，为余入南菁书院之旧事。六十年前士子，惟识科举，中国实际上长处，一无所知。及南菁既立，始讲求经世有用之学，一时东南之学者风靡，故当时学子，以考取南菁为荣。

见院中藏书甚富，如入二酉之岩，适五都之市，可以荡目遨魂，披发吾十年聋瞽，狂喜无已。手钞院中藏书目一册，而私自祝曰：“他日果能处境稍裕，必照此书目尽购之。”

南菁书院的丰富藏书，让丁福保如入宝山流连忘返，他还把书院的藏书目录抄了一份，暗暗发誓说：将来如果我有了钱，一定要照着这份书单把这些书一一买下。这些细节足可说明，丁福保的藏书爱好发自天然，而南菁书院的大量藏书让他发现了自己的真爱所在，由此在他心中埋下了广泛藏书的种子。

藏书仅有愿望不行，还需要讲求方法论，当时在南菁书院执教的王先谦乃是著名的文献家，他看到丁福保有藏书之好，告诉丁藏书要有体系，不能见书就收。王先谦还给丁福保指明了收书路径，那就是按照张之洞的《书目答问》上所列之书来一一购求，具体的购书方法则为：“先就易购者访求考索。勿得因循，亦慎毋得少自足，不思博观。”

王先谦告诉丁福保要辩证地懂得博与约的关系，藏书太多太烂不好，如果浅尝辄止也不好，藏书要懂门径，于是丁福保就买到了《四库全书提要》《书目答问》《日知录》等重要的清人著作。同时，王先谦认为《尔雅》《说文》《文选》《史记》《汉书》等重要典籍都是古书中的最重要品种，有不少前贤对这些书做了深入的研究，但缺乏对这些典籍的系统整理，他希望丁福保能够通过藏书，在这方面做出成绩。

正是因为有了王先谦的指点，丁福保很快找到了藏书的门径，同时也为他在今后大量地编纂典籍埋下了伏笔。他在南菁书院期间，开始系统地搜集跟《说文解字》有关的历代著述，以此准备系统地汇编这部小学类名著。

在那个时期，只有通过科考才能被视为正途出身，这种观念深入人心，故在光绪二十三年（1897）时，丁父催促儿子们去参加科考，于是丁氏兄弟就来到江阴应试，可惜未能考上。等他们考罢返回到家乡时，方得知父亲已经在他们进考场后的两天就去世了。这件事给丁福保很大的刺激，他在《畴隐居士自述》中写道："应试南京，吾父病肺而死，不及亲自含殓，由是抱憾终天。"自此之后，他决定放弃功名。

父亲的去世得使丁家生活更为贫困，到了年终家中已无米下锅，丁福保本想找亲戚借钱度过年关，但几经思索又返回了家中，以努力读书的方式来忍受饥饿，而他此时恰好读的是《史记·货殖列传》，所讲内容主要是经商致富的一些名人，在这种环境下读到这样的文章，更加强化了他经商的念头。

光绪二十四年（1898），丁福保在金匮县荡口镇见到了大数学家华蘅芳，两人的交往使得丁福保对数学又发生了兴趣，于是他再次考入南菁书院成了华蘅芳弟弟华世芳的弟子。此后，南菁书院学长杨模在家乡开

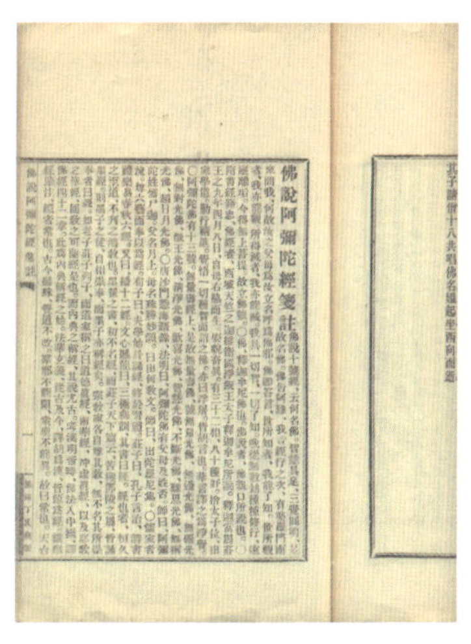

◎ 丁福保《佛说阿弥陀经笺注》一卷，民国上海医学书局铅印本，卷首

◎ 丁福保《金刚般若波罗蜜经笺注》，民国无锡丁氏铅印本

办了竢实学堂，邀请丁福保前往任教，丁在此教学三年。在这个阶段，他编写和刊刻了《算学书目提要》和《卫生学问答》，此为丁福保首次涉足出版，而后的经历使他在这方面一发不可收拾。

也许是家族遗传的原因，丁福保的父亲死于肺病，而光绪二十七年（1901）丁福保二十八岁时，他也查出患有心肺病，有可能他得的就是肺结核，而这种病在当时十分难治。华蘅芳听闻此事后，介绍丁福保前往上海去找自己的表弟赵静涵，因为赵是当时的名医。赵静涵曾经翻译过一些西方的医学著作，他通过西医疗法使丁福保的病情得以控制。这件事也让丁感受到了西方医学的重要性，那时有不少西方医学的著作翻译成了日文，于是丁福保开始学习日语，希望自己能够翻译更多的医书。

光绪二十九年（1903），因为李希圣的推荐，京师大学堂管学大臣张百熙聘丁福保为京师大学堂译学馆算学兼生理卫生学教习。丁在此馆任教两年多，然而他始终觉得长期做一位教师并没有太大出路，于是他

古錢大辭典拾遺

總論

無錫丁福保仲祜編纂

◎ 丁福保编纂《古钱大辞典》，民国二十七年（1938）上海医学书局石印本，卷首

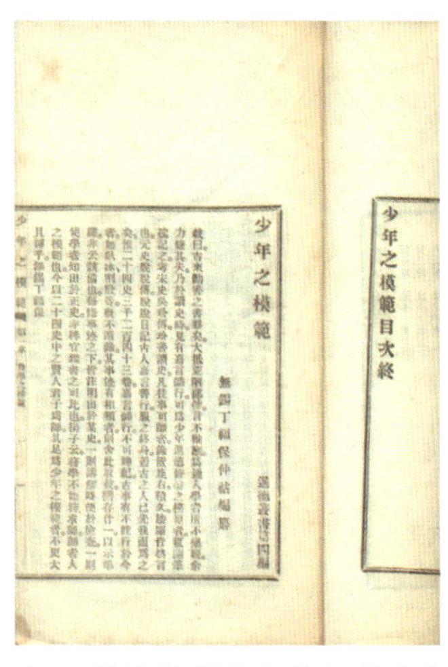
少年之模範

無錫丁福保仲祜編纂

少年之模範目次終

◎ 丁福保编纂《少年之模范》十二章，民国十一年（1922）上海医学书局排印本，卷首

辞职返回上海，加入了他哥哥等人创办的文明书局，而后又在无锡跟一些朋友组织了译书公会。但这些事都没能让他赚到钱，故从光绪三十四年(1908)开始，他在上海行医并刊刻一些医书，在这个过程中，他出版了《笔算数学》《代数备旨》《形学备旨》等算学书籍。

宣统元年(1909)，丁福保前往南京，去参加两江总督端方主持的医学考试，考得了最优等内科医士证书。此后不久，端方派他前往考察日本医学状况，丁福保在日本一个月，参观了日本帝国医科大学及附属医院、东京小石川养育院等等。这个过程中，他也在广泛地收书，最为难得的是，他找到了两部国内早已失传的唐代典籍，一是慧琳所撰的《一切经音义》一百卷，二为辽代僧人希麟所撰的《续一切经音义》十卷，合称《正续一切经音义》。这种惊人秘籍的发现让丁福保大为感慨，他在《正续一切经音义序》中说："当时海禁未开，日本虽有如此惊人秘籍而不获闻于世。使吾国乾嘉诸老而早见及之，正不知其欣喜为何如也。"

丁福保将在日本买得的典籍带回国，并将两部失传的典籍石印出版，他在"重版说明"中点出了这两部书的价值所在："由于《一切经音义》所采各书，不少今已不存，而所据唐前唐初之本，又文字审正，足证近时各本的讹脱，对经史疑义，求之注疏不能解决者，亦可通过对本书的查考获得佐证，豁然明晰。"

宣统三年(1911)，丁福保全家移居到了上海，他在上海建了一所医院，而后以中西结合的方式对外行医。此时他已经用上了最先进的检测手段，比如他已有了X光机和显微镜等医疗设备。在此期间，丁福保又将日本翻译的西方医疗图书翻译成中文，他先后翻译了七八十种医疗卫生知识类的书籍，这些书后来合称为《丁氏医学丛书》，为了刊印这些书籍，丁福保还在上海创建了医学书局，这套丛书的出版在社会上颇有影响力，后来获得了德国、意大利所举办展览会上的最优等奖牌。

对于自己出版的这些书，丁福保晚年在《畴隐居士自述》中谦虚地说：

回溯自三十五岁来上海，至今已二十三年矣，其所刊之书，若算学、医学，虽有数十种，皆带时间性，时过境移，宛似已陈之刍狗，无足述者。所刊佛书二十余种，惟《心经精义》《六祖坛经笺注》及《佛学大辞典》稍有可存之价值。此外，如《陶渊明诗笺注》《老子道德经笺注》《静坐法精义》等，皆单本小种，不足挂齿。近十余年来，专致力于《说文诂林》一书，所费三万数千金，劳且靡矣。

丁福保在三十五岁时来到上海，用了二十三年的时间出版了大量书籍，他曾评价自己出版的书，说有些书时令性较强，随着社会的开化，很多西方著作传入中国，相应的翻译作品也多了起来，故他早年翻译的一些基础医籍书已然没有了长久的保存价值。然而他所译的那些书，在他那个时代有着很强的启迪之功，学问历来是前疏后密，故后译之本即便超过丁福保的著作，也并不等于丁的早期著作就没有价值。而丁福保也明说，编书其实很费钱，比如他最为看重的《说文解字诂林》编写前后花了三十年的工夫，相应的费用花了 3 万多元，以至于让丁福保也感叹，他在这方面花钱太多了。

但花钱多的前提是要有钱，丁福保在上海行医当然有不菲的收入，这也正是他在贫困时就立下的志愿：一定要变成有钱人，只有这样才能实现自己的理想。然而如何变得有钱，这件事并不那么简单。

丁福保在年轻时就有藏书之好，但因为收入有限，只能买一些通行本和石印本，直到在上海行医后他才渐渐有钱买些好书，曾经自述：

余性嗜书，昔为衣食所困，无力多购。少时所买者，大抵皆石印本及寻常坊刻本，均藏于无锡连元街宅内。余自移家上海后，目光日益昏蒙，石印小字本已不能检阅。而寻常坊刻本，又不足以餍余嗜书之癖，乃稍稍从估客购取善本。……凡购买一书，必几费经营，始克措赀议价。若书值在百元外者，往往质产鬻田，奔走数十日而始克购成……余于旧本之外，遇寻常本则择其原版者，于原版则择其初印者，于初印则择其纸之长广坚致者，非如此则余心不快也。

由此看来，丁福保在行医的前几年也没能迅速致富，想要买某部善本也需要多方筹措资金，但即便这样，每当他得到一部好书时都会狂喜不已，直到深夜都不能释手。这个过程，使他的眼界逐渐提高，他开始把目光由普本转向了善本，懂得了在数量众多的书籍中总结出哪些才是最需要到手的。

丁福保为什么对典籍如此至爱呢？除了天性外还有一个重要原因，那就是因为他身体不好，希望通过读书让自己修身养性，所以他把书籍视为自己的良伴。他在《藏书书目自序》中说："书籍者，索居者之良友，失途者之导师，无助者之佳伴。果寝馈其中，能使饥者忘其食，寒者忘其衣，病者忘其痛楚，贫者忘其困乏，忧者忘其挹郁，兼能增人之寿，益人之智识学问，而使人之精神愉快也。一入室，见卷帙浩繁，即未抽阅，已足令人心快。"

如前所言，王先谦教育丁福保要按照《书目答问》上面所列书名进行购买，其实张之洞撰此书乃是教人读书的门径，而并非藏书之道，故《书目答问》所列之书基本上是通行本，能属善本者绝少。而丁福保早年所藏基本属于这类普本，等他到上海行医后，渐渐有了钱，他的眼光也迅速地提高了起来。他在《畴隐居士自订年谱》中称：

余每于甲夜迭取精刻善本，置诸几案，时时开卷读之，寻绎其趣，如嚼谏果，待回甘而味益隽永。视其卷之首尾，昔人收藏之印，已累累如贯珠，而名人批校之手迹，亦狼籍于字里行间。纸作深黝色，古趣盎然，似告我以阅尽沧桑凡几，藏此书者之兴亡隆替、离合悲欢，苟询诸此古色斑斓之书，无不知之，此余所以览旧刻而不禁慨然有所永怀也。旧刻中或偶得一希见之本，一似植物学家撷得新奇之花草，细细把玩其奇，亦足醉心而悦目，觉日中所遇各病之惨淡景象，此时已荡涤无遗，不复留储于脑海中矣。迩来世变日亟,读书种子日益沦亡,不复知有书籍云矣……余因此而藏书之念愈挚。

由此可见,丁福保对于名家批校之本尤为措意。据说丁福保为了增加架上批校本的数量,每当他买到一些好书时,就会请一些有名的文献家前来欣赏,看书的前提则是请这些名家要在书后作题跋。如此有心制作出来的批校本倒是极具故事性,而他喜好藏书的名气渐渐传播开去,柳和城、宋路霞、郑宁合著的《藏书世家》中称:“瞿鸿禨、朱祖谋、李详等一班前清耆宿,常常向丁福保借书。丁借出时总提出一个要求,请他们读后在书本上写些眉批,并钤上印记。于是扩大了他的名人批校本的数量。”

后来丁福保的资金也越发雄厚,以至于很多名家把善本书抵押在他那里向他贷款,借款人其中就有袁世凯的二儿子袁克文(号寒云)。袁克文因为不想参与争权,故将个人精力都用在了收藏和艺术创作方面,他曾买到了数量不小的宋版书,但肆意的挥霍时常使得这位皇二子手头拮据,有时他就把一些宋元本抵押到丁福保那里借钱来花。袁寒云抵押过的名品有宋刻《鱼玄机集》,书后有许多大家的跋语,如今此书藏在国图架上,我曾几次到国图翻阅该书,而每翻一次都能感受到别样的喜悦。仅这一部书,袁克文就先后两次抵押给了丁福保,第一次是押借了六百大洋,三年后又以此书借款一千大洋,除此之外,袁寒云还抵押过多部书。同样,目录版本大家缪荃孙、王秉恩都曾抵押善本在丁福保这里。

这么多重要人物都找丁福保来借钱,他哪里来的这么多钱呢?开医院收入不菲,但医院的收入较为固定,应该也难以支撑丁福保如此庞大的开支。更何况,丁福保同时也在广泛地买书,这种只出不进的收藏方式必须有大笔钱财方能支撑。我所见到的研究丁福保的文章大多会谈到他行医后广泛购书的情况,但少有人会提及他的资金来源,直到我无意间翻阅陈存仁所著《银元时代生活史》时,才从中发现了一些端倪。

◎ 灵山景区，远处巍峨的大佛及广场

陈存仁也喜好藏书，但年轻时因为没钱只能买便宜书，他在专著中写到了这种情形："我当时已经喜欢买书，可是一走进书店，总要翻上十本书才买一本，普通书薄薄一本只售五分、八分，林琴南的《红礁画桨录》和《茶花女》要卖到大洋四角，我虽欢喜，但觉得价昂，无力购买。"

想要好书又无力购买，陈存仁开始想办法，于是想利用课余时间来赚一些钱，无意间他发现了丁福保所办《中西医学杂志》上的一则小广告，广告上说明要招聘抄写和剪贴工，于是陈存仁跑去应聘。因为他的简历写得不错，所以他被录取了。陈存仁的工作是帮助丁福保编辑《古钱大辞典》，当时每个月 8 块钱的薪水令陈存仁感觉自己成了一位富翁。他在工作上的认真使得丁福保请他进一步帮助编写《说文解字诂林》："第二个月开始，丁福保先生要我助编《说文解字诂林》，这部书他已出版发行，但是他发觉有不少错误，要我把这部书送到章太炎老师处，请他加以评述，章老师原是'小学'专家，他指点要怎样搜集资料，怎样改编，他开列出许多有关小学的古籍名目，从此我就天天到旧书店搜集资料，埋头工作。丁福保先生处虽有好多位旧学人才,但是搜集资料的能力还不如我,因此更受丁氏的激赏。”

陈存仁的聪明和勤奋给丁福保留下了很好的印象,后来丁福保特意让陈存仁备礼来到家中,他要教给陈存仁理财的秘诀。第二天一早,陈存仁带着水果来到丁家,丁首先告诉他:“一个人读了一些书,往往对钱财看得很轻,认为是阿堵物,提到钱就俗了,这是不对的,所以文人往往不知理财为何事,一生潦倒,所谓百无一用是书生。其实,一个人的生存是脱不了钱的,不善理财一世苦。”

这段话足可以看出丁福保为人务实,他认为读书人看轻钱财是一种错误观念,会理财的人才能实现自己的理想,而对于如何理财,丁福保告诉陈存仁四个秘诀,其中第一个为:“择业要向大众方面着想,选中一个行业,要专心致力地去‘做’,绝对不能改行,只要努力,行行可以出状元。”

专心致志地做一件事,将其做到极致,就会变成有钱人。除此之外的几条秘诀,不外乎是要勤奋,要懂得节俭,而第四条讲述的则是有钱之后如何管理钱财。正是在丁福保的循循善诱下,陈存仁渐渐有了积蓄。若干年后,丁福保听说陈存仁在银行中有了不少的存款,而后跟陈存仁说:“好极了,我认为银行储蓄虽是安全,但是只计利息仍不上算,我为你着想,不如买一块地皮,地皮涨起来,比什么都快,明天起每天早晨,我陪你到英大马路浙江路转角‘一乐天’茶楼,那边有不少俗称‘地鳖虫’的人,即是买卖地皮的掮客,我们坐在那里,有许多人认识我,就会来兜售地产的。”

看来搞房地产只要抓准时机很容易暴富,而丁福保正是把这个秘诀告诉了陈存仁,这同时也说明,丁福保从明面上讲是靠开医馆赚钱,但他真正的大钱则是来自于炒地皮,难怪他能有那么多的现金贷款给他人。而他自身的藏书也是因为资金充裕,无论质量还是数量都高人一筹。他

◎ 左侧的匾额“丁福保陈列馆”

◎ 陈列馆门楣上的刻字“畴隐居士小居”

的藏书总量因为始终在增加中，所以无法统计出具体的数量，而他的《自订年谱》中出现的最大数量是十五六万卷。

如前所述，丁福保将赚得之钱有一部分投入了编辑出版方面，他下工夫最大者当是《说文解字诂林》。早在南菁书院读书时，丁福保就开始搜集跟《说文》有关的各类书，直到三十年后方编辑出版。对于该书的价值，于右任有如下讲述：

《说文解字》为研究国学必备之书，自逊清乾嘉以来，关于《说文》之著作，不下一二百种，学者如欲检查一字，非遍检各书不可，而单文零义之散见于各家文集及笔记中者，一时尤难检阅。今丁君编辑《说文诂林》，合原书一千余卷，囊括有清一代许氏之学，汇为渊海。检一字而顷刻即得，得一字而各说皆备，凡各书之所谓某为正字，某为借字，某为古文，某为异文等，昔人穷老尽气而不得者，今费半小时即可得之，所以此书不仅集许学之大成，实亦治《说文》者最便利之捷径也。

乾嘉朴学研究发轫点乃是文字学和音韵学，这使得对《说文》的研究成了显学，正是因为相关著述太多，查找起来很不方便，于是丁福保将他能够搜集到的所有《说文》著作进行汇编，使得使用者想看到某一字在历史上有多少种不同的评价，只要翻阅《诂林》一书，就能清清楚楚，所以于右任认为《诂林》一书是研究《说文解字》的捷径。

但也有人对此书评价不高，张舜徽在《爱晚庐随笔》中称："近世若丁福保为《说文解字诂林》，直以浆糊、剪子分属多人为之粘贴以成编。谓为资料丛钞可也，岂得目为著述乎？"

张舜徽认为《说文解字诂林》一书乃是剪子加浆糊的结果，算不上著述。其实《诂林》一书原本就是著录前人对于某个字的解释，而能将数量巨大的《说文解字》著作提纲挈领地汇编在一起，在没有电子检索的时代，靠人工编出这么大的书，已然是嘉惠士林了。而丁福保笃信佛教，他做的很多事乃是出于功德，从他身后把所有书捐出的情况即可印证这一点。除此之外，丁福保还编过《古钱大辞典》等一系列书。对于丁福保所编书的数量，高振农在《佛教文化与近代中国》中做过如下统计："先后编纂的译著有算学书十种，健康长寿法书二十六种，文字学九种，文学诗词八种，古钱学八种，杂著九种，佛学三十四种，医学七十五种，德育十种，道学二种"。

为丁福保的出版带来声誉者，除了《说文解字诂林》，另外还有《佛学大辞典》和《古钱大辞典》。关于后者，钱币研究专家马定祥在《忆泉界前辈丁福保先生》一文中写道："当时余常到丁老府上拜访，亲眼见到他带领助手们进行编书之情景。他家住在上海大通路237弄6号，为一石库门楼房，进门是天井，在楼下右侧一大间统厢房里，靠墙有五只长写字台，写字台旁都是书柜，书柜中存放着各种书籍资料。每张写字台前坐有一人，均为丁老用重金聘请之专家学者，大都年事已高，工作却十分认真，或剪辑资料，或整理拓本，或埋头写作，各司其职，配合默契，显然他们共事已有较长时间了。丁老坐在该统厢房另一头一张圆桌旁，有时给病人看病，有时便和助手们一起工作。"

由此可见，丁福保常年雇一些德高望重之士来替他编书，而有病人时丁福保忙着行医，没病人时他就跟助手们共同编书。《古钱大辞典》对钱币收藏界影响巨大，而我在年幼时看到的第一部丁福保的著作就是该书，因为书内对每一种古钱标明了市场参考价，故此书成了藏钱币者按图索骥的指南读物。当时喜爱钱币者人手一册，大家都感慨丁福保如此的目光如炬。然而马定祥在此文中却称："丁老并不长于钱币鉴定，亦不太熟悉市价，这两方面工作得力于戴葆庭先生。"可见，丁福保编出这样一部如此有影响力之书，并不是因为他对古钱有多么精深的研究，他只是想使得收藏钱币文化能够得以传播，因为他担任着中国古钱学会会长。

丁福保对《说文解字诂林》一书看得最重，所以才宁愿耗时三十年

◎ 第一进院落

来编纂此书。他在该书的《自叙》中称:“颇以遍检各书为苦,偶寻一字,辄废时至一二日,积书至数十种,多方搜索,尚难该备,况散见于各家文集及笔记中者,尤不可指数,往往以遗忘而难于参检。”“所以此书一出,不仅集许学之大成,实亦治《说文》者最便利之捷径也。”(于右任《说文解字诂林·评语》)

由此可见,丁福保也曾翻阅过不少《说文》类著作,因此发现检索的不方便,所以就发誓要编出这样一部书。该书编成后,丁福保对此颇为满意,他将自己的藏书楼以此书命名,颜之曰“诂林精舍”。1931年,他请蒋维乔写了篇《诂林精舍记》,此文中提及了藏书楼的状况:“精舍在仲祜住宅之旁,凡三楹而层楼,入门,中间为厅事,东为客室,西为食堂,登楼,则图书满架,古今要典咸备。”

仲祜是丁福保之字。对于丁福保热衷编书这件事,李详在《历代诗话续编序》中有如下解释:“仲祜为南菁书院高材生,体弱善病,从事上古医书,参以东西经验药物,因持西医名世。而编定书籍,不中程不止,每日殆无少时为行散岸帻之乐，然仲祜颜色加润，不为之损，意者其以编书为服饵，具有道徵，未可知也。”

编书之事对于丁福保而言，既是功德也是养生的方式。虽然他为藏书费了很多的心力，然他并未死守所藏。江庆柏所著《近代江苏藏书研究》引用了记者所写《丁氏访问记》中的所言，当时是1944年丁福保七十一岁，“说到藏书，他是和一班爱书如命、不肯供诸同好的所谓藏书家完全不同。他藏书的目的，是将收藏的书集一大成就，就全部慷慨地捐给公众阅读的图书馆去，俾使一班苦学青年和学者能得到完整的阅读和研究机会。”

其实在此前，丁福保已开始陆续捐书，他在《自订年谱》1918年条下写道：“余以书籍捐入县立图书馆及竢实学堂图书馆，约千元。”而后的捐书情况，江庆柏在文中写道：

他捐献给无锡县立第一高等小学校的图书更多。到1920年时，该校所藏1868种、22904卷图书中，十分之七以上为丁福保所捐赠，而且最

◎ 正堂内的壁画

早创议恢复学校藏书楼旧观的也是丁福保，所以该校校长朱正色要说学校图书馆即“丁氏图书馆也”。朱正色将学校的藏书编了一部《无锡县立第一高等小学校图书馆目录》。在这部目录的“序”中，他极力表彰丁福保“保存典籍、嘉惠士林”之功，表彰其在地方教育中所起的巨大作用。但丁福保犹以所捐种类虽多，皆非善本而感觉汗颜、有愧，并发愿第二年续捐大宗书籍，以补前捐之不足。于是在1921年，他又捐赠了大批书籍，其中包括《读画斋丛书》《士礼居丛书》等。

……他向上海市立图书馆、福幼院、震旦大学等，捐赠过大批图书。1935年上海筹建市立图书馆，丁福保率先捐出藏书15000卷，1947年他又再捐大批图书给该馆。1938年，他一次捐给震旦大学2万余册、5万多卷图书，其中有不少元刊本，如程颐《周易经传》、《朱子说书纲领》、杜佑《通典详节》等。丁福保本拟将这批图书开办一所“丁氏图书馆”，改赠震旦后，定名为“丁氏文库”。除佛典及丁氏手批图书外，他所藏图书几乎全部尽于此。1950年又捐图书及石刻拓本千余册给北京图书馆。

如此达观的藏书观念真的令人感慨，而诂林精舍藏书的精华如今基本藏于复旦大学图书馆。对于这批书的来由，谭畅在《丁福保“丁氏文库”流传始末——以上海档案馆藏“丁氏文库”资料为中心》一文中称：“‘丁氏文库’，是近代藏书家丁福保捐赠给原震旦大学的一批藏书。此批赠书计二万余册、五万多卷，除佛典和丁氏手校之书外，几乎囊括丁氏‘诂林精舍’全部精华。震旦大学将其命名为‘丁氏文库’。该文库后经1952年全国高校院系调整，调拨复旦大学，今藏复旦大学图书馆古籍部书库（光华楼西主楼）。”

而后谭畅在该文中详细介绍了丁氏文库的创建以及入藏复旦的过程，可见丁福保的藏书早在其生前就作了妥善的安排。他为什么要将辛苦所得一一捐出呢？丁福保在《丁氏图书馆目录稿·缘起》中做了如下解释：

◎ 第二进院落

◎ 正式展厅

每念衰老之躯，尔年无几，及身既不获尽读所藏之书，余子若孙又未必嗜书，若余一一出藏书以读之。而世之笃学之士或转有渴望余出所藏以快其一读者。余因思凡人当为社会服役，为有益于人群之事，不当为自私自利之谋，余于蓄书之始即立志于他日将藏书公诸士林。今以数十年之搜聚，正可以成吾志。此余所以决然将藏书使及门诸子编目列号创为丁氏图书馆也。凡馆目所载之书，人人皆可借阅，手续至为简便，不取丝毫费用。

如此通达，岂止是令人敬仰，他堪称藏书界的旗帜。故《藏书世家》中夸赞丁福保说："胸怀之旷达如此无第二人。"丁福保 1952 年 11 月 28 日病逝于上海，终年七十八岁。

丁福保的故居如今找不到任何线索，而我从网上查得江苏无锡的灵山景区建有丁福保纪念馆。2018 年 7 月 27 日，我来到了无锡，之前跟梧桐女史确认过寻访地点，她说此前曾往灵山景区寻找过丁福保陈列馆，灵山景区面积巨大，从入口处走到纪念馆有几公里的路程。梧桐称

◎ 里面陈列情况

◎ 丁福保的堂号挂在了这里

现为暑天，在烈日下往返走这么远的路难以忍受，故她正在找熟人希望能够开车入内。

巧合的是，在无锡寻访过程中我见到了陶潜先生。约两年前我在苏州古籍书店举办《觅理记》新书首发式，同时在那里举办了一场讲座。承马骥先生美意，从苏州请来了摄影家陶潜先生做全程录像，由此让我与之相识。这次来到无锡，陶先生虽然因搬运观览石而伤了腰，但他依然拄拐前来相见，如此重情重义让我很是感动。与之聊到我的寻访计划时，梧桐讲到灵山景区太大之事，陶兄马上说他有办法。而后他给一位张导演打电话，由此而确定：明天一早由张导演带领我等前往灵山去参观丁福保纪念馆。梧桐闻言也很高兴，因为她发现此纪念馆不对外开放，她当时只看到了门外的情形，而张导演能够让我等入内参观，这当然是令人兴奋的一件事。

因为工作的原因，梧桐一大早先处理了一些业务，故赶到酒店接我时时间已较紧，于是我来开车她来导航，迅速地开到了张导演家附近，但还是迟到了一些时间。而张导演站在路边等候，这让我大感不好意思，好在他脸上并无不悦之色。我继续开车前行，又去接上了陶潜，陶兄在车上介绍说，张导演的大名是张则鸣，乃是无锡电视台资深导演，在业界很有影响力。张导演在路上说，他因为给灵山景区拍过几次纪录片，所以与这里的方丈相熟，他昨晚已经给方丈打过电话，方丈有事不在但已跟门口说好，同时也留下了丁福保纪念馆管理者的电话。

灵山景区距无锡有几十公里的路程，此处已与常州界接壤。到景区的入口处报上车牌，果真顺利入内。而后一路向内开，在里面看到不少的精致建筑，尤其那尊著名的灵山大佛。佛像前有巨大的广场，而这一带不断有一列列的游客经过。张导演对这里颇为熟悉，他指挥着我驾车左转右转，而后将车停在了一座大殿前，我等众人步行来到了一个院落。此院落乃是仿古建筑，门楣上刻着“畴隐居士小居”，而左侧挂着“丁福

◎ 不知是否为丁福保旧物

◎ 坚韧不拔

保陈列馆”字样的牌匾，此时有一位女工作人员走过来，她向我们问明情况后打开了大门。

走入院中，眼前所见是一座U形的二层楼，楼的两端种满了绿竹。走入一楼大堂，里面颇为空旷，影壁墙是一幅精致的水乡图案。两边的侧墙上挂着一些展板，以此介绍着丁福保的生平。我等在此处一一拍照，以为这就是丁福保纪念馆的全部，但工作人员却示意我们后面还有。走进第二进院落，这里是回字形的二层楼房，面积比想象的大许多。

原来第二进院落方是主展厅，这里不但有丁福保的详细生平介绍，两间侧房还设有图书室，这里的图书并非是丁福保的旧藏之物，可以看出是许多现代人所捐。展厅内的玻璃柜里陈列着一些丁福保生前的著作，我在这里端详着他的标准像，由此而想象着他哪里有这么大的精力能够整理出如此多的著述。仅凭这一点，丁福保就值得崇扬。

纪念室内的一间侧房里悬挂了“诂林精舍”的匾额，但这里并未布置成藏书楼的模样，进内参观，里面有些旧家具，不知道是否是丁福保当年用过的原物。这里还摆放着一尊丁福保的半身塑像,制作得颇为传神,表现出了他那坚韧不拔的精神。

李根源·曲石精庐

尊贤守孝，刊书访古

李根源（1879—1965）

字印泉，又字养溪、雪生，号曲石，别署高黎贡山人，云南腾冲人，祖籍山东益都（今山东青州）。1904年留学日本，1905年参加同盟会，1909年回国，出任云南陆军讲武堂监督，旋升总办。新中国成立后，历任西南军政委员、行政委员、全国政协委员等职。著有《曲石诗录》《曲石文录》《景邃堂题跋》《雪生年录》《吴郡西山访古记》等，编有《永昌府文征》。

李根源是中国近代史上的著名人物，他在民国年间曾任陕西省省长、驻粤滇军总司令兼师长、农商总长，最高曾经做到了代国务总理。1923年，曹锟贿选总统，李根源退出政府，而后来到了苏州。此前的一年，他在苏州十全街买下了姚稷臣的一处旧宅，并将这处旧宅改名为“曲石精庐”。

其实李根源不是苏州人，他一直自称是云南腾冲人。但若以他的远祖来论，李根源应该是山东人。明洪武四年（1371），李根源的远祖李德加入了明军，十年之后，明太祖朱元璋调集三十万大军平定云南，李德随军前往征讨。云南平定之后，李德被授予云南前卫前所千户，自此之后，李德就在昆明安了家。

到了明末，李根源的十世祖李镇雄仍然在任武官，他曾护送永历帝退入缅甸。永历帝被害后，李镇雄回到了腾冲，隐居再不出仕，并且嘱咐子孙不要任清朝职务。自此之后，李家在云南的子孙一直居住在腾冲，以农耕为生，直到李根源祖父李殿琼才打破这个规矩——他参加了清朝的军队，官至武德骑尉。后来李根源的父亲李大茂也参军入伍，因其跟太平军作战勇猛，他被任命为腾越镇中营千总。

由以上的经历可知，腾冲李氏几乎都是武官出身，到了李根源这一代也与行伍有关，他曾当过云南陆军讲武堂总办，以及前面提到的驻粤滇军总司令兼师长等职。但身为军人的他在历史上却对文化事业有着特殊的贡献。他在早年留学日本时就加入了同盟会，曾经参与创办过《云南》杂志，在云南期间还组织刊印了大量的书籍。

民国二年（1913），李根源组织人纂修了《腾冲叠水河李氏家谱》，这部家谱的出版使得后世研究李根源的家族，有了颇为翔实的材料。他还组织出版了大量滇人著作，秦光玉在《永昌府文征序》中说：

印泉以军事家、政治家起而肩文献责任，登高一呼，众擎一举，搜罗既易为力，印行亦不困难。故历年以来，曾印有张南园《漫录》十卷，杨弘山《存稿》十二卷，李中溪《全集》十卷，张禺山《诗文选》八卷，雷石庵、胡二峰《遗集》一册，刘毅庵、陈翼叔《遗诗》一册，担当《遗诗》八卷，孙南村《诗集》八卷，尹树人《廿我斋遗集》二卷，曹佩瑶《腾越杜乱纪实》一卷、《饭藿遗诗》一卷，杨迥楼《滇中琐记》一卷，《鸡足山志补》四卷，刘桐轩、王月卿《桐月剩稿》一卷，又纂有《明滇南五名臣遗集》三册，固已发潜阐幽，传之不朽矣。

由这段话可知，李根源为云南文献的递传做出过很大的贡献。对于他的这个功劳，郑卫东、伍庆玲所著《百年云南图书出版与贸易》一书，给出了这样的评价："李根源，字印泉，又字养溪、雪生，别署高黎贡山人，云南近代历史上不仅是政坛、军界卓有建树，还在关心桑梓文化、搜访乡邦文献、整理滇中故籍上功不可没，更是云南出版近代化转型的参与者与见证者。作为私人出版的典范，李根源对云南近代出版史有巨大的贡献。"

李根源对于典籍的贡献其实不仅如此，他在留学日本期间就开始大量地购买跟云南有关的古书，他在《重刻张愈光诗文选序》中自称："根源往岁学于日本，尝以余力搜集先生（按：指张愈光）与中溪、弘山、钝庵诸子遗著，为《明滇南七子诗文序》，虑其所得不广，置之箧衍未刻也。"由此可知，李根源为了收集乡贤文献，即使到了国外，也不忘努力地购买。他晚年隐居在苏州时，继续从事着出版事业。

在这个阶段，他所出版的一系列著作，大多统称为"曲石丛书"，这部丛书总计收书22种、29册。因为该书在内容上并非一律，故有人说"曲石丛书"收书太过繁杂，李小缘在《云南书目》中评价"曲石丛书"称："本书体例，或称驳杂不纯。谓之为一姓或一人之丛书，则曹琨之《腾越杜乱纪实》、孙光庭之《东斋诗文钞》亦皆收入；谓之为地方丛书，则多数虽关滇省掌故，然《娱亲雅言》《吴郡西山访古记》《镇扬游记》《洞庭山金石》等似与滇无关。或以滇人著述而著录之，斯得之矣。印泉先生现

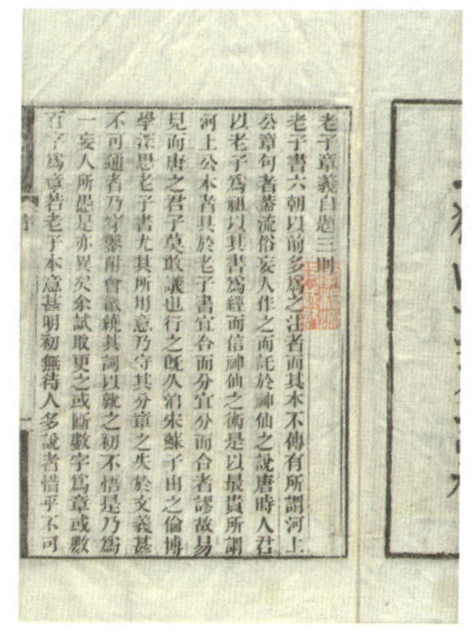

老子章義自題三則
老子書六朝以前多爲之注者而其本不傳有所謂河上
公章句者蓋流俗妄人作之而託於神仙之說唐時人君
以老子爲祖以其書爲經而信神仙之術是以最貴所謂
河上公本者其於老子書宜合而分宜分而合者謬甚易
見而唐之君子莫敢議也行之既久洎宋蘇子由之倫博
學深思老子書尤其所用意乃守其分章之失於文義甚
不可通者乃穿鑿附會徵繞其詞以就之初不悟是乃爲
一妄人所愚是亦異矣余試取更之或斷數字爲章或數
百字爲章若老子本意甚明初無待人多說者惜乎不可

爲書時未嘗備載而間列數字於下方今亦姑仍之不
欲改其舊云嘉慶二十三年春二月門人吴啟昌謹序

◎《老子章义》二卷，同治九年（1870）桐城吴氏扬州刊本，李根源钤印

以迈年，从事著述，锐意铅椠，行见此丛书之日增月累也。”李小缘的这番话说得较为公允，他说“曲石丛书”中的一些著作虽然与云南无关，然而这些著作的作者却是云南人，从这点而言，该书说不上驳杂。

这部丛书中所收的《吴郡西山访古记》，作者正是李根源本人，而这部书也是他的名作，该书的内容乃是李根源在苏州期间寻访古人墓葬的记录。他为什么会有这样一个举措？这跟当时苏州一带盛行的盗墓风气有很大关系，孙光庭在《吴郡西山访古记》序言中说：“‘吴俗掘墓之惨，乃至于是乎！仁人孝子将何所措其亲乎？木本水源之思不几穷乎？’今得印泉是记，为之发伏摘奸，庶冀人心之一悟，末俗之一改也。”

孙光庭首先引用了李根源的自道，因为当地盗墓成风，李根源通过访古来制止这种恶习，然而他的这个举措却成了苏州历史上重要的一次“田野文物调查”。对于他的这个贡献，沈红娣在其《李根源与小王山》一书中说：“李根源苏州访古后，写就了《吴郡西山访古记》一书，这是苏州历史上第一次大规模地对西部山区的文物调查，有此一书，苏州西部山区的文物古迹就可以尽在掌握中。这是有史以来对苏州郊区古墓最完整的、最详尽的调查。”

◎ 百鸟园入口

李根源的苏州田野调查始于1926年春，他用了三个月的时间陆续做了四次田野调查，从他的日记来看，这种调查活动进行得并不容易，比如他在当年四月十九日的日记中写道："是日定乘船赴洞庭东山，访陆丞相逊、王文恪鏊墓，并游西山，访高少保定子父子墓。因昨日在长冈触尸臭，头昏眩，复于途中饮水不慎，深夜腹泻不止，东山之游暂罢。"

李根源在访墓的过程中，竟然看到了盗墓者刨出的死尸，而尸体正在腐烂之中，由此散发出的尸臭，熏得他头昏脑涨，再加上喝了不干净的水，让他腹泻不止。寻访之艰难，只有从事过类似活动的人，才能深切体会得到。而我在苏州一地的数年寻访过程中，在不少地方都看到了李根源访古的痕迹。比如，我所找到的惠栋之墓，其墓前就有李根源所立的石碑，每当我看到他的题字时，都会感谢这位先贤：如果不是他的努力寻访和记录，苏州一地的很多重要历史人物的痕迹，就再也无处可寻。

李根源既然是云南人，为什么要长期隐居在苏州呢？按照他的嫡孙李成森的说法，李根源隐居苏州有两方面原因。一是李根源反对曹锟贿选，他离开北洋政府后得到了多位苏州人的支持和保护。二是李根源在苏州访古期间，喜欢上了当地的小王山。而后李根源在小王山建庐，一住就是十年。这么长时间居住于此，跟李根源的母亲葬在这里有很大关系。

1927 年，李根源的母亲阙氏病逝于苏州。母亲的突然去世让李根源手足无措，那时正赶上李生活拮据，他从上海借到了五百块钱，才将母亲入殓。朋友们听到李根源这么困难，于是纷纷捐款，而后李根源将母亲的灵柩暂时安放在了石湖的治平寺。然而石湖一地的盗墓风气特别盛行，于是李根源决定另觅他地。一年之后，李根源买下了小王山阳坡的一片风水上佳之地，他将母亲移葬于此，同时在墓旁建起了墓庐，并将此庐称为“阙茔村舍”。

李根源在阙茔村舍一住就是十年，这期间他于此接待了很多著名人物，比如章太炎、于右任、沈钧儒、张大千等等，同时他还在这里大量地种树、栽竹，把小王山变成了一处风景绝佳之地。

十余年前，我在苏州寻访藏书楼时，已经找到了曲石精庐，李根源在

◎ 李根源纪念馆入口处

苏州总计生活了十四年，其中有十年都是生活在小王山。1965年，李根源曾留下遗嘱：在他去世之后，要把自己葬在母亲墓的旁边。等他去世之后，家人根据他的遗愿，把他的骨灰埋葬在了阙太夫人的墓侧。也正因如此，小王山成了与李根源有着重要联系的一处地点，于是我决定前往一探。

到达苏州的第二天晚上，马骥先生招饮，他请来了多位朋友，问及我的出行计划时，我提到了吴梅墓、李根源墓等几处遗迹，马兄说他对这一带不熟，而他的同事温治华却向众人讲述了详细路线，看来温先生也是位好古之人。我们又聊到了苏州地区其他名人的遗迹，他也均能说出一些相应的掌故，与这样的朋友聊起天来，当然十分地快乐。而温先生也自告奋勇地说，明天他将带我前去寻访，因为那一带没有明显的标志，难以用语言说清楚如何能找到具体的地点。

第二天一早，温治华来到了我所住的酒店楼下，同时带来了另一位也有着同样爱好的朋友，这位朋友的名字叫缪鑫磊。其实此前我已经跟百合约好，由她带我前去寻访一些遗迹，显然，百合对这些历史遗迹的熟悉程度比不上温先生，于是我等四人凑在一起，一同乘温治华的车前去寻访，第一站就是前往小王山寻找吴梅等人的墓。

从苏州城区到小王山的距离，大概有三四十公里，因为都是同好，在车上的聊天就会变得很是惬意，这样的聊天是打破路途岑寂的最佳方式。很快进入了山区，苏州这一带的山都很平缓，可能是南方雨水充沛的原因，这里的山一眼望上去郁郁葱葱。苏州城内堵车严重，而转入山区之后，却很难遇到一辆车影，这样的反差顿时让人的心情得以宁静。

温治华把车停在了一处园区的门口，我看到上面写着“百鸟园”，温称此园乃是后来所建者，吴梅等文化名人墓园就处在百鸟园内。可能不是假期的原因，百鸟园门前不见一辆车，也看不到任何游人，我等到售票处问之。售票员明确地说，文化名人墓园并不在百鸟园内，而是要沿此继续前行，再转到山的另一侧。

于是我等重新上车，沿着山脚下的路缓缓前行。开出约一公里多的路后，我看到左侧路边有一个巨大的牌坊，觉得此地必是墓园所在，于是我四人下车朝牌坊走去。走到近前方，看清楚上面仅刻着“松柏精神”四个字，而牌坊后面仿古建筑的正门上则挂着“小隆中”的匾额，温先生称这里是李根源旧居及墓的所在地。

对于李根源的寻找，原本就是今天的计划之一，既然首先开到了此处，那也可以将其视为冥冥中的安排，我决定临时变更计划，先在此处探访。然而这里的门卫却拦住了我等的去路，他让我们到旁边去买票。入园买票于今而言当然是天经地义的事情，但温先生觉得带朋友来访古本是雅事，买票则破坏了访古的心情，他坚决制止我跟百合的买票行为，而后他打电话给朋友，果真不一会儿从里面走出了一位熟人，把我等让入了院内。

进入院中，第一眼所见就是李根源的雕像，我为这尊雕像拍照期间，温先生说他要接着去寻找吴梅墓，因为他明明记得那个墓园就处在李根源纪念馆和百鸟园之间，于是他带上缪鑫磊继续上车，两人做下一步的探访，而我跟百合则在李根源纪念馆内一探究竟。

李根源雕像之后就是纪念馆，走入馆内，里面摆放着一些李根源生前的遗物，墙上的展板则是他生前的一些活动照片。他在四十多岁时就当上了代总理之职，而后在他刚满四十四岁时就突然放弃一切荣耀，隐居在了苏州的山水之中，这是怎样的心境？真实的历史无法还原，我真希望能在他这十年居住之地，寻找到一些他的心迹。

在这些展览中，我看到了他的大量出版物，尤其看到了那本《吴郡西山访古记》的初版本。马骥藏有一本该书，几年前他曾带来此书让我观览，以便实地考察我们所访得之点与李根源当年描绘的差异，他当时就向我声明这本书只是让我看看但不能送给我，我当然能理解爱书人的

◎ 李根源雕像

"小气"。而今在这里我又看到了同样的一册,眼前马上就显现出了当时马骥那"小气"的神态。

其实想想自己又何尝不是如此:当年我在江澄波老先生的文学山房买到了一帧藏书家扇面,马骥听闻后要我转让,我犹豫再三,还是没舍得给他,只好给了他一部其他的书,以此来搪塞。一念及此,我觉得扯平了,于是心态也平缓了下来,而后把这个故事讲给百合听,她听后一点儿都不笑,反而认真地说,爱好收藏的人都是如此,这有什么奇怪的呢?

参观完李根源纪念馆,穿过右侧的小门,来到了另一个独立院落,而这里正是阙茔村舍。可惜的是,这里大门紧锁,无法入内看个究竟,于是又转回到中轴线,去寻找李根源的墓。在这里看到了长长的碑廊,并在里面找到了曲石精庐的匾额,但可惜这些镶嵌在墙上的刻石都用玻璃保护了起来,这给我的拍照带来了很大的困难。

从碑廊转到了山后,在这里找到了李根源的墓。按照资料记载,这里埋葬的是李根源的骨灰,然而从墓丘的形制看,倒并不像是骨灰墓,

◎ 李根源纪念堂

◎ 纪念堂内景

墓碑上并列刻着李根源及其夫人的名字。按照沈红娣书中的记载,李根源的夫人去世于 1982 年,而后她的骨灰也送到了小王山,如此说来,此墓应当是 1982 年后所建者,该墓碑的落款是“丙寅重阳立”,而最后一个“丙寅”是 1986 年,这一年应当是这座合葬墓的重新修建时间。

李根源夫妇合葬墓的右侧不足百米之地,就是他母亲阙太夫人的墓。从外观看,这两座墓的建造方式相类似。整体而言,李根源纪念馆及其墓园的占地面积较大,我感觉在百亩以上,整个寻访过程中没有遇到任何游客,这份安静更增添了墓园的肃穆。

李根源本是云南人,他却对苏州一地很有感情,并且做出了很多与当地有关的文化贡献,这是怎样的一种心境?我在参观完这个纪念馆之后依然没能得到答案。虽然他身在苏州,然而在这个阶段他也刊刻过不少跟云南有关的文献,比如他在 1937 年于苏州出版了《居易堂集》二十卷,但他也会出版一些跟苏州有关的文献,当地的《吴县志》就是由他来任总纂,而相应的这些著作还有很多。他每到一地都能为当地的文献做出重要的贡献,他的这种以保存乡贤著作为己任的所为,也正是后世对其尊崇之所在。

柳亚子·磨剑室

南明松陵，拜孙悼李

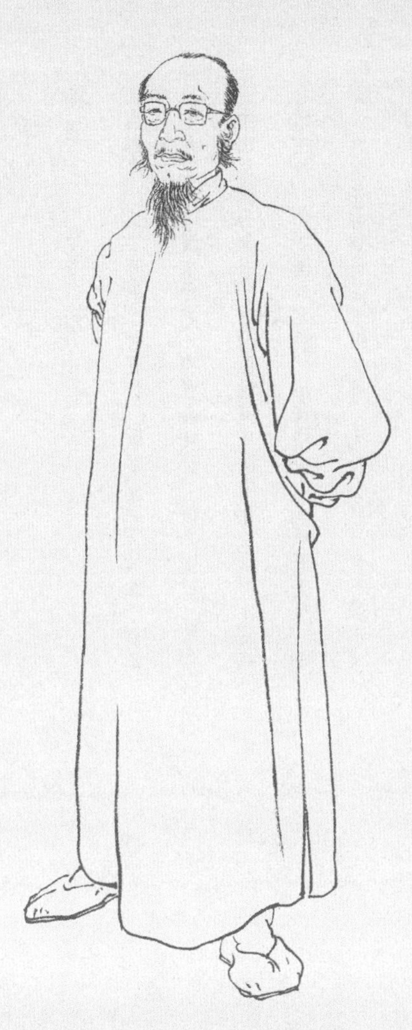

柳亚子（1887—1958）

初名慰高，更名弃疾，字安如，改字亚庐，号亚子，江苏省吴江人。清末秀才，同盟会会员，创办南社。曾任孙中山总统府秘书、中国国民党中央监察委员、上海通志馆馆长。新中国成立后，历任中央人民政府委员、全国人大常委会委员。工旧体诗，尤长七言。有《磨剑室诗词集》等。

光绪三十二年(1906),柳亚子加入中国同盟会,辛亥革命后,他任临时大总统府秘书,后来做到了国民党中央监委。关于他的履历,大多数资料上讲的都是其从政经历,社会上更多者则把他看成一位文人,而我在此所聊者,则是他的藏书事迹。

柳亚子是学者型的藏书家,他的所藏跟其治学方向基本一致。整体而言,柳亚子的藏书分两大门类:一类是跟别的藏书家一样,将乡邦文献作为自己的藏书专题之一,另一类是关于南明史的文献。因为研究南明史,为了能够得到详实可靠的资料,柳亚子花了很大力气收集南明文献。对于乡邦文献的收藏,李海珉在《藏书大家遗泽后世——亚子先生黎里藏书札记》一文中写道:"一是乡邦文献,凡是黎里人的著作,从古到今,不论精粗,一律收藏,后来扩大到吴江,又扩大到苏州地区。内容众多,有诗词、有文章、有书信、有笔记,也有小说,甚至连医药种植之书也尽加收集。为让乡邦文献流传后世,亚子先生可谓煞费苦心、千方百计。他知道家谱、族谱不仅可以研究家族变迁、人口繁衍,同时可以发现很多艺文资料,于是就向家乡邻里友好借阅谱籍,从中辑录了不少吴江文献。"可见他为了收集乡邦文献确实下了大工夫。

柳亚子的所为不限于此,他除了自己收藏这些乡邦文献外,难得的是,他还组织了一些有着共同爱好的人,一并来收集和研究。李海珉在该文中写道:"1918年冬,亚子先生聚集了有志于保存乡里文献的同志,成立了'松陵文献保存会'。凡保存会的同志,大家互通有无,积极交流。亚子先生在吴江地区藏书家中选定了12位佼佼者,拟定了12个字,'文献流传,后生之责,维桑与梓',一人取一字作为代号。具体的代号和姓名如下:'文(柳亚子)献(费伯缘)流(沈颖若)传(金眼初),后(薛公侠)生(范烟桥)之(叶叩濂)责(沈丹忱),维(周嘉林)桑(陆赓南)与(顾悼秋)梓(黄病蝶)',根据这12个代号再编订一份《吴江文献保存会书目》。这本书目共计收入吴江人著作740余种,亚子先生'文'字号的款目多达

650 余种，是各家之冠，不愧是吴江的藏书大家。”

古人刊刻《大藏经》，基本是以《千字文》来编顺序，这是为了便于查找和排序，不知柳亚子是否借鉴了这种排序方式，他竟然将吴江地区十二位藏书家每人分一个字，而这种做法，我知道的仅有他一人。

柳亚子除了组织这些藏书家共同收集，他还动员自己的家人，包括他的儿子和女儿，都来帮助自己抄书。《知无涯草庐诗》跋语中有这样的话：“此册原稿藏梦琴后人祥叔处，余未得见，见陆赓南所写副本，因命儿子无忌重录一通，并志缘起如右云。……分湖柳弃疾记。无忌敬书，时年十二龄。”当时柳亚子的儿子柳无忌年仅十二岁，就已经开始帮助父亲抄书，这种做法也确实太过稀见。

为了收集乡邦文献，柳亚子花了大笔的钱，李海珉在其文中写道：“在亚子先生的印章中，有一颗闲章文曰‘散尽黄金万卷书’，一点也没有夸张，亚子先生从 1898 年起到 1927 年离开黎里止，其间光为搜罗吴江乡邦文献就花去了一万多块钱，有时为了买下淘得的旧书，不惜举债。在乡邦文献上，大多钤有‘柳亚子藏书’的印章，妥加保存，对那些珍贵的版本、孤本、善本，亚子先生甚至连印都舍不得钤，生怕污损了珍品。因此，吴江老乡说亚子先生‘爱书如命’，这是中肯之论，一点也不夸张。凡是亚子先生研读过的书籍，都钤有‘亚子过目’、‘曾经柳亚子披览’或‘曾经分湖柳弃疾过眼’的印章。”

除了乡邦文献，柳亚子的另一大收藏是南明文献。柳亚子收集这些文献的原因，则跟他的政治观念有一定的关系。陈燮君、盛巽昌主编的《20 世纪图书馆与文化名人》有《柳亚子：藏书全都捐献给国家》一文，该文中这样叙述了柳亚子年轻时的所为：“1903 年（清光绪二十九年），才十六岁的柳亚子已经读遍了家乡大量藏书，其中也包括当时风行的《新民丛报》和留学生所主编鼓吹革命的刊物等。同年，他就在黎里家乡，创办了《新黎里》（月刊），编写数万言的《中国灭亡小史》。这时他很欣赏龚自珍、梁启超的诗和论述，但更敬仰明末张煌言、夏完淳等志士的为人，就此在日本东京出版的《江苏》刊物上发表《郑成功传》和《磨剑室读书记》。他是近代中国第一个为郑成功作传鼓吹的人。”

因为接触了大量反清复明之士的文献，使得他有了对南明系统研究的想法，故而该文中又写道：“在此期间，尚未弱冠的柳亚子，在开始猎寻南明史乘的同时，开始有目的地搜集、整理吴江地区乡邦文献，他在自传中说：‘此时我又在发狂地收买旧书，凡是吴江人的著作，从古时到近代，不论精粗好歹，一律收藏。’诸如凡借得孤本必亲自缮写，或雇人抄录，自己校勘，有的还斥资重刊。现已辟为柳亚子纪念馆的当年吴江黎里周赐福堂的第五进楼上，鳞次栉比排列着书橱书箱，内贮各种书籍，它被称为‘藏书楼’。少年柳亚子藏书有条不紊，蔚为一家。”

以上所言，只是讲述他的收集过程，而对于这方面的研究，该文中又称：“抗日战争爆发后，1937年底日本侵略军占领上海，柳亚子困居上海法租界，居家简出，自题寓所为‘活埋庵’。他愤于国民党南京政府不抵抗政策，偏安一角，不以丧失大好河山为痛惜，先后选择、编撰明末抗清英雄史可法、吴易、夏允彝、夏完淳等人物传记及亡明痛史，但是由于吴江早为日寇侵占，无法利用家乡所藏有关明清史料。他通过与上海藏书家相识相知，借用图书，主要是阿英（钱杏邨）、胡朴安、朱希祖。”

柳亚子收集了那么多南明文献，可惜当日本人打来时，他的家乡沦陷了，而他的南明史料又带不出来，于是他就只好通过上海的一些藏书家来借阅相关史料，因为那个时代还没有复印机，所以遇到有价值的材料时，他只能通过抄写来拥有。

对于他抄书的情况，陈燮君、盛巽昌的书中说道：“他还向隐名蛰居的郑振铎借阅善本《南疆逸史》（温睿临），且用了26天，将全书五十六卷全部誊抄完毕，然后著述了《南明史纲》四卷（翌年重订为六卷）、《南明后妃宗藩志》、《南明记事史稿》等多篇。后在香港期间，虽然生活不甚稳定，但仍把《南明史纲》继续扩充到八卷，且辑补了屈大均《皇明四朝成仁录》。”五十六卷的大书也靠抄写，并且他只用了26天，如此推算起来，他每天抄两卷书，这个工作量足够大，当时他抄书的地点是在上海的租界。到了1941年11月，柳亚子写了篇《一年来对于南明史料的工作报告》，发表在了当月的《大风》月刊上。

日本人占领上海后，柳亚子来到了香港，他后来所收集的南明文献也带到了这里，他在香港仍然致力于这方面的研究和写作。1941年12月8日，日军占领了香港，柳亚子躲到了澳门，因为走得匆忙，那些南明文献以及他的研究著述手稿都未能带走，王謇在《续补藏书纪事诗》中谈到柳亚子藏书的归宿时称："家藏清初禁书集部綦多，近闻已携赴首都寓邸。而所著《怀旧集》中著录所藏明季遗书一大宗，几与《禁书总目》相埒者。抗战时，失于香港之变，杳不可踪迹矣。"由此可知，柳亚子的藏书在日本人占领香港时，全部没了踪影。

这些书去了哪里呢？柳亚子曾写过一篇《还忆劫灰中的南明史料》，其在该文中说："太平洋战事爆发，我仓皇渡海，一本书都没有带走。后来，港九沦陷，听说敌人占领了我的羿楼，作为他们什么报道部之类。又听说，把我的一切书籍和文件都烧掉了。"

看来柳亚子也不清楚他的藏书最终归宿，他用"听说"二字来解释他的书和文件都被日本人烧掉了，因为他在香港的居所成了日本人的报道部。而后的相关文献大多引用这样的说法，比如陈燮君、盛巽昌主编的该书中说："可惜这些字字心血声声泪的手稿，连同他多年搜集的资料和向胡朴安等借用的书籍，在日本攻陷香港时，为战火漫及付丙了。"

柳亚子所藏的南明文献在香港全部被日本人烧掉了，这种说法流传了三十余年。到了1982年，这件事突然有了转机。这年的5月11日，香港的《大公报》上刊登了柳亚子之子柳无忌所写《寻书：柳亚子旧藏南明史料》启示，该启示首先叙述了社会的普遍认定："关怀先父柳亚子

◎ 柳亚子纪念馆附近，而今被修成了游览步行街

的朋友，与研究南明史的学人，都知道他在九龙羿楼（用后羿射日典故）所收藏的好几百种南明史料，以及他所撰的南明史稿，都已在 1941 年底日军占领香港时遗失，像他自己所说的，成为‘劫灰’。”同时还引用了柳亚子本人的说法，柳无忌在编《柳亚子文集》后集中称 ：“其实，柳亚子所听到的消息，并不正确。在 1942 年香港被日军占领期间，他的南明书籍，非但未成灰烬，而且大部分还好好地保藏着，甚至美观地装潢在几套夹板中间，上面分别摩刻着他自己所题的书名。这可说是奇闻！却千真万确，有文章为证。”

柳无忌所提到的文章乃是王瑞丰所写《柳亚子南明史稿收藏记》，该文发表于 1944 年 9 月 16 日上海出版的《古今》半月刊第 55 期，该文的作者详细讲述了自己偶然得到南明史稿及藏书的过程。如此说来，柳亚子的这些藏书并没有被烧掉，而是依然完好地保存在某人的手中。

可是，王瑞丰的这篇文章发表于 1944 年，为什么过了三十八年柳亚子的儿子才得知这个消息？对此，柳无忌在文中做出了如下的解释 ：“王瑞丰这篇文章，刊于上海出版的《古今》半月刊第55期，1944年9月16日，正值汪伪政权时代，未为学者注意，此后亦无人提及。所以，关于这件事情，家父及他的友人都不知悉，总以为他旧藏的南明史料早在日军占领港九时成为劫灰。现在，根据王氏所述，至少在1944年时，这些书稿尚大部分安全无恙，至于以后的情形如何，有无特殊的事情发生，却无从知道。”

柳无忌说，1944年的上海正是汪伪政权统治时期，所以这篇文章发出来后并未引起他人的注意，所以也就没人把这个消息告诉柳亚子，而柳亚子去世于1958年，直到其离世，他仍然认定自己的南明藏书变为了劫灰，自己一生精力所聚之一，竟然是这样的结局，想来柳先生至死都会是个遗憾，但没想到在他去世几十年后，这份旧藏出现了柳暗花明的结果。

王瑞丰的这篇文章写了约有几千字，他是如何意外得到柳亚子的这些藏书呢？王瑞丰在该文中详述了事情的本末。他首先讲到民政部情

◎ 古老的石桥

报班的班长叫黑木青行，从名字可知这是个日本人，此人从台湾来到了香港，因为受某少将之托，到香港后他打问《大公报》张季鸾的下落，其实张在此前一年已经去世，而黑木在打听的过程中认识了王瑞丰的同乡，于是王也就成了黑木的朋友。

某天，黑木请一些朋友到其住处兼办公地吃饭，王瑞丰在其客厅旁的一个小屋内看到了一个玻璃书橱，同时他还看到了何香凝画的一幅梅花，这幅画的下面有柳亚子的题诗，为此王瑞丰意识到，情报班所占的房屋很可能是柳亚子的书斋。此前，王瑞丰早就听闻过柳亚子致力于收藏和研究南明史料，于是他意识到这个书橱内很可能藏的就是这些珍宝，他很想上前翻看，可是又碍于他觉得自己跟黑木没有深交，不便于太过唐突。好在当时有一位叫辛子的女士从书橱内拿了一本柳亚子《自撰年谱》送给了王瑞丰，于是他觉得黑木似乎对这些藏书并不在意，所以他小心地提出可否借阅这些书，没想到黑木很爽快地答应了下来。

这个结果让王瑞丰大为高兴，于是他就从书橱中挑选了几本。王究竟拿了哪些书？他在文中写道：

《吴易传》初稿一册全（文言体，廿九年八月写成的）；《吴日生传》一册全（文言体，廿九年八月写成的）；《夏允彝完淳父子合传》一册全（修订本）；《吴易传》一册全（文言体）；《江左少年夏完淳传》一册全（1940年10月29日夜分脱稿），该传的特色，是以语体文写成的，记得柳氏主修《上海县志》，也是采用白话体，这是在旧传统中别开生面的一点；《周之藩传》一册全（修订本）；《南明杂传》一册全，中有《夏氏父子传》《杨娥传》《赵夫人传》《孙璋传》《徐弘基传》《吴潘合传》《王戴合传》《吴志葵传》；共七册。

可能是初次相见的原因，王瑞丰不敢多拿，他仅从橱中挑选了七册。看来他是想细水长流，先跟黑木搞好关系，而后慢慢地从这里拿书。可惜的是，黑木不久就辞官离去了，这所房子则由黑木的亲戚八木田来看守，住在此处的人还有黑木的女友张莉莉。这位张莉莉在当时的香港是著名的交际花，常常招很多人到住处来，这种做法让八木田很不满，二人为此还吵过架，同时张莉莉还把房中的东西随手拿来送人，八木田又管不住她，于是他就前往王瑞丰家劝王把想要的书赶快都拿走。

想来，王瑞丰也未曾料到会有这么好的一个机会，于是，他立即跟八木田来到柳亚子旧居，虽然张莉莉怒目以视，但他还是从书橱中挑选出了跟南明史料有关的书籍带走了。

王瑞丰在文中详细列出了他所带回之书，从排列的顺序看，我感觉这位王瑞丰对版本颇为在行。他首先列出了柳亚子藏书中的自抄本：

《南明史料书目稿本》一册（有廿九年六月九日后记二册）；《补遗》第一册（附《编目》四种，关于华延年室题跋所载者）；《补遗》第二册（关于图书馆及私家所藏者）；《补遗》第三册（关于丛刊及丛书本者）；《残明大统历》《残明宰辅年表》合订本一册全（大兴傅以礼遗著，有廿九年七月廿三日首记，又后记二则）。以上均为柳氏手抄本。

接下来，他又列出了柳亚子的批校本：

又足本《南疆逸史》八册全：第一册为纪略一至四全，第二至第八册为列传一至五十二，附杨跋十二首。按他廿九年九月十三日全书校毕记里说："校勘前后凡十四日，合诸抄写时期，共为三十四日。"观全书不下十数万言，仅以短短的时间，就完成这样艰巨的工作，并且丹铅校勘，详证异同，这种治学精神真值得我们钦佩。

而后他又提到了中文打字机的录入本：

《夏太史遗稿》一册全（从旧抄本移录，有卅年九月十七日题记），《玉樊丙戌集》上下二册全（从旧抄本移录，有卅年六月廿八日前记），上两种为麟飞女士以中文打字机打成。

而后他又详列出柳亚子得到的钞本：

《南疆逸史》七册（卷首至卷二十终）；《海东逸史》一册全（翁洲老

民著，魏如晦先生购赠，等于一部鲁监国实录）；《明清纪略》一册全（吴江朱不远著，朱字明德，即勾吴外史，饭香抄本，附跋文，胡朴安先生赠）；《明季实录》一册（胡藏吴县朱氏槐庐校刊本，亭林遗书中之一，胡先生拆开借给的。我想一本弃失便永无完日，自古名贵典籍，也往往是这样散失的。）《圣安纪事》一册全（即《明季稗史》中的《圣安本纪》，与《明季实录》同）；《野史无文》共七册（胡先生代觅抄本，此书现为程演生先生所藏，也是抄本，原题淝水奈邨农夫即郑达纂辑）；《晚明史籍考》十本全（国立图书馆廿八年五月印行，有柳氏眉批）。

在目录的最后部分，王瑞丰又列出了柳亚子已经发表的手稿：

《南明史纲》散稿一束，一至六编（看上面红笔标的记号，是已经发表过的）；合柳氏《自传》《年谱》，及《一年来对于南明史料的工作报告》。看来，柳氏写成的南明史稿及参考各书，大致没有失缺，只是《随笔》一册，不知什么时候被应急需，竟撕去了半本。我也收藏起来，算是抱守之意吧！

由以上可知，王瑞丰所选出之书数量并不大，但却是柳亚子研究南明史收集资料中的精品，可见王瑞丰对此是绝对的内行，得到这些书之后也很珍视，因为他在1942年的春天还花了几十元的军票定做了几套夹板，特意把这些书保护了起来。当他离开香港时，将这些书寄存在了一位好朋友的家中，此后他们在通信过程中，王瑞丰还惦记着这批书，朋友告诉他“请勿为念”，其潜台词则是告诉王：这批书依然完好地保存着。然而再后来，这批书的下落就没有了消息。

到了1982年，身在美国加州的柳无忌得知了这个消息，于是特意写出《寻书》之文发表在《大公报》上。关于他写此文的目的，柳无忌在该文的最后两段写道：

但是，我们不能因此绝望，我写本文的动机，旧事重提就是想借助于畅销各地的《大公报》，盼它的读者，不论在香港、上海、山东，能指示我一条寻书的线索。

我更大的希望，当然是当事者如王瑞丰本人——那位妥为收藏史料并盼望“原璧归赵”的热心人——他在港的知己朋友，或他们的家属，会看到这篇文字，并告诉我这些南明史稿仍完整保存的大好消息！虽然世变沧桑，但自1942—1982亦不过40个年头，谁知道这些宝贵的书稿——在政府与学人正从事整理文史古籍的时候——不会重新出现？我乐观地期待着。

最终，柳无忌找到了他父亲的这批旧藏吗？我没有查到结果。为什么这么多的书几十年间变得杳无音信了呢？这会不会是王瑞丰编的一个故事？从柳无忌的《寻书》一文中，能够感觉到王的所言确实不是杜撰，比如柳无忌在文中有如下一个段落印证了王瑞丰的说法：

王瑞丰在文内列举了好几种书稿，内有柳亚子以20日抄写、14日校勘完毕、有十数万言的清初温睿临著的《南疆逸史》（足本，56卷）。关于此书，柳亚子在《续忆劫灰中的南明史料》文中，这样写着：“56卷本

◎ 不起眼的柳亚子纪念馆

则是我离开上海以前从西谛先生(郑振铎)那儿借来亲自抄写的,还费了我20天废寝忘餐的代价呢。现在,这两个本子(另一部为上海国光书局排印的44卷本)当然都毁灭了。”哪里知道,当柳亚子在桂林写这篇文章时(1942年12月),这些书都尚安全地存在香港呢!南明史料以外,王瑞丰还获得残余的半本‘随笔’(另一半被‘应急需’时撕去),不知是否即是曾在《笔谈》半月刊(茅盾主编,香港出版)上发表的《羿楼日札》?那是1942年春天的事情。

如此说来,王瑞丰的叙述确实有这么回事。虽然至今不能知道这批书的下落,但基本可以肯定这些书仍存在于天壤之间,这个结果不知会让多少爱书人又生出了蠢蠢欲动的贪欲,当然,这里面也包括我。

其实柳亚子并不是他本来的名字,陈锡岳、林基鸿合编《名人与图书馆》中,有《爱国诗人柳亚子与“柳亚子图书馆”》一文,该文的第一段就讲到了这件事:

柳亚子(1887—1958),原名慰高,字安如。16岁因崇信天赋人权说,以亚洲卢梭自命,改名人权,字亚卢。18岁,模仿友人陈去病的名字,改名弃疾,以示对宋代爱国诗人辛弃疾的敬慕。在上海健行公学任教时,友人高旭嫌卢字笔画太多,常在诗笺赠答时作亚子,他慢慢地采用了。“五四”以后,为了统一名号,只用“亚子”二字了。

原来,柳亚子之名跟其崇尚卢梭有关。而对于他的藏书,该文中写道:

“五四”以后,柳亚子客居上海,锐意收藏图书。上海是旧中国文化的中心,大小出版机构不下二三百家,占全国出版机构的一半以上。柳亚子唯一的嗜好是书,买书不惜工本,尤其是印数较少的“冷门书”。1927年,大革命失败,柳亚子因反对蒋介石政权,遭到通缉,后化名为唐隐芝携家逃亡日本,但他还念念不忘托人代购图书。1928年回国,继续进行反蒋活动。

前面提到柳亚子藏书有两大主题，一是乡邦文献，二是南明史料，其实他的藏书中还有一个版块也是他人未曾留意者。陈锡岳、林基鸿所编的该书中讲道："三十年代，柳亚子住在上海辣裴德路（今复兴中路）柳家大厅和书室时，他收藏了几十橱图书。1935年，任上海通志馆馆长时，为整理这批图书，请正在编辑上海图书馆史的胡道静来家分类编目，胡道静花了一个多月时间编好书目，名为《磨剑室文艺书目》，胡道静趁此编目之机有幸拜读了柳亚子的藏书，胡先生认为'柳亚子图书馆'的藏书很有特色，他说：'凡是文学革命的书都收全了。'"原来，柳还有收集红色文献的偏好。

对于柳亚子的这一类收藏，郑振铎都很羡慕，郑伟章所著《文献家通考》中称："有《磨剑室藏革命文库目录》，所著录百三十六种皆系辛亥革命前后鼓吹国民革命之书籍、报刊，是关于辛亥革命的重要历史文献目录。郑振铎题识云：'《磨剑室藏革命文库目录》，柳亚子藏，阿英钞本，不分卷一册。……余所藏书目，无一关于辛亥革命者，得此足弥一憾。'"

由此可知，柳亚子的藏书视野十分广泛，并且他在每个专题的收藏上都能做出一番成就。然而他的藏书之好是由何而来的呢？黄建林认为柳亚子的藏书之好有其家传，其在《柳亚子藏红梨社文献考论》一文中，首先从柳亚子的高祖讲起：

柳氏家族是分湖地区典型的文学世家，然而柳氏族人科举不显于世，柳亚子高祖柳树芳仅为秀才。然而这位秀才在柳氏家族发展史上有着举足轻重的地位，柳亚子尊称其为"大胜柳氏在文坛上的开山祖师"。柳氏家族与红梨社的关系也要从这位"开山祖师"说起。柳树芳，字湄生，晚自号古查，又号粥粥翁。性伉爽直谅，乐善好施，尝刊先辈遗书数种。诗精警明爽，不屑为钩章棘句。著述宏富，有《养馀斋诗初集》四卷，《二集》四卷，《三集》六卷，《四集》二卷，《文集》二卷，《胜溪竹枝词》一卷，《分湖小识》六卷，《分湖诗苑》一卷等。

正因如此，柳亚子有了收集红梨社文献的举措。而黄建林认为，柳亚子的藏书思想正是基于乡邦文献的收集："考察柳亚子藏书思想，我们有必要概述一下柳氏家族对于地方文献的态度，这可看作是柳亚子藏书思想的渊源之一。高祖柳树芳在《分湖小识·自序》中言：'邑中诸镇若同里、盛泽、黄溪、黎里均有人焉，刻其里志以备采访，独分湖无闻焉。生其地者忍听其文献无传，废坠而不知举耶？抑或尚有待于来者，谓此事非我责耶？树芳志在搜罗，阅二十余年矣。家庭多故，岁月少闲，惟兹一事拳拳于寝兴食息之余，而不忍释。'除此而外，柳树芳还为吴江乡史善长刊刻《秋树读书楼诗集》，所有这些行动都是对地方文献责任感的高度体现。柳树芳之子柳兆薰著有《〈松陵文录〉作者姓氏、爵里、著述考》，得以弥补《松陵文录》仅列作者姓名而无人物小传之不足，保存了大量吴江地方人物的传记资料。高祖、曾祖对地方文献之重视必然对柳亚子有潜移默化之影响，亚子《自撰年谱》'三十三岁'条言：'狂胪乡邦文献，购书万余卷。资用不足，则举债以继之。'"

柳亚子故居位于江苏省苏州市黎里镇浒泾街。这一天是乘坐卜若愚先生的车，卜兄的朋友叶剑青先生认为卜开车水平太过一般，所以他坚持自己来做司机。而卜兄为了让我了解到更多的细节，特意请来了苏扇博物馆的张琦。我等一行四人沿着苏州的三个方向兜了一大圈，其中的一站就是黎里镇。

在该镇上依然能见到许多老建筑。镇中心有一条河，虽然河水已经变得污浊，河面上还停泊着一些废弃的水泥船，但我还是觉得有水就有灵气，而南方人的精明肯定也是由这些水的滋润而形成。

张琦说，前些年她曾来过此地，然而仅仅过了几年，镇上就有了不小的变化，以至于我们前往柳亚子故居仍然需要打听。在河的两岸能够看到已恢复了一些古建筑，而今这里被改造成了步行街，于是请叶先生把车停在桥头附近的一个空地，我等四人沿着步行街边观赏边寻找。

◎ 陈设

賜福堂

可能不是旅游旺季的原因，沿路的商户一半都关着门，因为游客少，所以走在这石板路上多了几分从容与悠闲，可以慢慢地走，慢慢地看，暖暖的阳光照在身上，这让自己的心情也舒缓了下来。心情不同则眼中所见也会随之变化：原本我颇为反感旅游景点太过商业化，尤其不喜那种强迫购物的恶习，可是大多数景点都会设有一条长长的商业街，使得游客必须经过这些商业街才能到达真正要看的景点，这里虽然也是如此，但我却饶有兴趣地一家家地看着，那些千城一面的旅游纪念品也变得不那么可憎了，甚至沿途所见的一家“陈小姐私房奶茶铺”，也成了我们三个臭男人的话题。

在这条长长的古街上，柳亚子纪念馆并不显眼，以至于错过了正门几十米后我们才发现，回到正门时，看到纪念馆的门牌号为“中心街 75 号”。纪念馆不收费，进门即看到了柳亚子的塑像，而后沿着参观路线一直向里走，此处旧居窄而深长，一路参观下来，大约有五进院落。

关于这里为什么不叫“柳亚子故居”而叫“柳亚子纪念馆”，我在一

◎ 柳亚子塑像

处文献上看到，因为这处旧居乃是柳家租用他人者，并且当时只租了最后两进院落，如此说来，称为“纪念馆”确实更为恰当。

对于此院落的本主，李海珉在《柳亚子书斋名考释》一文中写道：“寿恩堂共分四进，第二进楼房五开间，有一个匾额，上书‘题红仙馆’。第三进是大厅，匾额上题有‘寿恩堂’三字，是乾隆的御笔，下还写着‘赐直录总督臣周元理’。‘磨剑室’就在‘题红仙馆’对面的寿恩堂一侧，共二间，打通后作为柳亚子和他父亲共同的书房。寿恩堂是周元理任直隶总督以前所造，周元理告老回乡后，另建更为高大的新宅。周元理在乾隆年间任工部尚书多年，因此新宅的工艺特别是砖雕门楼代表了当时的最高艺术水平。新宅落成，乾隆皇帝曾大书九个‘福’字赐予周元理。故新宅称为‘赐福堂’，周元理也以‘周赐福’名噪江南。新宅共六进，真正赐福堂在第三进大厅。”

看来这是乾隆时的一处老宅，到了近现代，柳亚子之名盖过了原房主，反而少有人知道这处院落本是乾隆年间工部尚书周元理的旧宅。这处旧宅艺术性最高的地方，就是这里的砖雕，细看有些砖雕虽然已经残损，却依然能够看出当年是何等的精美。

在一间展室内有毛泽东给柳亚子题诗词的塑像。当年毛泽东前往重庆谈判，柳亚子与毛见面后，希望毛能赠给自己一幅墨宝，于是柳就得到了那首极具名气的《沁园春・雪》，而这组雕像正是表现了当时的场景。

一路参观下去，直到第四进院落才看到了“柳亚子先生故居”的匾额，看来这里才是他当年真正使用之地。而今这里布置成了展室的模样，里面用很多展板介绍着柳亚子的生平事迹，同时还摆放着一些他生前用过的物品。我等四人最感兴趣者则是他的几方印章。从印章的用石以及材质看，这些印章应该都是复制者，对于有藏书之好的人来说，看到这样的印章，怎么都觉得是个遗憾。

老宅的最后一个院落则是柳亚子的居所和藏书处，这里有他的藏书室——磨剑室的介绍，而磨剑室也成了柳亚子最为人所熟知的堂号。其实柳亚子的堂号有近20个之多，每一个堂号都是根据其思想的变化以及不同的境遇所起，李海珉在《柳亚子书斋名考释》一文中说到："有砥砺自身决心为国为民贡献才华的（磨剑室），有追随孙中山崇尚马列主义的（拜孙悼李楼），有陷于苦闷惚惚如狂愤世嫉俗的（活埋庵），有抗日救国时的擂鼓呐喊（羿楼、射日斋），有金瓯不全一家难圆时的苦苦企盼（鸥梦圆簃），也有抒发胸中浩然的气概（上天下地之庐）。"

这些堂号中最具革命性者乃是"拜孙悼李楼"，关于此堂号的含义，我曾经做出了本能的猜测："拜孙"当然指的是崇拜孙中山，而"悼李"，我则想到了李大钊，可是，柳亚子的这个堂号使用于1924到1925年之间，而李大钊则是去世于1927年，显然这个"李"跟李大钊没关系。当我读到李海珉的这篇文章时，方得知这个"李"乃是指列宁，因为在早期列宁曾被翻译成"李宁"。李海珉《考释》一文中又说到柳亚子曾请人刻了一方印章，其印文为"亲炙中山，私淑列宁"，这里又成了"列宁"，不知当时这两种称呼方式是否同时在使用。

对于柳亚子藏书的数量及其归宿，郑伟章在《文献家通考》中说："解放后，所藏共七万余册，三百箱，一九五三年捐上海文管会，转入上图。其革命文库之书归中共中央宣传部、上海中共一大会址纪念馆及中国社科院近代史所。"

七万余册的数量足够大，这应该是柳亚子藏书的总量，然而李海珉在《藏书大家遗泽后世》一文中则说出了与之差异较大的一个数字："黎里的藏书多达44000余册，在1950年冬，分装成300多箱，亚子先生把它捐献给了上海图书馆。黎里的书都是亚子先生1927年以前所藏，此后还有沪寓藏书、香港藏书和北京北长街89号的藏书，亚子先生也都分别捐献给了国家各级图书馆。"

◎ 到了这里才称为“柳亚子先生故居”

◎ 室雅何需大

◎ 此处有些残损

◎ 依然精美的砖雕

李海珉说在黎里旧居的藏书数量是“44000余册”，这跟《文献家通考》中所说的“七万余册”差距较大，而捐赠的时间也差了三年，可是这两个说法在箱数上却很相近，郑伟章说是“三百箱”，李海珉说是“300多箱”。如果把“七万余册”视之为柳亚子藏书的总量，而将“四万四千多册”视之为仅是故居藏的这一部分，倒是可以解释得通的一种理解方式。

但两者在箱数上却又如此的相近，真不知哪种说法更接近事实，陈燮君、盛巽昌主编的《20世纪图书馆与文化名人》中有《柳亚子：藏书全都捐献给国家》一文，文中称：“建国后，柳亚子于1950年9月由北京饭店迁居北长街新居后，在度过国庆节后就兴冲冲南返上海。他毅然决定将上海复兴中路旧宅的藏书和黎里老家的44000余册藏书，包括期刊、信札、手记等，共有四五百箱，全数捐献给国家。1951年春天，上海文管会派版本学家陈乃乾负责清理造册，这些书籍、信札等，尔后就全部交与上海图书馆典藏；与此同时，柳亚子也将北京新居‘上天下地之庐’存藏的南明史料、南社文库和其它书刊、信札，全数捐献与北京图书馆。”

如此说来，这“44000余册”指的仅为黎里旧居所藏者，余外的那近三万册，应该是柳亚子藏在别处的书。

如今柳亚子的藏书之处完好地保留了下来，并且根据介绍牌上的所言，这处藏书楼的后面还有一进院落，里面展放着柳家所刻的碑石，可惜这进院落被封闭了起来，看不到后面的情形，于是我站在这座U形的楼前，看着阳光透过树叶把斑驳的影子投在楼体之上，那份安宁能让人真切地体会到世间的美好。

补记：

成文后，在编校过程中，发现黄恽先生早在2004年第2期《文史天地》发表过《南明史料的奇遇》一文。该文提及，后来在斯坦福大学的胡佛中文图书馆，柳无忌发现了南明史料中的《夏太史遗稿》。更可喜的是，书中还有柳亚子作于 1949 年 7 月 4 日的跋语：

此册与《玉樊丙戌集》两册，太平洋战后，落日本情报部手，盖余香岛寓庐，自署羿楼者，为日人所占据也。山东王念忱仗义取归，依余题署制夹板，仍自港携沪，归余赵璧。呜呼，王君诚可谓义薄云天者矣……余以此二册经历艰辛，颇拟赠诸北平图书馆，以公同好，且志王君之高谊于无穷云。

即此可知，柳无忌至少找到了其父的部分遗藏，王瑞丰所保管的南明史料也移交给了柳亚子本人。想当日战乱纷纷，心血本已落入贼手，竟能借助友朋之力失而复得，亦天地间一奇事，无怪乎柳亚子如此激动了。特补记于此。芷兰斋庚子年小暑。

姚光·复庐

著书之藏，悉捐公馆

姚光（1891—1945）

谱名后超，字凤石，号石子，又号复庐。上海金山张堰人。少年时不满清廷腐败和丧权辱国，自名曰『光』，号『复庐』，含光复汉土之意。宣统元年（1909）11月13日近代革命文学团体南社成立，姚光首批入社。民国七年（1918），社友推举姚光继任主任。故论南社主政者有『前有柳亚子，后有姚石子』之称。抗战时，姚光蛰居上海，致力于《金山艺文志》的编著，自1919年开始，历20余年终完成；同时，抢救国家重要文献典籍，免遭外劫。

姚光号石子，又号复庐，复庐同时也是他的堂号，他曾接替柳亚子任南社后期主任，而他的当选跟南社的一场内讧有直接关系。

1909年5月16日，姚光与王粲君成婚，在当年的11月13日南社成立，姚石子夫妇一同入社。王粲君原本就读于上海爱国女学和女子体操学校，夫妇均为文人，共同入社，在当年也是一段佳话。但结婚后的王粲君几乎一直忙着生孩子，她在婚后的二十四年里生了14个儿女。有一个阶段，上海周围流行脑膜炎，他们的儿女在一年内就逝去了3个，而有的孩子在出生不久后就夭折，故长大成人的孩子仅有两儿两女。1933年，王粲君在生第15胎时因难产而逝。十二年后，姚光因为盲肠炎转为腹膜炎，终因治疗手段失误而病逝，终年五十五岁。他们夫妇二人的遭遇令人唏嘘。

南社的发起人是陈去病、高旭和柳亚子，经过两年的酝酿，南社于1909年成立于苏州虎丘张国维祠。在这里举行的第一次雅集，参加人数有17位，1912年，南社在上海举行了第七次雅集，柳亚子建议改编辑员三头制为一头制，他自荐为主任。这一建议遭到了否决，柳亚子宣布辞社。

1914年3月29日，南社第十次雅集时，与会者同意接受柳亚子的提议，采用主任制，柳亚子重新加入南社，通过通讯赞誉的方式，柳亚子当选为南社主任。1917年，南社内部因为对“同光体”的评价不同而发生争论，姚锡钧、胡先骕、闻宥、朱玺等人赞同陈三立、郑孝胥等遗老诗风，而柳亚子和吴虞对此持批判态度。其中的朱玺跟柳亚子谩骂了起来，于是柳亚子以南社主任名义发表紧急布告，宣布驱逐朱玺出社，而后又驱逐了支持朱玺的成舍我。

而后成舍我与广东分社的蔡守共同成立南社临时通讯处，号召南社成员打倒柳亚子，恢复原来的三头制，并提名由高燮等人出任主任，而陈去病、姚光等人则支持柳亚子。经过这场风波，在1917年10月南社进行改选，同样是通过通讯投票，10 月 17 日南社书记部发布通告，公布宣布结果："启者，本社此届选举主任，至双十节止，共收到社友选举票三百七十七张。……计柳亚子君得票三百六十二张……举高吹万君得票十三张……举朱少屏君得票二张……应仍以柳亚子君继续连任。特此布闻。"

对于这个结果，蔡守、谢英伯等人不予承认，他们在 1917 年 11 月 2 日的《中华新报》上发表《南社同人公鉴》，后来经过一系列的折腾，柳亚子依然当选。然而这件事令柳亚子对南社之事心灰意懒，他坚决要求辞去南社主任之职。经过了大半年的风波，南社处于群龙无首状态，各种活动也停了下来，柳亚子又不愿意看到这种局面，于是他给每位社员写了封信，提出由姚光来担任此职。对于这件事，他在此后的回忆中讲道：

再过去，是一九一八年（民国七年）了。我一味的不高兴，态度全归于消极，所以雅集也不举行，《社集》也没有继续出版。光阴很快，又到一年改选之期，在分寄选举票时，我用很诚恳的态度，附了一封信，劝社友改举姚石子为主任，并声明我自己是无论如何，决定洗手不干的了。选举的揭晓期，仍定十月十日，在总票额三百零四票中间，石子以一百九十六票的多数，当选主任，总算完了我的一重心事。

若以资格论，陈去病、高旭等都是南社创社元老，柳亚子为什么不推举这些人，反而要举荐姚光呢？栾梅健所著的《民间的文人雅集：南社研究》中有如下分析："首先，他有相当广泛的人际网络。他与柳亚子志趣相投，在南社内讧期间，旗帜鲜明地站在柳亚子一边，并在几次公开签名活动中都公开表态支持柳亚子，而且，他与高吹万、高旭又是亲戚关系，相处也非常融洽，因此，他似乎最容易为内讧两边的人都接受。其次，他热爱南社事业，积极参加南社的雅集与各种活动，在此前就曾担任过南社的书记员等职，而且在文学上，很早就出版有《金山卫佚史》等书，在《南社》中也发表有大量的作品，似乎是既有工作经验又有文学专长。最后还有一点的便是他富裕的家境。作为金山张堰的世代望族，他相当雄厚的经济实力，自然很容易引起人们对他无私资助南社的渴望与遐想。”

金山姚氏乃是江南望族，到姚光这一代依然有较强的经济实力。姚光父母早逝，他幼年读书得到过高吹万的指点，再加上他与高是亲戚关系，当然容易相处。姚光跟柳亚子的关系也很好，姚光曾写过一首《赠亚子》的诗：

风雨论交有几人，眼中如子性情真。

泣麟歌凤应同慨，莫负箫心与剑名。

对于这首诗，栾梅健的解读是：“柳亚子有‘箫心剑态楼’，姚石子有‘倚剑吹箫楼’，这里‘莫负箫心与剑名’表现了姚石子与柳亚子两人间的互相勉励与激荡。”

通过这些条件的综合衡量，姚光是任南社主任的最佳人选。而姚光的经济实力也的确给南社的出版予以了重要资助，栾梅健在文中写道：“1919 年 12 月，由姚石子自付印费、请傅专编辑的《南社》第二十一集

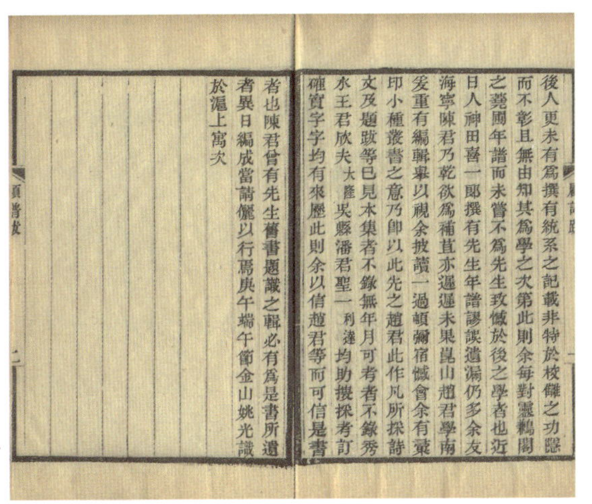
後人更未有爲撰有統系之記載非特於校讎之功隱
而不彰且無由知其爲學之次第此則余每對靈鶼閣
之蕘圃年譜而未嘗不爲先生致憾於後之學者也近
日人神田喜一郎撰有先生年譜謬誤遺漏仍多余友
海寧陳君乃乾欲爲補苴亦遲遲未果崑山趙君學南
爰重有編輯以視余披讀一過頓爾宿憾會余有彙
印小種叢書之意乃即以此先之趙君此作凡所採詩
文及題跋等已見本集者不錄無年月可考者不錄秀
水王君欣夫大隆吳縣潘君聖一利達均助搜採考訂
確實字字均有來歷此則余以信趙君等而可信是書
者也陳君曾有先生舊書題識之輯必有爲是書所遺
者異日編成當請儷以行焉庚午端午節金山姚光識
於滬上寓次

◎《顾千里先生年谱》二卷，民国二十一年（1932）对树书屋刻本，姚光跋

出版。这是距1917年4月南社举行第十六次雅集、编辑出版《南社》第二十集后整整两年出版的又一集《南社》，里面收文五十篇，诗七百首，词一百一十七首，并附录《广州雅集分韵诗》及《禺楼清尊集》。由于南社本身经费的紧张，作为南社主任的姚石子果不其然，承担了丛刻的印刷费用。”

然而作为南社后期主任的姚光，并未将南社发扬光大，这其中的缘由除了他的性格，更多者则是他较为陈旧的文学主张。1919年，新文化运动兴起，该运动的其中一项文学号召就是提倡白话文的文学创作，然姚光却对此提出反对意见，他在当年10月于《民国日报》上发表了《与叶楚伧、邵力子书》：

往日《民国日报》艺文栏中，亦曾有致疑于新文体之说，今何以忽一变而为赞成耶？弟于十余年前，遇新学说，即极端赞成；今对于新文体，则颇以为不可。然对于新文体中所提倡之学说，则仍愿研究，非如顽固者流之一概，加以反对也。

窃谓我国文学高尚优美，自有一种感人之处。兄等皆文学巨子，当深知之，自无待言。革命功成，文字鼓吹，不无小补，然当时之文字，亦诗歌文言耳。我国旧学说之陈腐，不适于用，有碍进化，固属有之，然今驳诘之可也，诠释之可也，何必用白话体出之乎？

况观今日提倡新文体诸子之心理，非仅为一般人易于了解起见，实欲尽取以代我国固有之文言也。弟意提倡新学说可也，提倡新文体不可也；白话体偶一为之可也，欲尽以代我国固有之文言不可也。

姚光明确地说，白话文不可以取代传统的文言文。他不反对有新的思想学说，其认为新学说同样可以用文言文来表达，即使用白话文也只是文体上的偶尔为之，不可以对文言文取而代之。他的这些主张都表明了他略显保守的价值观。

姚光的这种价值观，应该跟他的大量藏书有间接的关联性，南雁所撰《历劫不磨的书淫姚光》一文首先称:“姚光人到中年,取‘书淫’为号。他说晋朝皇甫谧和清代张燮,日夕游书肆玩典籍,废寝而忘食,他们号书淫,我与他们相仿,于是又将‘书淫’刻为印章。”

姚光自号书淫,足见其对古书有着怎样的热爱。对于姚光所建藏书楼情况,南雁在文中写道:“姚氏世代耕读,家道殷实,姚光自小聚书,人到中年,藏书已有数万。姚光宅名‘敦仁堂’,三楼三底二进再加左右厢房。当时的书籍全部存放在书橱和书箱里,散放在怀旧楼、复庐等各个居室,这样分散各处,检阅实在不便,再说房间的结构也不适于藏书。于是打算效仿东汉曹曾筑石室成书仓,地点在屋后的花园内,拟命名‘嫏嬛石室’。北京故宫图书馆的傅增湘先生得到消息,专门作了楹联‘书林猗顿君山富,福地嫏嬛石室严’相赠。可惜拙于资财,书库始终没能建成。”

独立的书楼虽然没有建起来,但姚光还是将家中的旧房经过改造作为了藏书楼。南雁在文中称:“1933 年,姚光将敦仁堂第一进翻建一新,

◎ 雨中的张堰镇

楼上东西两室作为书库。他的两位舅父分别为之作了楹联。左室为大舅父高潜庐集陶渊明句而成：‘积善云有报，校书亦已勤。’右室为二舅父高吹万集杜甫句而成：‘树立甚宏达，结交皆老苍。’”

姚昆田在《姚石子：藏书家的角色转换》一文中详列出了姚家各个藏书处的名称，以及堂号的所本：

江苏金山（今上海金山区）姚氏世代书香，以藏书丰富知名。20世纪初期，姚石子主持家务后，就把家院内的许多楼、堂、馆、室作为专门的藏书、读书之所，并分别署有专称。其中有“松韵草堂”，即据远祖姚宏绪辑有《松风余韵》五十一卷而得名；“古欢堂”，顾名思义，当以搜集与研读古籍为乐事；“怀旧楼”，聚藏的大多是史籍，据班固《两都赋》“摅怀旧之蓄念，发思古之幽情”而题名；“棣华香馆”是祖上传下来的，取自《诗·小雅》“常棣之华，鄂不炜炜，凡今之人，莫如兄弟”。后来姚石子在“棣华香馆”楼上，还造了“华鄂楼”，那是给孩子作书室用的。他自己的书房是“自在室”，又称“观自在室”。“观自在”是梵语，意指通过读书修养来观察人生和世界，提高觉悟。又把主要的藏书室名为“复庐”，也称自己别号为“复庐”，显然是寓有自勉读书报国之意。还有属于妻子的书室，名为“七襄楼”。

对于每个藏书处的装饰情况，姚昆田又在此文中简述道：“这些书斋，分门别类地置放着统一规格的书架和书橱，陈列着以线装书为主的各种古今书籍。从辛亥革命算起，到日本侵华战争家乡沦陷为止，聚存在这座‘家庭综合图书馆’内的书籍总数（不包括报刊），当在十万卷以上。他还分别请亲友为它们题字，用黄杨木制成匾额，挂在墙头。如‘自在室’，为高天梅写。在书斋的内墙和门楹，悬挂着各种对联。其中有章太炎：‘著书常载青牛背；避世无庸金马门’；傅增湘：‘书林猗顿君山富；福地嫏嬛石室严’；高望之：‘积善云有报；校书亦已勤’（集陶潜句）。高吹万又配合写了一联是：‘树立甚宏达；结交皆老苍’（集杜甫句）。

此两联刻在正厅‘敦仁堂’的东西两侧门上。其他如李叔同、陈陶遗、黄宾虹、谢无量等都分别写有对联。”

藏书分散多处，其实使用起来并不方便，而按类编目是查书的最好方式，姚光于是对自己的藏书做了系统梳理。姚昆田写道：“姚石子开办这样一个综合型的‘家庭图书馆’，平时还得花不少精力和时间去筹划和管理。他用正楷一笔不苟地写各种书籍的题记、序跋并编写书籍目录。在节令变换时，为了防潮、防晒、防蛀，还得细致地做书籍的保洁工作，人手不够，后来又专聘屠继麟等为文书助理。谈笑尽鸿儒。来往书斋的有高平子、高君定、周大烈以及何宪纯和他儿子白蕉等，他们也经常来看书、借书并相互切磋学问。”

遗憾的是，我未能得到姚光的藏书目录，故对其所藏难知其详，然而从各种文献记载来看，他的藏书中也有不少的善本，其中有些书还是南浔大藏书家蒋汝藻密韵楼的旧藏。

密韵楼乃是民国年间江南著名的藏书楼，书楼主人蒋汝藻因商业经营失败，在1925年将所藏抵押给了浙江兴业银行。一年之后，蒋汝藻无法归还贷款，故浙江兴业银行准备将这些书出售。经过张元济的提议，商务印书馆理事会同意出资16万银元买下密韵楼旧藏的宋元珍本，之后北平图书馆也买下了一些。姚光闻讯后，他很想买下其中的两部明嘉靖本，分别是何良俊的《何翰林集》与何良傅的《何礼部集》。

姚光想购买二何的文集，主要原因是此二人乃明代云间人，是姚光的同乡。姚光对乡贤著作最为关注，这正是他打算买下此二书的原因所在。但因他动手慢了一步，这两部文集已经被北平图书馆买去了，姚光只能与舅父高吹万、姑丈高君定三人合资2.7万元买下了一批明版书，而姚光得到了其中的明崇祯本《松江府志》和明正德本《金山卫志》。这两部书同样珍罕，由此也可见姚光买书的实力以及他买书的着眼点。

但是，未能买得《何翰林集》和《何礼部集》，对姚光而言仍然是一种

◎ 姚家的影壁

遗憾，于是他通过关系找北平图书馆进行商议，最终该馆同意由姚光出资来将这两部文集影印出版，姚光将其定名为《云间两何君集》。他何以要影印该书？姚光在影印本的题识中写道：

有明吾郡何元朗与弟叔皮，同以文采照耀于世，有“两何君”之称。论者谓分宜官南祭酒时，叔皮以文受知，厥后分宜执政，元朗因得官翰林。观叔皮致分宜书，可见二何集中不少感恩之作，以此为二何病；然文人知遇之情，自所难免。二何仕宦皆不得志，挂冠而归，优游林下。元朗风神朗彻，襟度豪爽，叔皮雅敦友谊，尤笃内行，岂严氏门下之伦哉！元朗有《翰林集》二十八卷，叔皮有《礼部集》十卷，嘉靖间先后刊梓，顾传本绝少。近吴兴蒋氏密韵楼所藏明人集部之书，归之北平图书馆。余与检书之役，二何之集幸皆遇见，因向借取影印，汇为一函，题曰《云间两何君集》，庶其为江左风流之嗣响乎！中华民国二十一年八月一日，金山姚光识。

姚光首先夸赞二何有很高的文采，只是那时二何与严嵩的关系较为密切，由此而受到后世的诟病，但姚光却能客观地看待当年二何的所为。因为严嵩有恩于二何，而文人自然要懂得知遇之恩，更何况，二何在任职经历中并没有得到真正的提拔。因此，不能将二何视为严嵩一派，更何况，这两部书流传稀见，所以他认为有必要将其影印出版。

关于姚光的藏书理念，在他给梅冷生的一封信中可以体现：

弟之聚书，聊寄身心，聚而不能读，自比贤于博弈而已。所搜极普通之本，不出《书目答问》范围，凡考订史籍之作，及清代朴学家集与夫有关乡邦文献之著述，皆喜搜之。若孤本秘笈，既属难遇，亦力不易致。足下所闻，盖传者之过也。

在这里，姚光说得很谦虚，他称藏书不过是自己的一种业余爱好，而他的所藏都是普通本，其收藏的范围乃是根据张之洞的《书目答问》，为此他喜欢清代乾嘉学派的相关著述，另一个偏好则是乡邦文献。他谦称自己的所藏没有什么孤本秘籍。从这句话的口气来看，显然姚光是在回梅冷生给其去信中谈到他藏有不少善本。

姚光在信中的所言应该是谦词，郑伟章所著《文献家通考》中转录了郑逸梅在《艺林散叶》等其他书中对于姚光所藏珍本的著录：“家饶于

◎ 姚光故居门厅

资产，喜藏书，达五万余册，尤留心清人文集足本及金山乡邦文献，所藏钞校本达三百余种。有海内孤本明崇祯本《松江府志》、《张啸山日记》手稿、顾观光手稿、田篑山批校《五代史》、各家批校本《前汉书》《后汉书》、李日华《恬致堂集》、明陈眉公《梅花诗》手卷、姚椿校《尔雅疏》、康熙本《吴江县志》、乾隆原刻《震泽志》等及冯登府、张文虎等人手稿，均为珍稀难得之书。”

如此说来，姚光的藏书中还是有许多珍稀版本。姚光也会将自己藏书中的珍稀本整理影印出版，以便让更多的人得以使用。对于他在这方面的所为，周大烈、高垿所撰《金山姚氏复庐聚书献书始末记》一文有如下所言：

妇兄姚君石子，少好缥缃，尤耽文献，并喜刊传前哲及友生撰著，殆闻其家听岩、平山二先生之风而兴起者与！编修《松风余韵》迄于朱明，郡人姜孺山《国朝松江诗钞》续之，亦仅及嘉庆初祀。君因思录嘉道以来郡人诗，赓姜氏书为《云间诗征》，以竟编修之绪。金山析邑之后，志凡两修。乾隆志未及艺文，光绪志亦官书陋略，不为厌心。君乃任撰《金山艺文志》，括晁陈之录于郡县之经，各具解题，庶存大意。又拟辑《金山文征》，附志稿以行，用弥文勺不传之憾。略例粗具，而下笔矜慎，赍志中身，未及写定。它所撰述，一皆未就。平生手聚书五六万册，十余万卷。荐更丧乱，渐有散佚。

由此看来，姚光在年幼之时就有藏书之好，同时喜刻先贤及朋友的著作。对于姚光的藏书观，本记中有如下说法：“昔钱遵王尝谓清常为藏书者之藏书，牧翁为读书者之藏书，窃谓君其著书者之藏书乎！”

此句首先引用了钱曾所下断语，钱曾说脉望馆主人赵琦美的藏书乃是藏书者的藏书，钱谦益的藏书属于读书者的藏书，周大烈、高垿认为姚光的藏书两者皆不算，他们将其命名为“著书者的藏书”。这三者应当怎样区别呢？该记中先谈到了前两种藏书的概念：“藏书者之藏书，书不期备富，人不待隽爽，金石录十卷人家，亦足与百宋千元相辉映。是以一编入手，动色相矜，经眼曾藏，翻同附骥，则书实成人之名，人不能有所增益于书也。读书者之藏书，必务穷其流别，究其得失，向、歆而后，晁、陈其殆庶。抱经、守山，兢兢校补，似犹属第二义，脉望、绛云，伯仲间耳，劣赵优钱，不无阿私之见。然就令要旨独探，豕鱼能辨，必其书自有可传者在，人亦仅能无失其故而已。”

而对于姚光的藏书，该记中给出的定义为“著书者之藏书，为撰述鸠庀耳。譬入药笼者，牛溲马勃，都无弃材，桔梗豕苓，有时为帝。自非胸具炉锤，目穷万本，未克办此。虽别子为祖，而难易有不侔者。或有书未大行，因而遂显，又与士登元礼之门何异，是人且大有造于书也。”

著书者的藏书乃是尽力搜集所有相关文献，以此为名山事业服务。从姚光所撰《〈顾千里先生年谱〉跋》中可以看到，其实姚光对版本、目录之学十分内行：“目录之学，为读书之津梁；而校雠之学，又书籍之药石。此学盖发源于炎汉刘氏父子。时当秦火之余，书籍大坏，董理排比，亦势使之然。及至清代，承宋、元、明刻书日盛之后，字句之荒乱讹夺亦愈甚。故当乾嘉之际，朴学诸儒盖无不通知此学者，而元和顾千里先生尤为卓绝。先生学问渊博，辩证精审，虽与黄丕烈辈并称于时，而实非其伦也。”

除了对版本学家的研究，在文献学方面，姚光也下过大功夫。他从1926年开始系统研究《四库全书》，到1941年7月写出《论清代编辑〈四库全书〉》一文，历时十五年来研究《四库全书》，可见他对该书之重视。姚光首先肯定了《四库全书》在学术史上的价值：“《四库全书》之编辑，辨章学术，剖析源流，成治学之规模，奠朴学之基础，使世之学者皆得藉手以读书，清儒所谓辑佚、校勘、考证、目录之学，皆自是始，日渐缜密。故其切于实用，嘉惠后学之处，亦致深且远。此其功也。”

然而《四库全书》在编辑过程中，也禁毁了许多历史文献，姚光在文中写到了毁书过程的惨烈：“四库开馆征书，以稽古右文为号召，因即寓奖于禁，搜蒐群书，严为收取，苛于剔除，用心至酷。于明代遗编，更深切诛求，虽一字之微，一名之细，无不抽毁汰芟。余尝翻阅乾隆时所颁销毁、抽毁、违碍诸书目，盖不下三千种。而当时官吏妄揣意旨，额外诛求，小民惧祸，私付爨烬，其所毁弃，定不止此。呜呼，烈矣！”

这些都说明了他对目录版本之学下了不少的功夫，而姚光在藏书之时也努力地创建图书馆，以便让更多的人能够读到先贤著作。姚昆田在《角色转换》一文中写道：“姚石子是20世纪初上海地区大藏书家。他钟爱图书馆事业，努力营造自己的‘家庭图书馆’，并在1925年创建了张堰图书馆。”对于该馆藏书的来由，该文中又称：“1925年10月，姚石子与同侪终于创建了由他任馆长的张堰图书馆，藏书就以姚石子的‘家庭图书馆’为基础。”

看来，当地的图书馆中的藏书乃是由姚光捐献，他的藏书除了捐给张堰图书馆，还有部分捐赠给了其他的图书馆，姚昆田文中称：“1935年，当他得悉上海鸿英图书馆所藏《时报》残缺时，便将已收藏的全套捐赠，而没有把它捐给自己办的张堰图书馆，为的是能起到更大的社会效益。惟其如此，所以那时他能与图书界朋友多次举办各种文献展览会，如与苏州图书馆馆长蒋吟秋等在苏州举办吴中文献展览会，在上海与叶恭绰等举办上海文献展览会。”另外他对合众图书馆也有捐献：“1939年，姚石子参与协助叶景葵筹备创立合众图书馆，1941年，合众图书馆新址落成，他特地将清张啸山辑著《武陵山人遗书》及《舒艺室全集》两部珍藏捐赠。”

姚光去世于1945年，五年之后，他的儿子姚昆群、姚昆田将其藏书捐给了上海图书馆。为此，当时的上海市市长陈毅撰写了《金山姚石子先生周甲遐庆致语》，此文中写道：

金山姚石子先生即世之五年，哲嗣昆群、昆田兄弟等举石子复庐所藏书公之本市。览其簿录，达数万册，四部门目胥备，精校名椠，灿然溢

◎ 书楼

◎ 骑马楼式的结构

目，而崇祯本《松江府志》，海内尤乐道之。五月二十七日为石子六十遐庆之辰，昆群、昆田兄弟要予一言以告亲友。因念吴会为文献大邦，上海又东南钜步，藏家扃锢，习气极深，其有认识新时代而爱护文物如昆群、昆田兄弟，心量之广，择术之慎者，洵足以树则于故家嗣裔也已，爰濡笔书之。一九五〇年五月。

对于姚氏后人的义举，周大烈、高垿所撰《始末记》一文中给出了如下评价："君聚书三十年，铢积寸累，锲而不舍。其嗣一旦启楹书弗复守，略无瞻顾。执政者方以崇实之效，新天下耳目，乃亦宝此断烂之故纸而受其成。或皆为流俗所未喻。窃惟君书无天水蒙古旧椠，夫岂藏舟于壑有陈编世守之意。且海通以还，新知万汇，初非旧术所能赅，故君亦未尝责后人以箕裘之绍。其勤求冥索，不过节宴游玩好之费为古人续命，则楚弓楚得，知无清常之恫。其嗣怀经世之志，未遑董理丛残，又不忍见先人心力所瘁者卒于湮没，于是全而归之公室，与先世积聚之意，原自并行不悖。谓后人之必不能守，而一任古人精神所寄者，灭裂于饼师灶妾之手，是犹视赤子入井而不援，所见隘矣。"

将姚光藏书悉数捐给公共图书馆，与他的藏书理念颇为相合，因为姚光生前就时常将自己的藏书捐出，其子姚昆群和姚昆田能够谨守藏书，继而化私为公，也算是继承了父志。对于姚光所捐这批书的意义，李海珉所著《南社书坛点将录》中给出的结论为："1950 年，姚光之子姚昆群、姚昆田将姚光 5 万余册藏书献给上海市文物管理委员会，奠定了上海图书馆的馆藏基础。"

2018 年 11 月 3 日，上海文艺出版社的刘晶晶老师和陈诗悦先生带我前往松江和金山两地寻访，当日寻访的第一站就是姚光故居，其址位于上海市金山区张堰镇新华路 139 号。这天一早下起了雨，赶到姚光故居时雨仍然没有停，好在导航上有这个地点，我们很容易就开到了故居门前。

从外观看上去，姚光故居进行了整修，大门侧旁有面积不小的停车场，而这一带还建造了仿古回廊。为了参观的方便，陈先生买来了三把伞，于是我们打着伞走入了故居，故居侧门旁悬挂着“南社纪念馆”的牌匾。

穿过门厅，进入第一个院落，正堂布置成了展馆的模样，影壁墙分为五个竖条，上面分别有南社重要成员朱少屏、柳亚子、陈去病、高旭、姚光的头像和简介。院落的侧墙上则刻着“南社同人录”，看到上面密密麻麻的名字，可以想见当年的南社是何等之壮大。

第二进院落的门楣上刻着“复庐”二字，走进房中，一楼以展板的形式介绍着南社的历史以及相应的出版物。有几个展柜内展示出了一些“南社入社书”。登上二楼，这里悬挂着一些名人字画，基本上也均为南社人的作品。另一些展柜内则是民国出版物，从侧边看过去，均为原件而非仿制品，由此而让我感佩管理者的用心，因为大多数展览馆展示的都是复制品。

走进第三进院落，这一带应当是姚光的藏书处，因为有几间房布置成了书房的模样。此楼房的房门均为侧开，每扇门板上刻着字句。沿木梯登上二楼，在楼道的侧墙上悬挂着多人所写“南社”二字。而后两进院落的建筑结构都是骑马楼的制式，且房屋全为木结构。

走在木地板上，听着脚下的回声，这让我想到姚光及其家人在书楼间来回搬运藏书的情形。也许是下雨的原因，在偌大的故居内参观，我们仅遇到了一对情侣。我听闻到那位女子跟其男友说：以后你也给我买这么一个院落。那个男人竟然满口答应，可惜他的脸色未能与其语言作紧密配合，这让我心下为其一紧。

故居的最后一进院落应该是姚家的内宅，登上二楼，这里每一间房都挂着堂号，果然如文献所记，姚光家的藏书处有着多个堂号。但不知为什么，每个书房内都未见陈列书架，也许是在1950年捐书时，书架也

◎ 穿厅而过

◎ 第一进院落

◎ 复庐

◎ 第三进院落

一并拉走了,我只能站在这些书房前,想象着当年一排排书架所显现出的壮观。

钱穆·素书楼

书藏五万，不知所终

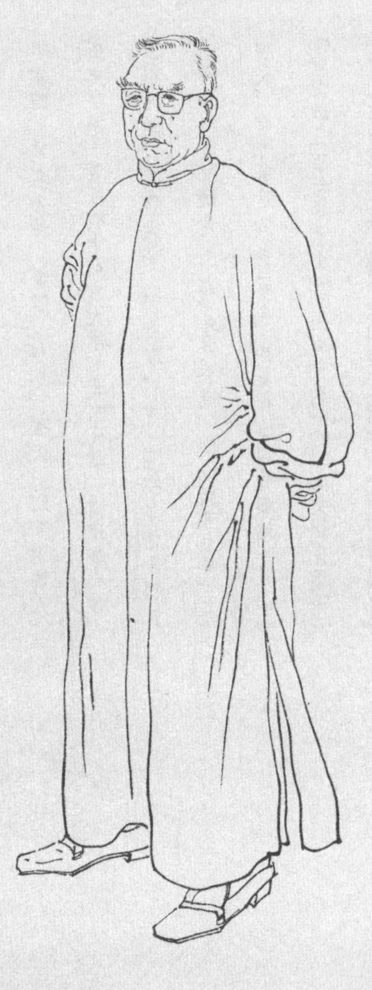

钱穆（1895—1990）

字宾四，笔名公沙、梁隐、与忘、孤云。江苏无锡人。历史学家。曾任教于燕京大学、北京大学、清清华大学、四川大学、齐鲁大学、西南联大等，1948年任无锡江南大学文学院院长。1949年迁香港，创办新亚书院，任院长。有专著达80种以上，代表作有《先秦诸子系年》《中国近三百年学术史》《国史大纲》《中国文化史导论》《中国历代政治得失》《中国历史精神》《中国思想史》等。

钱穆是现代有名的国学大师，同时也是一位藏书家，他的藏书之爱跟其早年经历有较大的关联。如果追溯到五代时期，钱穆也是正统的名人之后，因为他是吴越武肃王钱镠的第三十四世孙。

到了明代晚期，钱镠的第二十八世孙钱心梅，从浙江临安搬迁到了江苏无锡附近，于是钱心梅被无锡钱氏视为始祖。钱心梅很有经济眼光，他发现当地有很多的荒地没有开发，并且这些土地都很肥沃，于是在此大力发展农业，最终使他拥有了良田十万亩，由此而成为当地的巨富。

钱心梅有七个儿子，而后分家产，七子成了七房，故其所住之村有一座桥就叫“七房桥”。光绪二十一年（1895）七月，钱穆就出生在七房桥旁的老宅之中，他们兄妹九人，钱穆排行老四。在他七岁那一年，父亲从荡口镇聘来一位姓华的家庭教师，华老师每天教钱穆识字，并且识字的数量每天都有所增加，钱穆的聪明让老师很高兴。可惜当年年底，这位老师因生病不能继续执教。于是钱穆的父亲钱承沛就到荡口镇又找到了一位老师，这位老师同样姓华。

然而这位老师不愿意在两个镇之间来回跑，看来钱承沛对这位老师很满意，于是他做出了一个决定：全家搬到荡口镇。为了孩子的学业而进行搬迁，这种做法颇似今日之父母，宁可花很高的代价也要买学区房。

光绪三十年（1904），钱穆和长兄一同考入了荡口镇果育学堂。此学堂乃是华子才所创办，此人三十三岁中举之后，不想出外做官，于是他返回家乡用家祠来办学。原本学校只招华姓子弟，后来这个子弟学校改为地方学堂，于是兼招他姓学生。到了光绪三十三年（1907），钱穆又跟长兄一同考入常州府中学堂，他在此校的同学有很多后来都成了名人，比如瞿秋白、刘半农、刘天华等等，该校的校长屠孝宽乃是著名学人屠寄之子。钱穆在此校学习四年，而后经过屠孝宽的介绍，转到南京钟英中学继续学习。

但不知什么原因，此后不久钱穆就中止了学业。民国二年（1913），他又返回了荡口，而到果育学堂去任小学教师，此时的果育学堂已经改名为鸿模小学。民国七年（1918）夏，钱家在七房桥的老宅发生了火灾，故家中人全部迁到了荡口。在此之前的一段时间，钱穆还在县立第四高等小学做兼职教师，而到此时他辞去了兼职，专门在鸿模小学做教职工作。正是这段任职经历，使得钱穆读到了大量的国学著作，因为鸿模小学内有一座规模不小的藏书楼。

陈燮君、盛巽昌主编的《20 世纪图书馆与文化名人》一书中有罗义俊所撰《钱穆：从乡镇图书馆长到世界级学者》一文，该文中写道："荡口是苏南大镇，鸿模学校为晚清举人华鸿模所创的华氏义学，1909 年，钱穆即于此小学毕业。华氏乃荡口望族，家富藏书。1917 年，校董兼校长华绎之捐巨资，兴建一幢五间二层的新楼，命名为'鸿模藏书楼'，尽庋家藏图书供师生阅读。据钱穆回忆，当他任教鸿模时，藏书楼楼门不轻开，但华绎之是他常州中学时的同学，对他信任有加，破例给了一把藏书楼钥匙，任凭自由进楼读书。钱穆因此得以在书海驰骋。诸如遍读颜元、李塨的书，江阴南菁书院刻本的叶适《习学记言》，这些著述对他日后形成的新儒学思想甚有影响。"

藏书楼不同于公共的图书馆，虽然是学校所办，但平时并不开放。幸而钱穆跟校长曾经是中学同学，因为这层关系他有了书楼的钥匙。钱穆从小爱看书，而今这一楼的书任他随意翻阅，对于一位爱书人来说是何等酣快之事。更为难得的是，因为他的爱书，后来他竟然成了一个乡镇图书馆的馆长。上书中谈到了钱穆的这个机遇："1919 年秋，二十四岁的钱穆由荡口转任后宅镇泰伯市立第一初级小学校长，不久又兼任泰伯市图书馆馆长。泰伯市图书馆于 1920 年由市扇东（市长）、邹茂如等创建，木楼两层，占地三丈见方，傍第一初级小学而起，是 20 世纪 20 年代无锡四大图书馆之一，为后来的无锡县民众教育馆前身。馆藏图书达一万余种，其中有康熙时编、雍正四年（1726）印行的《古今图书集成》

一万卷，全书目录就有四十卷。此书全国仅印64套，作为一个乡镇图书馆就设置一套。阅览室还订置《新青年》《东方杂志》《小说月报》等杂志。”

以上的这两段经历，对钱穆而言十分重要，而后他的很多学术成果都是由这些经历而奠定了基础。《20世纪图书馆与文化名人》一书写道：“钱穆在此期间，夜以继日埋头于图书馆。他自称：蛰居穷乡，却未尝敢一日废学。晨昏读古人陈编，刚日读经，柔日读史；授课之暇，则读报章杂志。乡郊小学十年，他在图书馆读了很多经史子集古籍，和全部严译西学名著，还读了如胡适《中国哲学史大纲》这样的新学以及《东方杂志》。1918年，他将由鸿模藏书楼得来的知识，著作《论语文解》付上海商务印书馆印行。这是钱穆出版的第一本学术著述。在任职泰伯市图书馆期间，连续在李石岑主编的上海《时事新报》副刊《学灯》及《青年论坛》发表文章。在赴杭州采购图书时，曾获得康有为《新学伪经考》石印本，因泰伯市图书馆须庋藏木刻大字本，此石印本乃归他私有。钱穆后来回忆说，这是为他日后撰写《刘向歆父子年谱》的张本。”

再后来，钱穆到苏州中学任国文科主任，在此期间，他开始大量撰述。比如当时商务印书馆正在出版《万有文库》丛书，此馆约钱穆撰写两部书，题目分别是《墨子》和《王守仁》，对于这样两部重要的著作，钱穆竟然以每周一本的速度将其写了出来，可见其写作速度是同样之惊人。

钱穆的学问渐渐为人所知，而后顾颉刚推荐他到广州中山大学和燕京大学去任教。1930年，钱穆来到了北平，由此而开启了他的大学教书生涯。而在这个阶段，钱穆大量写书，为此也需要广泛的购书，以给自己的撰述积累资料。

从1930年入京，到1937年秋离开北平，钱穆在京有八年的时间，在这个时段内他除了教学读书，剩余的时间基本是泡在了琉璃厂和隆福寺的旧书店中。他买书数量巨大，在这个阶段他究竟买到了多少书呢？刘宜庆所著《绝代风流：西南联大生活实录》一书中有《战时联大学者与藏书的命运》一章，该章中写道："时间虽短，但钱穆淘得古书二十万卷左右，五万多册，其中不乏珍本孤籍。如此坐拥书城，却也来之不易。钱穆薪水所得，节衣缩食，尽耗于书。然而'苦中作乐'，如钱穆在《师友杂忆》中所写：'北平如一书海，游其中，诚亦人生一乐事。'平时，钱穆常谈笑说：'一旦学校解聘，我就摆一旧书摊，可不愁生活。'1937年，钱穆匆匆忙忙南下时，将二十余箱书籍交于某宅主保管。"

五万多册、二十万卷的藏书，这可是不小的数量，需要几间房才能放得下。而钱穆仅靠薪水收入就能买到如此数量的藏书，由此可知当年的教授收入是何等之高。而他所买的这些藏书，并非全是通行本，其中也有难得的善本。刘宜庆在该书中又写道：

钱氏原藏有《三朝北盟会编》钞本半部，出自浙东某名家，纸张墨堪称一流。1937年春，钱穆在琉璃厂发现此钞本的另半部，喜出望外，想买下合璧，为摊主察觉，欲购之，摊主问购此残本何用？钱穆说，此书纸张、字样、墨迹、书品皆佳，虽残本，置案头，亦堪供欣赏。书商久默不语。其后，钱穆委托书友代购，书商终不肯出手。无可奈何，与此书失之交臂。

虽然这部书未能合璧，但这样大部头的精钞本即使不全，当年也会是不小的价钱。

对于钱穆藏书的情况，马嘶所著《学人书情随录》中有《钱穆五年购书五万册》一文，此文中首先提及："钱穆从1930年来北平，到1937年冬离平南下去长沙临时大学，在北平共住了8年。是他一生中着意购藏旧籍、买书最多的时期，这些书便成了他藏书的基础和主体。"

这段叙述也是说钱穆在北平总共生活了八年，那为什么该文的题目又说购书期限是五年呢？马嘶在文中接着写道："从1933年到1937年，这5年中，钱穆经常奔走于琉璃厂、隆福寺之间，悉心访求古籍，各书肆的老板和店员皆与他相熟。他教学、研究、著述所需之书,他便打电话到各书肆询问,店中如有此书,便给他送去;如一时没有,也要注意搜求。逢星期天,总是有十几家书铺的伙计给他送书来。他的书斋里放了一个大长条桌,书商们把带来的书放在桌案上即去,等下个星期天再来时,钱穆便将所要之书留下,不要之书退回,如此循环不已。”

看来钱穆是从 1933 年才开始大量购书,因为他很投入,所以跟一些旧书店老板的关系很密切,如此能够买到很多的好书,然而马嘶却说钱穆藏书刻意地不买珍本和善本:

钱穆购书以实用为原则,不是为藏书而买书。那些珍贵的宋元版书,他不要。不过,他也常常得到一些珍本孤籍,那多是由于书商不懂它的价值,他便以廉价购下。比如,他曾以极低廉的价格购得嘉庆刻本《读史方舆纪要》。还有一次,他在无锡的一个小冷摊上购得朱石曾《竹书纪年存真》一部,只用了几角钱。后傅斯年曾嘱北京旧书肆遍访此书,仍不可得。

◎ 钱穆旧居在食品一条街上

以我的理解，任何有眼光的大学者都会关注中国古书的版本问题，因为汉字属于表意文字，通行本有太多的错讹，以这种有错误之本来研究学问，很可能会让自己的研究成果出现瑕疵。像钱穆这样的大学问家当然会明白这一点，但毕竟珍善本一向不便宜。虽然在大学里做教授收入不低，然而大量地买进珍本，仍然会捉襟见肘，所以他只能以有限的钱，尽量地多买一些品种，而这种购买方式也只能以买通行本为主。这是一种现实的选择，而并非学人不喜欢真正的好版本。恰如马嘶在这段论述中所谈的，钱穆能以便宜的价格遇到珍善本，他怎么可能不买呢？

可惜的是，1937 年的日本侵华战争打乱了他的购书计划，而他通过节衣缩食购买的这五万多册藏书竟然全部损失了。马嘶在文中写道："1937年卢沟桥事变后，北平沦陷，钱穆匆匆离开北平，他无法携带图书，便特做了 20 多个大竹箱，将书装进箱中，存放于宅主人家，准备再回北平时使用。但经过了 8 年，到抗战胜利后，钱穆并未来平，而是去了无锡的江南大学，后又去香港办学。解放后，替钱穆藏书的宅主遂将此事告知钱穆的老友北大教授汤用彤。汤用彤怕以此获罪，遂嘱托一个相熟的书商把书取去，书商愿出百石米价，并答应不予售出，待他日钱穆来京时，再以百石米价赎回。但以后时过境迁，这些书也便不知下落了。"

五万多册藏书是个不小的数量，不可能就此而销声匿迹，后人打听不到钱穆藏书的下落，跟他不喜欢在书中钤盖藏书章有很大的关系，因为这些书即便留传了下来，也无法得知它们是不是当年钱穆的旧藏。但是钱穆的手稿本或者是批校本，因为书中有他的字迹，所以还是能够辨识出来。刘宜庆在文中写道："1937 年，钱穆的《中国近三百年学术史》出版，此书是他在北京大学任教时的讲稿，初讲之时正值'九・一八'事变骤起。时在北大就读的杜道生，晚年回忆说，抗战开始，我们这些学生匆匆逃离母校，书籍大多散失，钱穆先生的《近三百年学术史》也在其中，真是惋惜。1958 年，杜道生在一家旧书店发现了这本书，就买了下来。

杜道生还有和他的藏书再续前缘的机会，而钱穆则没有这种可能了，钱穆自此一别古都，再也没有回到他魂牵梦绕的北京。主人与千辛万苦淘来的藏书分离，自然是痛苦的。”

钱穆的《中国近三百年学术史》乃是一部重要著作，这部讲稿竟然也流散了出去，直到二十一年后才被发现，看来他的藏书的确是散掉了。而今流传的古籍中应当有一些也是他的旧藏，正是因为他不喜欢钤章，所以这些书无法辨识，对于这一点，其实钱穆本人也很清楚，因为他也曾在香港某处看到了哥哥的旧藏。刘宜庆在文中写到了这件事：

1949 年后，钱穆在香港创办新亚学院，培养了像余英时这样的著名学者。在香港时，钱穆的老友张燕谋为新亚研究所购得一部《资治通鉴》。钱穆一翻阅，认出了这书是他的长兄声一的旧藏，书上有其兄留下的痕迹，“手书书根，书中亦多先兄手迹”。这套书是钱穆从苏州家中带到北平的，竟然出现在香港的旧书市。钱穆面对散佚的书，仿佛回到战前的北平，不由得想起其五万册藏书的命运。钱穆藏书，绝不加盖私章。他曾在北平收藏一部谭延闿的旧藏《皇清经解》，上有谭延闿的藏书印。钱穆不盖藏书章，觉得每一部古籍“无不经前人藏过”，“何必多增一印，以供他日别人之多一嗟叹乎”。

钱穆来到香港后创建了新亚书院，虽然他个人的藏书损失了，但他还是要筹集资金为该书院大量地买书。罗义俊在《钱穆：从乡镇图书馆长到世界级学者》一文中提道：“1949 年 10 月，钱穆与唐君毅、张丕介诸教授创办香港新亚书院。1956 年 1 月，由钱穆规划的新亚书院在九龙农圃道筑造新舍，学校图书馆占地最广，教室其次，办公室又次，院长办公室最小。此时，他又规划逐年扩充图书的数字，手订的《新亚书院五年发展计划草案》就有一节‘图书设备’，内称：‘为求配合本书院教育计划，鼓励学生课外自学，并为师生研究专门学术之需要，图书设备最为急务’。他所制定的五年扩充图书规划，就第一年中文书庋藏二万册，外文书庋藏二千册，以后每年分别按庋藏二万册和二千册的等差级数递增。”

后来，钱穆前往台湾，他离开新亚时，那里的藏书归宿是怎样的呢？罗义俊在文中谈道：“循钱穆的规划，新亚书院图书馆得到了长足的发展。新亚书院后与崇基、联合书院组成香港中文大学，迁至新界沙田，图书馆亦随迁而起址新造，气象棱岸。1975 年，钱穆八十岁，为纪念与表彰他对新亚书院的贡献，书院图书馆乃被命名为‘钱穆图书馆’。”

1967 年钱穆从香港移居台湾，在台北中国文学大学任教。到达台北之后，他在那里又建起了自己的藏书楼——素书楼。关于他的藏书堂号，陈燮君、盛巽昌主编的书中给罗义俊一文作了如下的链接：“钱穆在北京大学时，名其书斋为‘未学斋’；1941 年，其母去世，改书斋名为‘思亲强学室’；1967 年更书斋名为‘素书斋’，谓‘晚年得新知汇百川而归海，忘年为述古综六艺以尊朱’。”由以上可知，钱穆在不同的地点有着不同的堂号，而其到了台湾则改名为素书楼。关于这个名称的含意，柳白在《钱穆的素书楼》一文中称：“先生把这座小楼称作‘素书楼’，就是来源于对母亲的思念。他 17 岁那年，染上伤寒，又用错药，几近绝命。是母亲在祖居的‘素书堂’夜夜守候了他 7 个星期，才把他从死神的手中夺回来。他一生感念母亲，故将此楼命作‘素书楼’。”

这个说法听来令人感动，然而叶克飞所著《故人何寂寞：风雨中的民国故居》一书中却称：“人们多认为钱穆以‘素书’为名是为了纪念母亲，因为‘素书’二字取自他无锡老宅中的‘素书堂’，其母当年就住在素书堂旁边的厢房中。不过也有人转述钱穆小女钱辉的话，说钱穆少时家贫，最爱《中庸》中的‘君子素其位而行，不愿乎其外。素富贵，行乎富贵。素贫贱，行乎贫贱。素书籍，行乎书籍。君子无入而不自得焉’，常以此自勉，‘素学楼’之名或许也因此而来。”

如此说来，柳白的解释更令人觉得温馨，而叶克飞的所言则可看出钱穆的学问志向所在。其实名称的含意并不重要，更为重要者，则是钱穆把藏书的观念传递到了莘莘学子之中。令人遗憾的是，钱穆到了晚年，却被迫搬出了素书楼，为此他竟然郁闷而离世。张鸣所撰《五光十色说历史》一书中，有《两个故居，一种宿命》一文，文中谈到了这件事："然而，住在似乎风水很好的素书楼的钱穆，到了95岁的高龄，也有了麻烦。这个麻烦，就在住的房子上。做了台北'市长'的陈水扁，要给当时还执政的国民党找麻烦，寻到了钱穆头上。说素书楼是公产，钱穆长期占用，是侵占公产，要钱穆退房。其实，素书楼是当年蒋介石以'总统府'的名义盖的，只是后来交由台北市管理。要论公产，也轮不到陈水扁来理论。但是，当时是李登辉做'总统'，对这位老人早就没有了任何兴趣。陈水扁跳将出来，李登辉不言不语。处境尴尬的老人只好走路，从住了几十年的房子里搬了出去，心境大坏，当年(1990)的6月1日(应是8月30日——编者注)就与世长辞。"

一代大师就这样离开了人间，幸而素书楼今日又成了钱穆纪念馆。罗义俊在其文中写道："1990年8月30日，钱穆逝世。钱穆迁台后，原居住处名素书楼。钱穆为纪念母亲生养之恩，乃借无锡老宅素书楼命名其台北新居，作为常年讲学处。1992年1月6日，台北当局为纪念他在学术界的贡献，并得钱夫人胡美琦女士捐赠钱穆藏书、作品、手稿及其代表性遗著，就在临溪路素书楼址规划建立一所学术研究图书馆，定名为'钱穆先生纪念馆'。"可惜这座纪念馆我至今未能参观过。而我此次的无锡之行，却在无意中找到了当年的旧居。

钱穆早年旧居位于无锡市荡口古镇之内，我来此处寻访，原本主要目标乃是华燧的会通馆。然而在寻找会通馆的过程中，却在指示牌上无意间看到了"钱穆旧居"字样，于是我参观了会通馆后，接着就来到了钱穆旧居的门前。

钱穆旧居处在荡口古镇景区南门不远处，这一带主要是食品一条街。向这些商户打听，每问到者，皆能给我指路，看来旧居在此颇受人瞩

◎ 入口处

◎ 旧居正门

◎ 钱穆著作

目。从外观看，至少大门部分没有做过彻底的翻新，那几根立柱和抱鼓墩均为旧物。按照景区内的设置，买通票的游客每到一处景点都需要检票，钱穆旧居当然也不例外，可是我在检票室内却看不到工作人员，站在原地喊了两声无人应答，于是走进院落径直参观。

钱穆旧居占地面积很小，以我的估计，院落加建筑占地合在一起也超不过一亩。旧居坐北朝南，是一座二层的砖木小楼，整体上看这座小楼是重新建造起的仿古建筑，大门上挂着“天人合一”的匾额。走进室内，正堂的摆放方式是典型的江南制式，摆放了一些仿古家具。因为厅堂的面积很小，故这些家具也均为小号。

除了这些家具之外，墙壁上挂着一些展板，题目是“钱穆在荡口”。这些展板进行了做旧处理，但色泽却有些不自然。木影壁墙上挂着匾额和对联，两根抱柱上的对联木匾虽然是新物，但内容却很传统：“几百年人家无非积善，第一等好事还是读书。”

沿着木楼梯登上了二楼，二楼之上乃是以展板的形式介绍着钱穆的

◎ 从侧边看过去

◎ 旧居全景

生平,其题目是“高山仰止,景行行止——从荡口走出的一代国学宗师钱穆”。从一块块的展板看过去,基本上展现了钱穆一生的各个重要阶段。二楼的另一侧则以橱窗的形式展现着钱穆的著作,他的一生竟然写出了如此数量众多的著作,真的令人叹服。

参观完二楼后,又来到了小院,今天一早天一直下着雨,小院的地面颇为湿滑,这个院落呈刀把形,而在把手的位置堆起了一座迷你型的假山,山石的四围长着茂盛的植物,看上去有着勃勃的生机。钱穆活了九十五岁,如果不是因为搬家事件,他定然应了那句古语“何止于米,相期以茶”。钱穆一生爱书,而其晚年竟然因书而陨。这个结果怎能不令人感慨?

后序

此书乃是继《书楼探踪·浙江卷》后第二本分省卷的古代书楼寻访。二十年来的寻访经验使我意识到，现有藏书楼主要集中在江南地区，若以比例论，江浙两省古代藏书楼的数量堪抵其他省份之和，因此说，此次结集仅是江苏省古代书楼寻访的阶段性成果，若干年后，仍然会有江苏卷的续集。

随着城镇化的加快，古代书楼遗迹也在加速的消失之中，我总希望能够为这些书楼留下一些影像资料，使得它们不至于无影无踪的消失在历史尘埃中。如果条件允许，我的古代藏书楼之旅还会进行下去。

对于这些藏书楼的寻访，一是资料的收集，二者则是得到了许多朋友的帮助，我将朋友的情谊全部写入了每一篇文章之中，如今结集时，我仍然要在这里郑重向曾经帮助过我的朋友们说一声感谢。

写此序言时，恰好是2019年的最后一天，而本篇序言也是我这一年来写下的最后一段文字，故在这里恭祝大家，在新的一年里，工作顺利，事业有成。

韦力于芷兰斋

图书在版编目（CIP）数据

书楼探踪. 江苏卷 / 韦力著. — 北京：华文出版社, 2020.10

ISBN 978-7-5075-5303-1

Ⅰ. ①书… Ⅱ. ①韦… Ⅲ. ①藏书楼 – 介绍 – 江苏 Ⅳ. ①G259.29

中国版本图书馆CIP数据核字(2020)第131582号

作　　者：韦　力
策　　划：草鹭文化
责任编辑：方昊飞
特约编辑：董熙良
装帧设计：周　晨
插　　图：苏　文
出版发行：华文出版社
地　　址：北京市西城区广外大街 305 号 8 区 2 号楼
邮政编码：100055
网　　址：http://www.hwcbs.com.cn
电　　话：责任编辑 010-58336269　发 行 部 010-58336202
　　　　　总 编 室 010-58336210
经　　销：新华书店
印　　刷：三河市百福春印刷有限公司
开　　本：710mm × 1000mm　1/16
印　　张：23
字　　数：270 千字
版　　次：2020 年 10 月第 1 版
印　　次：2020 年 10 月第 1 次印刷
标准书号：ISBN 978-7-5075-5303-1
定　　价：118.00 元